優質發展

浙江金融职业学院大三学生成才指南

YOUZHI FAZHAN

张鹏超　谢　峰　吴德银
闫春飞　毛淑芳　著

金院文库

2014 年度教育部人文社会科学研究专项任务项目（高校思想政治工作）
『高职院校学生专业实践能力培养中的思想政治教育路径研究』（14JDSZ2046）
浙江金融职业学院 2014 年『金院文库学术专著资助项目』阶段性研究成果

浙江工商大学出版社

图书在版编目(CIP)数据

优质发展：浙江金融职业学院大三学生成才指南 / 张鹏超等著. —杭州：浙江工商大学出版社，2015.8

ISBN 978-7-5178-1084-1

Ⅰ. ①优… Ⅱ. ①张… Ⅲ. ①高等职业教育—金融学—人才培养—浙江省—指南 Ⅳ. ①F830-62

中国版本图书馆 CIP 数据核字(2015)第 108105 号

优质发展——浙江金融职业学院大三学生成才指南

张鹏超　谢　峰　吴德银　闾春飞　毛淑芳　著

责任编辑　王黎明
封面设计　王好驰
责任印制　包建辉
出版发行　浙江工商大学出版社
(杭州市教工路 198 号　邮政编码 310012)
(E-mail:zjgsupress@163.com)
(网址:http://www.zjgsupress.com)
电话:0571-88904980,88831806(传真)
排　　版　杭州朝曦图文设计有限公司
印　　刷　虎彩印艺股份有限公司
开　　本　710mm×1000mm　1/16
印　　张　15
字　　数　294 千
版 印 次　2015 年 8 月第 1 版　2015 年 8 月第 1 次印刷
书　　号　ISBN 978-7-5178-1084-1
定　　价　42.00 元

前言
PREFACE

2010年初，浙江金融职业学院提出在全校实施学生“千日成长工程”。如今，学生“千日成长工程”已经实施了近五年。回忆五年学生工作，我们从开始时的迷茫，实施过程中遇到的困难与困惑，到学生“千日成长工程”结出累累硕果；回忆五年学生工作，酸甜苦辣咸，五味俱全，但更多的是成就感。

马克思主义认为，同一事物在不同的发展阶段有不同的矛盾，这些矛盾使事物发展的不同阶段表现出各自不同的特点。因此，我们按照分层教育的原则，努力做到对大一学生的规范管理，对大二学生的激励教育，对大三学生的成才服务，对全体学生的发展推动。五年来，我们科学设计载体，助推学生“六个成长”。

一是健康成长。首先，以社会主义核心价值观指导学生成长，使学生自觉践行社会主义核心价值观。社会主义核心价值观建设需要不断解放思想，创新理论，也需要与实践紧密结合，走大众化之路。把社会主义核心价值观贯穿于高等教育全过程，用社会主义核心价值观指导学生成长，是提高高等教育质量的必然要求，是培养社会主义建设者和接班人的重要使命，是学生“千日成长工程”的重要指导思想。要使大学生接受和认同社会主义核心价值观，需要以学生喜闻乐见的形式，将社会主义核心价值观融入高校育人工作中，使学生自觉践行社会主义核心价值观，为学生健康成长指明方向、保驾护航。其次，是注重学生良好的习惯养成。对于学生工作而言，有些时候需要创新载体，吸引学生参与的主动性，但是更多的时候是认准了一件事情持续坚持几年，使之形成风气，促进学生养成良好的习惯。从2012年开始，学生工作部门组织开展了学生见到老师主动问好等文明礼仪教育，至今已经坚持了三年，目前看来学生的文明素养正在逐渐养成。今年，学生处、体育军事部、军训团商议，准备在做好新生军训集中训练工作的基础上，尝试从“十一”之后到该学期末，以军事化管理方式加强新生公寓卫生管理，组织晨跑、晨练，增强学生的体质和促进良好习惯的养成，如能像学生文明礼仪教育工作一样一抓三年，必见成效。再次是注重开展心理健康教育活动。通过开设学生心理健康教育课程，积极组织开展心理咨询和学生心理健康宣传教育活动，使学生具备必要的心理健康知识和素质，掌握应对心理问题的科学方法，能够主动化解一些不良情绪的负面影响，以积极向上的心态和健康乐观的精神状态前行。

二是天天成长。学生在校的一千天时间是宝贵的，我们注重"千日成长工程"的渐进性和递进性，注重活动载体设计的科学性，完善学生千日成长指南，使学生在校的每一天都过得充实而有意义，都能获得较好的发展。各院系结合自身特点设计载体，并敢于管理、敢于坚持，已初有收获。

三是人人成长。日常工作中，每个班级、每个学生群体中，总有一些学生，他们存在着以下一种或者几种情况，即家庭经济有困难、完成学业有难度、心理有障碍、不会或者不愿与人沟通相处、没有礼貌的言行、自律意识和行为习惯较差等等。从情感而言，多数人不愿意与这样的学生打交道；从职责而言，有教无类，我们要教育好每一位学生。因此，作为学生工作者应有科学的多样观、质量观和公平观。即，我们的学生是多样的，我们要理解学生之间的差异，不同的学生，有不同的兴趣特长；我们的育人工程是包含每一位学生的科学体系；我们应让全体学生公平地享有优质教育资源、接受高水平的全面教育。作为学生工作者，我们应该尽已所能，为每个学生提供符合自身实际、适合自身特点的教育，为每个学生的潜质和特长的充分发展创造条件、搭建平台、提供服务。

四是全面成长。人的发展是综合的、多方面的，对于学生工作而言，不仅要关心学生个体的发展，帮助学生有选择地追求卓越，更要关心全体学生的全面发展。为此，我们正在组织起草素质教育培养方案，这个方案是对学校素质教育的系统梳理，学生的全面发展是其主要内容。

五是快乐成长。要使学生做到千日成长、幸福成长、快乐成长，需要一个和谐的氛围，即教师与学生的关系和谐、学生与学生的关系和谐、学生与环境的关系和谐。对这一点，通过设计"爱生节"这一载体有效地促进了师生关系的和谐，通过校园文化活动增加了学生之间的沟通和友谊，通过增加财和物的投入满足了学生与环境的和谐。按照这个思路，我们还要多看、多思、多想，争取设计出更多、更好的活动载体。

六是持续成长。人生是一个长跑，当确定了科学合理的目标之后，成功与否的重要因素取决于是否持续地坚持和努力。下一步，我们在教育学生在校三年期间的努力和进取之外，还要进一步增加社会实践、名家讲座等精彩活动，使学生形成良好的观察世界、认识社会的思维方式，掌握学习知识、提高能力的科学方法，提高辨别是非、适应社会的聪明睿智，具备确定目标敢于坚持、善于努力的勇气，为其持续地发展奠定基础。

通过以上"六个成长"，我们培养的学生走上社会后应该是这样一批人：他们有理想，愿意为社会贡献自己的力量，同时他们又脚踏实地，能够团结周围的人，他们中的多数人可能没有机会像学长学姐一样担任着金融业界的中高层领导，但他们应该是一个圈子内的精英。他们的岗位可能比较平凡,但至少他们是周边人中的精英。当然,在这样一批人中,还应该有一部分人如同他们的学长学姐一样是更大范围内的精英。

2011 年上半年,时任浙江金融职业学院院长的周建松教授送给我《明白幸福是什么》一书,并布置我们在工作之余写一本关于学生"千日成长"方面的书。经反复研究,我们认为这本书既要体现学生在校一千天的成长历程,还要对学生成长具有针对性和引导性。我们决定,这本书分年级书写,坚持"从学生中来"——收集学生生活的真实案例,"到学生中去"——分析点评每一个案例,引导学生更好地成长。我们查找资料,做好问卷调研,分析每一个年级学生的特点并突出不同年级的重点工作。2013 年,我们组织编著并出版了《扬帆起航——浙江金融职业学院大一学生成长指南》;2014 年暑假,我们组织完成了第二本书稿《幸福成长——浙江金融职业学院大二学生发展指南》;现在,我们又组织完成了《优质发展——浙江金融职业学院大三学生成才指南》。本书力争体现的是与高职一、二年级不同的三年级学生的整体特点,力争表现出学生在即将走上社会、进行校园充电提升期的学习、工作和生活。为此,在总结多年浙金院学生工作案例,在对大三学生采访、调研等基础上,我们以每天一故事的形式,以 2013 年 9 月至 2014 年 6 月为时间段,通过 256 个故事对大三学生 365 天的工作、学习、生活中发生的事件进行归纳、概括,并由本书作者进行了有针对性的点评和分析。希望通过我们的努力,能够让更多的即将进入大三的学生了解大三的学习生活并有所收获;能够让教育工作者从故事中看到学生的所思所想,更好地了解学生,并在了解中不断完善自己的教育工作。时至今日,我们的全部书稿已经完成。在此期间,我们基于工作实践,学习理论,认真思考,研究并解决相关问题。通过实践—学习研究—理论提升—再实践,我们对于学生"千日成长工程"有了更为科学的理解和更为合理的行动,我们更好地推动了学生在校一千天的成长。当然,由于能力水平有限,虽然我们在努力,但我们还不能够很好地分析归纳出三个年级学生的不同特点,还不能够很好地归纳出突出不同年级学生学习工作生活特点的活动,三本书的理论水平也不是很高,恳请各位同仁批评指正。

张鹏超

2014 年 10 月 8 日

目录

CONTENTS

高职院校大学三年级学生成长规律概述

近年，我国高等职业教育蓬勃发展，为我国现代化建设培养了大量高素质技术技能型人才，为高等教育大众化做出了重要贡献。高等职业教育肩负着培养面向生产、建设、服务和管理第一线需要的高素质技术技能型人才的使命，在我国加快推进社会主义现代化建设进程中具有不可替代的作用。高职学生是大学生的一个特定群体，其自身内在条件和外部环境不同于普通高校学生，会呈现特殊的心理特征和行为特点，研究高职学生的成长成才规律，提升高职院校人才培养水平，其意义重大。高职院校大三年级是学生明确人生方向并为之努力的冲刺阶段，继 2013 年对高职院校大一和大二学生的成长规律做研究后，本著作拟继续对高职院校的大三学生进行探究。为更加深入了解高职院校“90 后”大三学生的思想特点、心理特征和行为特点，以便针对性地制订教育目标，为其成长成才提供更好的教育环境，我们对浙江金融职业学院 2011 级大三学生开展了问卷调研，并对其特点做了进一步分析。

一、研究思路与方法

为了准确了解高职院校大三学生的思想行为特点和学习生活状态，尤其是其就业心理和就业现状，归纳其心理特点、存在的问题及其产生原因，并在此基础上进一步探索解决问题的方案和途径，我们采用分层随机取样的研究方式，于 2014 年 5 月选取了浙江金融职业学院 2014 届来自不同专业、不同地区的 800 名学生为研究对象，采用自编的《高职院校大三学生学习、生活、就业状况调查问卷》为研究工具，并采用校园网络平台无记名自答题方式。问卷共 42 个题项，问卷内容包括在校经历、专业兴趣和专业认同、学习兴趣、学校适应、自我认同和就业心理等多个维度。本次调查按比例进行抽测，院系、专业分布广泛，性别比例均衡，具有一定代表性，共发放调查问卷 800 份，回收问卷 778 份，占发放问卷的 97.3%。其中，有效问卷 765 份，占所回收问卷的 98.3%。为弥补问卷调查收集信息的不足，我们还随机抽取了不同专业的学生进行深入访谈，并在调研数据基础上做了进一步的质化研究。

二、浙江金融职业学院大三学生思想行为特点的调查结果分析

(一)职业生涯目标逐渐清晰,呈现“多元化”发展态势

经过大一、大二阶段对个人职业生涯的不断探索,大三阶段职业生涯目标逐渐清晰,并呈现“多元化”发展态势。随着美好的大学时光正逐步地向“终点”推移,大三学生由于即将直面决定未来、事关人生前程和命运的大挑战、大选择,他们在这一特殊时期逐渐分化出“择业军团”“升本军团”“创业军团”等不同群体。在对他们的毕业规划的调查中,有85.6%的大三学生毕业后选择找工作,7.8%的学生表示会选择自主创业或自由职业,有5.2%的学生选择“专升本”学习,还有1.4%的学生暂时未定毕业去向。可见,高等教育改革和我国经济社会的发展,给广大大学毕业生提供了更多的选择机会,就业并不是大学毕业生的唯一出路,大三学生对未来规划呈现多样化,专升本、出国、创业等,都是学生不同的发展道路。

(二)大学生活适应,专业兴趣较强,专业信心和学校认同高

大三学生已经掌握了学习方法,并完全适应了大学生活节奏,有各自明确的努力方向。如有意择业的学生为提升就业竞争力,则加入“考证队伍”的行列,同时注重积累实际工作经验和一些“硬件资格证”的取得,如考英语四六级证、计算机等级证书、各类从业资格证书等能证明自己竞争实力的证书,也会积极寻找实习机会锻炼自己,而决定“专升本”的学生则开始努力学习“专升本”考试相关课程,并不断参加各类相关课程培训。

大三学生经历了专业见习和各项专业教育,对自身的专业认识加深,专业兴趣较强,专业认可度和专业信心颇高。对本专业的兴趣调查中,超过六成的学生对本专业表示“很有兴趣”或“比较有兴趣”,不足三成的学生对本专业“兴趣一般”,仅零星学生表示“兴趣不足”。当问及“通过学校的培养,专业的基本理论和基本技能掌握情况”时,达84.6%的学生回答“很好”或“较好”。当问到“最大的择业优势”时,24.2%的学生认为是“专业”,26.9%的学生认为是“专业技能”。

大部分大三学生对学校的认同度、归属感大大增强,已经完全融入学校的文化氛围之中,能围绕学校这个中心合理安排自己的生活。问及“大学三年对你的成长的帮助”时,调查中有近半学生表示积极认可,认为学校生活对其专业能力养成、视野开阔、综合能力和素质提升等方面帮助极大,这也体现出大三学生对学校的极高的认可度和满意度。

(三)学习兴趣偏向实践项目,参与校园文化活动的积极性下降

在人生目标的大方向上,大三学生已经由大一、大二的“懵懵懂懂”转变为“躁动的清醒”,且发展方向呈“多元化”态势。这个时期的学生,已经掌握了大学的学习方法,并完全适应了大学生活节奏,开始有各自明确的努力方向。正是由

于有各自的奋斗目标，所以大部分学生会根据个人的奋斗目标采取个人行动，也会出现集体主义观念淡薄，对校园文化活动和班集体活动的兴趣降低，各项校园活动的参与度下降。大三学生的学习热情和学习兴趣转向与专业和未来就业相关的实践类课程，对相对理论化的学习内容普遍不感兴趣。在调查中问及学生“参加校园文化活动的频率”时，回答“经常参加”的仅 11.4%，“很少参加”和“从不参加”的学生达 39.4%；问及“哪类校园文化活动最具吸引力”时，有 62.4%的大三学生回答是“实践体验类”；问到“哪类活动对他们的成长最有帮助”时，有 78.3%的学生再度回答“社会实践”。可见，在就业压力作用下，大三学生对各类校园文化活动的关注力和参与度大为降低，对提升择业能力的实践活动更为关注。

(四)就业引发不同程度的心理压力，面对择业呈现矛盾心理

毫无疑问，大三学生所有学习生活的终极目标在于就业和发展，“就业”成为大三学生的“第一要务”。面对未来择业，接近一半学生反映“压力非常大”或“压力较大”，近三成学生回答“有些压力”，仅两成学生回答“压力不大”，而这两成学生大部分为订单班学生，已经提前基本落实就业单位。

在调查中发现，严峻的就业形势和就业压力之下，大三学生就业准备意识不断增强。有超过半数毕业生从大二就开始了解各项就业信息、关注自身就业。就业准备意识增强，就业准备提前，这和学校及早启动学生职业生涯规划、提前进行就业指导密不可分。

同时也存在着对自身就业能力的自我认知定位不清、对社会认知不全、未来职业目标不明以及择业自信心不足等问题。在对学校性质的看法调查中，问及“在就业时，高职毕业生与本科毕业生相比，是否处于不利地位”时，认为“肯定是”的占 32.8%，认为“不是，看个人实力”的占 58.3%。可见，有将近三分之一的学生对自我就业能力评估较低，就业信心不足，没有看到高职生就业时在实践运用、技能操作方面的竞争优势。在进行就业信心调查时，“对未来就业充满信心”的学生仅占 27.3%，有 56.8%的学生认为“就业信心一般”，“信心不足”和“没有信心”者分别占 12%和 3.9%。由于对自身能力缺乏客观的认识，择业的目标与行为不稳定，缺乏理智、冷静的心理准备，因而导致自我驾驭失衡。

在回答“理想单位”时，高达 44.3%的学生选择“国有企业”，看来工作稳定、收入丰厚的国有或集体企业是毕业生内心的理想单位，但从高职毕业生就业实际来看，我院毕业生除因学校优势进入银行等金融企业以外，绝大部分学生还是进入民营或私营企业工作，能进入国有企业的学生毕竟是少数，显然进入国有企业这一就业理想和他们的就业现实并不相符。由此可见，毕业生对理想的追求非常迫切，但由于他们涉世尚浅，对社会认知有限，对外界的把握能力不强，理想往往脱离实际，不免发出“理想很丰满，现实很骨感”的感叹。

三、高职三年级学生教育引导的对策

(一)加快高职院校课程改革,确立以实践过程和创新理念为导向的课程模式

在高职毕业生就业形势严峻的同时,却存在着企业对高素质劳动者和技术技能型人才需求迫切的矛盾,这归根到底在于高职院校学生培养和社会需求的错位。因而,加快培养我国高职院校专业技能型人才已经成为当务之急。创新高职院校课程模式成为实现高职教育教学目标的核心所在,也是目前高职院校的教育者应根据社会、经济和文化发展做出改变的需要。

高职院校的课程改革,要建立起"以就业为导向"的、基于工作过程的项目课程体系,形成工学结合的人才培养模式。高职院校教育工作者要确立课程开发的研究意识,依据工作任务选择知识点,以项目化为载体,从而提高课程内容的岗位针对性。认真调研,合理调整专业设置及培养方案,引导课程设置、教学内容和教学方法改革,以适应发展的步伐,培养适应我国经济、社会发展所需的应用型人才。

(二)创造性地开展就业指导工作,加强学生职业生涯规划和就业辅导

高职院校要积极应对就业压力,建立健全就业服务工作的长效机制,全方位收集就业信息,创造性地开展就业服务。增强学生的就业准备意识,指导学生尽早做好职业生涯规划,向学生提供必要的就业发展咨询,让学生在了解自身专业的特点和优势基础上,开始自身的职业生涯规划,提高学生就业指导的质量。调查显示,学生对就业指导的作用评价不高,对就业辅导和量身规划的要求提升,因此,高职院校要进一步优化就业指导工作,在把握学生深层次的心理特征和实际就业指导需求上开展工作,将职业生涯规划和就业心理辅导纳入职业指导工作中,加强学生的职业生涯规划辅导,开展学生就业心理辅导,进一步关注就业有困难的学生,做好大一到大三全程跟踪服务指导等。

从高职学生入校开始,就做好大学职业生涯规划,将就业指导从毕业时的阶段性工作变成贯穿高职生三年的学习的过程指导。就业指导的内容其实很丰富,但目前更多的工作只是就业工作程序性的介绍,应该转变为贯穿整个大学学习阶段,形成大学生职业生涯教育体系,从职业理想到学业规划,进而进行职业规划和个人生涯规划,帮助同学们从入校的那一刻就开始思考自己的大学生活及毕业后的发展,唤醒同学们的职业意识,明确个人职业目标。

(三)多方位入手,注重学生职业能力培养,提升毕业生就业竞争力

高职生的培养要以社会需求为导向,要适应就业市场的需要。在毕业生就业形势严峻的同时,又存在技术技能型人才紧缺的社会现状。因此,学校要加快专业调整的步伐,大力推动教学改革,以学生职业能力培养为中心,创新实施以职场教学为主的应用型人才培养模式,积极加强对学生知识结构的调整,合理调节与就业

市场不适应的专业和课程。

学校要加强对创新型人才的培养，通过学生职业生涯规划大赛、模拟面试大赛和创业规划大赛等方式开展创新教育，培养学生的创新能力，也为未来求职面试做好准备；学校要加强学生实训锻炼，积极开拓校外实习实训基地，利用和开发校外合作资源，加强与用人单位沟通联系，开展校企合作推介活动，做好毕业生宣传工作和毕业生就业推荐工作；学校要加强校企合作，把握行业发展趋势，掌握企业用人需求，积极拓展"订单式"培养，实施新型订单培养、工学结合的分阶段培养，利用多方资源，打造学校、用人单位和毕业生的就业"绿色通道"；学校要广泛利用各种渠道开展就业宣传工作，用展板、网络、微信平台等途径进行就业信息、面试经验和就业政策等的宣传，通过就业讲座和模拟招聘等方式，让大三学生早做筹划，做到在求职前"心中有底"。

（四）加强心理健康教育，培养学生良好的心理素质和就业心态

当前社会就业形势严峻，就业竞争激烈，这是许多高职学生心理压力剧增的重要原因。面对就业竞争和角色身份的重新适应，他们面临着角色的自我定位、人生观和价值观的自我完善、心理上的自我调适等一系列的问题，部分毕业生容易出现消极自卑、空虚失落和焦虑不安等心理问题。因此，大三毕业生的心理健康教育工作十分重要，需要帮助他们处理好环境适应、自我管理、学习成才、人际交往、交友恋爱、求职择业和人格发展以及情绪调节等各个方面的心理困惑。

加强高职毕业生心理健康教育，要通过讲座、课程、团体辅导等多种方式，帮助学生建立积极健康的就业心理、良好的心理素质和人格特征，提升学生的就业竞争力。首先，让学生建立正确的自我认知，培养悦纳自我的态度，扬长避短，不断完善自己；其次，引导学生深入地进行自我分析和社会现状分析，学会挫折应对方法，提高应对压力的能力；再次，通过心理健康教育，提高学生的人际交往能力，提升个人综合素质，培养适应社会需求的人格品质，提升学生的就业竞争能力。

2013 年 9 月份，订单班内外的心情

9 月，当大二的学生为迎新而忙碌，大一的新生为踏入新校园而激动不已的时候，对于大三的大部分学生而言，所有的这一切好像已经提不起他们的兴奋点，他们，无论有没有进入订单班，此时的想法和心情都是五味杂陈的。大三的学生中，有 800 余名学生经过上学期的订单招聘进入了自己向往、别人羡慕的订单班，来自不同系不同专业的学子因为共同的志向汇聚到一起，开始了新的班级学习生活，他们也面临着银领学院新的管理制度和规则，尤其是魔鬼式的技能训练。无论适应不适应，大家都在制度和规则的约束下默默地努力着。然而，没有进入订单班的学生，在班级规模缩小的情况下，仍在学习着自己的专业知识。他们有些是执着于自己的专业不愿意进入银行，有些是想进入银行而面试无果。无论是什么原因留下，大家都在为自己的未来而悄悄筹划着。

9 月份学校的主要安排：大三学生告别大学的最后一个暑假，来到学校报到，开始订单班和非订单班的课程学习。对于订单班的学生而言，开始涉猎行业课程，着手残酷的技能训练，接受严格的过程化考核。对未进入订单班的学生而言，继续专业课和有关创业指导课程的学习。有关订单班的学员补录，有关招聘单位的信息发布，学生着手实习单位的寻觅。

9 月份的温馨提示：对于订单班的大部分学生来说，银领学院严格的考核淘汰制度和高强度的技能训练无疑是他们内心最担心的内容，有些人会因适应不了而要求退班，此时只需要坚持挺过来，那就成功了一半。对于未进订单班的学生来说，需要抓住 9 月份的时机，重新给自己定位，瞄准自己的职业目标，并要为目标的实现而扎实地做好相关工作。

9 月 1 日　星期日　阴

我的大学谁做主

时间总是那样静悄悄地躲在身后，等发觉它的存在时，它却已经离自己远去了。今天是 9 月 1 日，是中小学报到的日子，想想自己，转眼间已经来大学两年多了，此时的自己也成了他人眼中的学姐，在学弟学妹中也时时发挥着作用。

回首往昔，有欢乐，有悲伤，曾彷徨，曾迷惘，度过了自己所认为的痛苦难熬的日子，也曾怀着美丽的心情做着各种美妙幸福的事情。可是，自己做的还是太少了，当我站在大三的起点时，当我想起以前的时光时，心中不免后悔遗憾，现在我终于体会到为什么从小到大，长辈们都要自己尽可能努力地去做事。因为很多事，当

时不尽力，以后过去了就是过去了，永远都回不去了，错过的遗憾永远都没有办法弥补。每次遇到迷茫、纠结、难熬的事时，很多人都会说“跟着自己的心走”，而我作为当局者，不明白该怎样跟着自己的心走。现在，在这样一个阴郁的天气里，当我静静地坐在这里，用一颗坦然开怀的心，再去思考所有的时候，才发现，不管再多的纠结、迷惘，自己的心总会在适当的时候给自己一个合适的答案……

我现在不想很多，我只是想，今后在我回首大学时光的时候，我的心中没有太多的遗憾与自责。我只是想，在现在，在这个还来得及开始的时候，我可以做着自己想要做的事，可以让自己每天都过得充实。我只是想，我的大学在我自己做的主之下，很开心……

我也曾羡慕鸟儿在天空自由飞翔，鱼儿在水中自由游动；我也曾羡慕名人光鲜的一面，幼儿的无忧无虑；我也曾幻想自己亮丽的生活，别人称羡的眼光……可现在，我明白，一切都可能，一切都简单，但一切都需要过程，需要自己努力地奋斗，需要自己挥洒汗水，而我的大学只能我自己做主，没有人可以为自己把一切铺垫……

点评：人要向前看，向前跑，回望时，才能致敬我们的青春。不是吗？走到了大三的路口，让我们放下自己的惰性与抱怨，去挑战，去奋斗，要对得起自己曾经的努力，更要对得起正怀抱青春的自己！

9 月 2 日　星期一　晴

有一种心情叫一起去旅行

每一次火车旅行都是一次修行，终于的终于，我们坐上了去厦门的火车，去那个我向往了很久的美丽的海滨城市。从决定要去的那时起，连自己都觉得不可思议，毕竟快要开学了。在网上买票按下确定键的那一刻，我甚至觉得自己从来都没有这么毅然决然过。接着就开始看各种旅游攻略，写旅行计划，买需要的物品，我没有那种说走就走、拎包入住的勇气，而是更倾向于通过别人的经历获取一些借鉴，让自己少走些弯路。

身边太多的例子证明，宁可提早几个小时去候车室等车也不要在最后十几分钟匆匆赶车，因为你永远不知道接下来会发生什么。这次我们就经历了很悲催的一天。晚上七点半在杭州东站乘车，我们从下午五点半就出发了，但是因为我们俩都是第一次去，先是坐地铁坐反了方向，然后就开始没停歇无休止的奔波，好不容易到了杭州站，才发现始发站杭州和杭州东是不一样的，于是我们悲哀地错过了动车。然后我们只能改签，取完票之后又继续赶地铁，结果一路奔波还把动车票给弄丢了，又要赶在开车前二十分挂失补票，最后补的票离朋友王同学足足有十三节车厢之远。还好一路有王同学陪着，不然非崩溃不可，只是对不住她了。我想同伴的意义就在这里，当你受阻失落惊慌失措的时候能让你冷静，替你想办法、找出路，谢谢王同学，让我有一种并肩作战，出生入死，从沙场上幸存下来的亲切感。

王同学一个人在14号车厢会害怕，于是我从一号车厢穿过长长的硬卧、硬座、餐厅、硬座，但是最后却被一道门给挡住了，跟列车员哥哥说了很久才肯放我过去。事实证明，女孩子在外装乖点总是没有错的，再加上暑假在龙湖地产实习练就的口才，他们才同意今晚让我和王同学坐在一起。觉得一个人好，就应该让他知道，热爱生活，从感恩开始，于是我们在下火车的时候，特意给尊敬的列车员哥哥写了感谢信，谢谢他的宽容和照顾。我们两人，一个坐在窗边装深沉，一个靠在椅背上沉睡。

神的孩子都要去感受自然的美丽，信仰的力量，生命的极限。用火车作为旅行的交通工具实在是不二的选择，不只为了到达目的地，更是为了欣赏一路别样的风景，我们穿过了无数个涵洞和隧道，看到的是数不清的高山矮岭、大江小河，一排排的两三层的独栋房子，说不出名字的农作物，以及不畏炎热在烈日下辛勤劳动的人们，还有一望无际的、相互映衬着的蓝天和黑色山峦。这里的夜晚不像大同小异灯火斑斓的繁闹夜市，而是伸手不见五指的黑，比恐怖片里的夜还要黑得深邃。

睡觉是万能的，经过一夜的平静，醒来后的心境又如之前的激动，新奇又带点小惶恐。不管之前通往厦门之路是何其坎坷，现在总算一切安好。在陌生的地方，我们所遇上的所有都是美丽的意外，希望之后几天一路顺风。旅行确实是一件辛苦的事，花钱从自己活腻的地方去别人活腻的地方，今晚要好好休息，明天继续带着旅行的心情去遇见下一个美丽。再穷，再忙，再累，欠自己的旅行，趁着年轻，也要一次一次慢慢还清。

点评：人生总有那么几次为了梦想的旅行而迈出勇敢的步伐，毕竟能去想去的地方始终是件快乐的事，这个过程不会因为你的周全准备而风调雨顺，但却会因为不经意的波澜而显得格外精彩。心若向阳，便无畏悲伤。

9月3日　星期二　多云

相约大学生村官

今天，我参加了我系以“大学生村官调研”为主题的暑期社会实践的最后一次活动，到临安市清凉峰镇九都村村委会，对当地的一名大学生村官——盛伟江做实地调研，以此来了解大学生村官在当地的基层建设工作情况。

上午7时，我们小组全部成员乘车出发，历经两个多小时，终于到达我们的目的地——清凉峰镇九都村。当我们一下车，映入眼帘的便是四面环绕的青山群峦，与蓝天白云相照应，青蓝一色，好不美丽！而山脚下的人家，院墙里种植的果蔬，无不透着浓浓的乡村气息。通过询问路人，我们找到了村委会地址，从外看去，村委会的房屋建造与普通人家并无太大差异，虽谈不上城镇政府那样奢华气派，但其简朴、亲民的风格给人一种很亲切的感觉，不仅大院内有相应的运动娱乐设施，在楼层内还有一间有娱乐设施和许多藏书，可以称得上是小型的图书馆。

由于我们小组已提早联系过盛伟江同志，一到村委会，便被他热情地请到访客厅。在这里，我们看到陈列着许多的奖杯，想来他们的基层民生工作应该做得很深得民心。在阅读完我们暑期社会实践小组的调研内容后，他十分肯定我们的工作，也很积极地配合我们进行课题的研究。我们了解到盛伟江同志毕业于浙江机电职业技术学院，所学的专业是农业生产，与乡村发展十分对口。我们又向盛伟江同志询问了许多有关大学生村官的问题，诸如大学生村官在乡村基层的工作状况，乡村前后的变化，大学生村官在乡村起到的作用以及乡村未来如何更好地发展，还有他本人关于大学生村官的一些想法。盛伟江同志也很有耐心，很细致地为我们一一解答。从回答中我们不难看出，盛伟江同志对“大学生村官”这份工作有着非比寻常的情怀，其言辞间，无不透露着作为一名准政府工作人员该有的工作责任心和耐心，而且又有着年轻人的朝气和活力。

下午，我们作别了盛伟江同志，搭乘返程的车回到学校。就这样，我们结束了为期一天的大学生村官寻访工作，虽然只是短短的一天，但收获却也不少。看得出来，盛伟江同志对他当前的工作非常的喜爱，也正如许许多多的大学生村官一样，希望通过几年、几十年的基层工作锻炼，与老百姓做好联系工作，心系民生，胸怀天下。

点评：大学生村官制度在一定程度上缓解了就业压力，并为农村注入新鲜血液，随着大学生村官制度的日益完善，越来越多的大学生走上了基层工作岗位。本次社会实践活动既丰富了同学们的暑期生活，又提高了大家对社会的认识，也为大家提供了一份真切而深刻的就业指导材料，有助于同学们正确世界观、价值观、就业观的树立。

9 月 4 日　星期三　多云

暑期实习最后一天

我们的大学生活再过一年就要画上句号了，在即将踏上人生旅途之际，实习成为我们的必修课，只有通过实习才能真正接触社会。实习能让我们在实践中了解社会，在实践中巩固知识，还能让我们学到许多书本上学不到的东西，帮我们开阔视野，增长见识。希望通过不断地学习与工作锻炼自己，检验自己，完善自己，发展自己，为日后的工作打下坚实基础。

今天是我在公司暑期实习的最后一天，我的工作岗位是一名出纳员，通过近两个月的实习，我对出纳工作有了新的了解与认识。出纳工作是管理货币资金、票据、有价证券等进出的一项工作。具体地讲，出纳是按照有关规定和制度，办理本单位的现金收付、银行结算及有关账务，保管库存现金、有价证券、财务印章及有关票据等工作的总称。这次实习更让我懂得了一些通俗的知识，随着会计制度的完善，社会上对会计人员高度重视和严格要求，我们作为未来的专业会计人员，为了顺应社会的要求，也为了加强社会竞争力，就应该努力提高自身的素质，培养较强的会计工作的实际操作能力。通过实习，我结合自己所学的知识对专业业务有了更深层次的认识，使自己更加充分地了解理论与实践的关系。这次实习的职位是出纳，内容主要包括会计业务，从原始凭证到会计报表的流程，以及公司的资产运营等。开始单位只让我在旁边看，不会让我干什么，观察我是否有耐性全身心地投入工作。

在实践中我也发现，会计工作具有很强的连通性、逻辑性和规范性。其一，每一笔业务的发生，都要根据其原始凭证、登记凭证、明细账、日记账、三栏式账、多栏式账、总账等可能连通起来的账户。其二，会计的每一笔账务都有依有据，而且逐一按时间顺序登记下来，极具逻辑性。其三，在会计的实践中，漏账、错账的更正都不允许随意添改，不容弄虚作假。每一个程序、步骤都得以会计制度为前提和基础，体现了会计的规范性。在实习期间，我曾为整天对着那枯燥无味的账目和数字而心生烦闷、厌倦，以致错漏百出。愈错愈烦，愈烦愈错，这只会导致雪上加霜，会计本来就是烦琐的工作。不过我慢慢觉得只要你用心地做，反而又会觉得左右逢源，越做越觉乐趣，越做越起劲。总的来讲，出纳的职能可概括为收付、反映、监督、管理。而我的主要工作是：办理银行存款转账和现金的保管；负责支票、发票、收据的管理；登记银行日记账和现金日记账，并及时与银行对账。出纳工作细则包括工作事项及审核等程序，失误防范及纠正程序和现金收付。

时间过得飞快，暑期实习就要结束了，尽管工作非常辛苦，但我还是觉得我学到了许多知识，这对我以后从事这方面的工作是非常有帮助的。

点评：实习是每一个学生必须拥有的一段经历，它使我们在实践中了解社会，让我们学到了很多在课堂上学不到的知识，也开阔了视野，增长了见识，为我们以后进一步走向社会打下坚实的基础。

9月5日　星期四　阴转阵雨

人生若只如初见

今天，买了那本自己一直想买的书——安意如的《人生若只如初见》。不知从什么时候开始，喜欢那种带着诗意的话语，喜欢那些让人心醉的语句，看着书，人便也平静下来了。用了纳兰容若的词句做书名，那么美的字句，那么美的文。

书里的爱情也是，让人心醉，也让人心碎，这便是这本书的魅力。这书是高中时候看的，也是我第一次知道安意如。书的伊始就是洋洋洒洒的一大篇叙说一千多年前杨玉环和李隆基的爱情的文字，浪漫，唯美。于是，很容易地，对那样的故事，那样的笔触文字，一见倾心。连对人物的喜好亦受了安意如的影响。她谈诗词，谈风月，并不拘于对诗词的释义，而是以散文的形式，描绘古老的爱情。她笔下的那些人物，似乎不再是历史中出现过的名字；那些发生在人物身上的故事也不再是历史中冰冷的记录，而是加上了情感的血液。故事从两汉伊始，延至南北朝、唐宋、元明清，从帝王到将相、布衣。仿佛能够在那墨郁的纸张中掂来每个字的重量，感受到每个词的温度，甚至听到每一句话的呼吸和心跳。

其实那天的心情不是很好，买了书后便把自己沉浸在书中了，眼泪也便不知何时落了下来，也许是因为感动了，也许是因为心情得到了宣泄，书总是可以轻易触动到内心最深处的东西，引起人的共鸣，让人在别人的故事里流泪。

我们总是说，现在的爱情有了太多的杂质，和古代比少了些什么，其实大都是差不多的。也许真的是人生若只如初见吧，那是最美好的时刻。但纵使这样，时光怎能定格在初见时那一刻的倾心？我们谁也猜不到结局，这便是我们的人生吧，再见时唯有叹一句“人生若只如初见”，留下的是一片无奈。

点评：每个人都会有初遇的情结，像一杯清水那般清纯透明，透明中包含着一种叫作永不会再来的幸福，稍纵即逝，有的人拼命地想抓住，拼命地追寻，可它还是如烟随风，轻轻流逝，再也不见了，初遇的情怀，是一场淡淡的清风，太过执着了，便迷失了自己，惹一世的忧伤。让它自由吧，只留一丝在梦里，安慰曾经渴望的心。

9 月 6 日　星期五　小雨

室友素描

快要开学了，这两天特别想念室友们。我们的寝室很温馨，充满了欢笑声，室友都很容易相处，大家的性格各不相同，但却很好地融合在一起了。

首先，介绍一下我们的寝室长竹子。开学刚到寝室的第一天，她的话不多，很安静，感觉似乎不能马上和她打得火热。她跟以前的我很像，如果不主动与我说话，我基本不会主动与别人交流，并且也有点害怕迈出第一步，脸皮比较薄。但是，渐渐地和她接触多了，我才发现，原来她很外向，并且非常乐观、活泼，能说会道，管理能力强。和她在一起总觉得很轻松、自在，不用有太多的顾虑，因为她会包容你。另外，她的笑点比较低，一点点很小的事情也可能会让她笑开怀，不知是我的情商太低，还是她的笑神经太发达。所以往往我会被她感染，整天心情舒畅。现在，慢慢地我发现我开始有些依赖她。如果她不在寝室就会少了很多的欢声笑语，气氛也变得沉闷。她的存在带动了我们整个寝室的气氛，增添了许多温馨的味道。

竹子是个爱笑鬼，而丹丹则正好相反，她的笑点很高，比我们都要高很多。见到她的第一天，她是第一个和我打招呼说话的人，还笑盈盈的，给我感觉是个很容易相处的人，没什么距离感，所以就马上和她搭上了话。可是，慢慢相处下来，我发现并不是这样。准确地说，其实她有些冷，当然只是相对于我们寝室中的其他两位而言。当我们三个都为某件事笑到肚子痛时，她顶多稍稍浅笑几下，然后也就这样了。我想，如果想要把她逗乐到笑得不行，那应该是很有难度的一件事情。不过，我很认同她的做事方式，她总会在第一时间完成学校布置的任务，抑或是老师布置的作业。还有她很有主见，不会随波逐流，这点我也很欣赏。

下面出场的这位重量级人物，就是每天与我几乎形影不离，从天台来的"爱笑王"——玲玲同学。她在开学那天，就跟我们玩失踪，大家都在寝室，唯独她一个人，东西都已经摆放整齐了，可是就是不见人影。当我看到她的桌面时，我不禁忙向老爸说，她一定是个很爱学习的人，而且成绩肯定也很好，因为她桌上放了好几本书。其他人几乎都没有带书，即便有也是练习本什么之类的，可以说她未见其人就让我刮目相看。初见到她的时候，她都不说话。我们几个会先认识认识，可是她都只坐在床上看看书，也没有要加入我们的意思。只有我们问一句，她才答一句，我想她肯定非常内向。但是，事实却并非如此，她很爱笑，常常还会莫名其妙地自己一个人傻乐，我们都不知道她在笑些什么，往往只能感叹一句，她活在自己的世界。而我有时候不经意的一句话，她常常也会乐半天，可我就是弄不懂笑点在哪里。她战胜了我们的爱笑鬼，所以顺理成章地成了爱笑王。她虽然没有非常出众的容貌和苗条的身材，可是她却有一颗十分善良而又单纯的心，她不会和人计较太多，她很有文采，她羞涩却又很勇敢，她聪明但不骄傲，她朴实又可爱，她乐于助人，她不求回报，她勤奋好学，她交友广泛。

这就是我们寝室的"吉祥三宝"。

点评：时光荏苒，岁月如梭，我们同在一个屋檐下，共浴一片朝阳。学习上，我们相互激励；生活中，我们相互帮助。同学之间的友谊是十分珍贵的，三年的时光会这样匆匆地流逝，我们应该珍惜友谊，珍惜室友之间的点点滴滴。

9月7日　星期六　阴

明年的9月我们没有开学

当坐上火车返校的那一刻，才发现不知不觉，我已在学校度过两年时光。今天，是老生报到的日子，而明年的9月，我们没有开学。2011年的9月，我离开我所熟悉的一切，踏上了我的大学路。我突然想起临行时妈妈的那句唠叨"一个人出门在外，要学会独立，学会坚强"，不觉泪水湿润了眼眶。

那一年，我们走出了高中的校园，只身在偌大的下沙城里彷徨。每当想起和高中挚友一起早读，一起熬夜，一起说理想，一起叹时光时，我的室友们便用他们的热情把我从无尽的回忆中拉出来，这一刻我才深深地体会到友情的珍贵。

进入大学，看到一张张新鲜的面孔，突然对一切都感到非常好奇。大一的一年时光里，我在农金 113 班的大家庭度过了非常有意义的一年，很开心这一年有他们的陪伴。

大二的我们突然有了一种紧迫感，听了一个又一个的报告，发现自己要做的事情很多，也了解了自己身上所背负的责任。或许自己的未来应该早点规划，大一的适应期已经过去，接下来大二的生活是奋斗期。在那段时期里，我不断储备自己的专业知识，考取了一本本证书，参加一个个学院举行的活动，在这段时期，我不断地成熟，长大。

大二生活中印象最深刻的还是订单班面试，每个人都在对自己的未来做抉择。进入银行对于我们高职生而言，是一个来之不易的机会，所有人都特别紧张，第一次的正式面试，希望得到别人认可的心情，那时只有自己知道。但是经历过面试之后，让我们认识到了身上的优点和不足，结果对我们而言，只是事实，有的只是更加努力，拼搏奋斗！

再见，我的大二！

人生就像一张有去无回的单程票，没有彩排，每一场都是现场直播。把握好每次演出，便是最好的珍惜。将生活中的点滴往事细细回味，伤心时的泪，开心时的笑，都因追求而可贵。

点评：我们可以不完美，但我们真诚；我们可以不卓越，但我们努力。这是青春的力量，是理想召唤的力量，是朝气蓬勃的力量，是坚实成长的脚印，是记录岁月的永恒。大三了，你准备好了吗？

9 月 8 日　星期日　多云

参观雷锋纪念馆

今天，是一个非常特殊的日子，我和同学一起参观了位于天目山路的杭州雷峰纪念馆。这是全国唯一一家由个人提供展品、民营企业出资建设的雷锋纪念馆，也是目前国内收藏雷锋资料最多最全的纪念馆之一。

在我们还没有到达之前，我一直在想着，雷锋究竟是个怎么样的人，他的事迹为什么可以感动这么多人。上午 9 点，我们到达了雷锋纪念馆。还没有进入展厅，远远地，我们的目光就被“杭州雷锋纪念馆”这几个大字所吸引。就像是进入了一个十分神圣的地方，心中都怀着一份敬仰的心情。

雷锋纪念馆的规模并不像我们想象的那么大，馆长是一位 79 岁高龄的老爷爷，大家都叫他李老。馆长向我们展示了他从 1963 年开始收藏的雷锋纪念品。到现在差不多有 4000 多件，很多都是珍贵的藏品。让我印象最深刻的是一盘雷锋讲述的忆苦思甜的磁带，全国仅有两盘。展厅虽然不大，但是满满地陈列着雷锋的成长经历。

一边看着展厅中的展品，一边听着讲解员声情并茂的讲述。从雷锋苦难的家庭讲起，到他坎坷的童年，再到学生时代的雷锋，从他走上工作岗位，到参加人民解放军……雷锋同志平凡而又伟大的一生，很形象地呈现在我们的眼前。我发现，原先所了解到的只是雷锋很少的一部分，他有很多故事、很多经历跟精神是我原来不曾知道的。我再次受到了莫大的鞭策和鼓舞，一个伟大而年轻的生命，在年仅 22 岁时就走到了生命的尽头。作为同龄人的我们，现在还能如此优越地生活着，是多么幸福。

近两个小时的参观，雷锋精神在我们每一个人的心底荡起了无尽的涟漪。“青春啊，永远是美好的。可是真正的青春，只属于这些永远力争上游的人，永远忘我劳动的人，永远谦虚的人。”我要在雷锋精神的鼓舞下，重新认识自己，在今后努力学习，努力工作。要做一颗永不生锈的螺丝钉。

点评：雷锋同志是家喻户晓的、全心全意为人民服务的楷模，是影响着几代青年人的英雄人物，让我们学习雷锋精神，实践雷锋精神，传承雷锋精神，在平凡中做出不平凡的贡献。

9 月 9 日　星期一　晴

国旗下的思考

清晨，学院在中信广场隆重举行升国旗仪式，共同迎接 2013—2014 新学年的到来。早上 8:10，学院的国旗护卫队护卫着国旗，迈着整齐的步伐走向升旗台，五星红旗伴随着雄壮激昂的《义勇军进行曲》，迎着初秋的朝阳在广场上空冉冉升起，师生们向五星红旗行注目礼，向国旗致以崇高的敬意。

一个既漫长而又短暂的学年已然过去，经过一个暑假的休养，我们共同打开了新学年的扉页。人生最有趣味的事情，就是送旧迎新。那么，我们是否已经勾勒好了新学期的蓝图，是否已经做好了充足的准备去迎接新学期的到来？

当我们看着东方的第一抹朝阳时，是否应该检查一下自己：我的梦是否依然存在，我的心是否依旧飞扬？也许我们曾经拥有过成功，但那已成为回忆；也许，我们曾经遭受过挫折，但那已成为教训。忘记曾经的成功与失败，我们只需把经验和教训铭刻于心，让曾经的成功激励我们，也要明白，过去的失败只是为了衬托未来的成功。

新学年的开始，就意味着我们开启了崭新的一页。无论过去的你是多么地成功，抑或失败，那也仅仅代表过去，并不代表将来。我们的未来是掌握在我们自己手中的。我们都很了解自我，需要的是真知，面对的是现实。没有努力和付出，再多的空头支票也无法兑现为细微的成就。所以，早点让口中的话语变成实际的行动，我们才会离理想更近一步。在新的学年里，让我们保持朝气，严于律己，接受每一次的挑战，也许我们曾遭受挫折，但是今天我们还是要微笑地接受下一个挑战，因为每一次的磨砺都是我们终生的财富。在困难中勇往直前，经历风吹雨打，只有这样，我们才能说我们没有虚度年华。

点评：新学期，我们该扬起理想的风帆，航行在绚丽多彩的金院之中，也许会有坎坷，但我相信，在我们老师和同学的指导和帮助下，在我们不断的努力与进步中，我们一定会战胜一切困难，避过所有的浅滩，到达成功的彼岸！

9月10日　星期三　晴

感恩常在——教师节

"老师是园丁，老师像母亲，老师用辛勤的汗水浇灌祖国的花朵，老师用知识的甘露哺育我们成长……"这些是我们从小到大写关于老师的作文时百用不厌的句子。当秋的脚步款款而至，一年一度的教师节也随之来临了。对于每一个人来说，在我们从顽皮稚童到青涩少年再到风华青年的生命历程中，老师，都是最值得我们尊重和感恩的人。他们的关心和呵护，他们的鞭策与激励，对我们的成长都是无法忽视的重要存在。

这一年是我们大学校园的最后一年，也是在学校里过的最后一个教师节。来到新的班级，有了新的班主任、新的任课老师。午夜12点钟声敲响，班级每个同学都给老师发送了教师节祝福短信，表达对老师的深深感激。可能因为父亲是一名老教师的缘故，每年一到教师节，我总在第一时间感谢人生中的第一任教师。教师家庭出身，总能更加深入地体会到园丁无私奉献的艰辛。

有人把教师比作红烛，燃烧着自己，照亮了别人。在教师节我们眼前的红烛更加光彩照人，魅力无穷。上课铃声响起，老师踏入教室，同学们把内心深处的浓浓感激之情化作整齐响亮的节日祝福。看到老师收到同学们精心制作的小礼物时感动的面容，闪烁着神圣的光芒。没有阳光就没有日子的温暖，没有雨露就没有草木的生存，没有老师辛勤的劳动就没有我们茁壮的成长。

大学里，虽然没有像在小学、初中、高中时那样老师随时跟在身边督促我们，但是来自老师的关爱却还是无处不在。即将步入社会，我们慢慢地从老师的怀抱中走出，面对人生中必须面对的独立。一日为师终身为父，感恩之心永不弃。

在这个以教师为主题的季节里，空气中满溢着感念师恩的馨香。让我们把这九月的祝福献给那些兢兢业业的可爱的老师们，真诚地祝愿我们的老师青春永驻，桃李满园！

点评：老师把自己的一生毫无保留地献给了教育事业，"春蚕到死丝方尽，蜡炬成灰泪始干”。我们要怀着一颗感恩的心，感谢老师的无私奉献，更要学习老师的高尚品质。

9月11日 星期三 雷阵雨

新学年第一节专业课

今天上的是新学年的第一节专业课，我们怀着激动的心情来到了金通409，对于这门课虽然以前有所接触，但说到真的精通却是绝对称不上的。今天要给我们上课的是我们系的辅导员，熟悉但又陌生。

上课了，老师问我们会不会PS，会的就举手。我虽然在高中时有所接触，但那时是为了应付考试，也没讲具体怎么用，而对于会这个词，我自然认为是精通，不精通也最起码是熟练，而不是我这种只懂皮毛的人。但是我认为我们班还是有好多人是会的，我抬眼发现大家都是很谦虚的，都默默地坐着，不抬一下自己的手，只有我们班公认的大神，毫不犹豫地举起了他的手。

老师看着我们，并对我们说了“同学们都很谦虚啊”之后就开始了课程的讲授。首先她放了一个图案，让我们先在PS软件中做出来，这是一个工商银行的标志，别看它简单，可是对于PS不熟悉的人真的挺麻烦的，就像我，为了画那个圆花了好长的时间，因为刚开始画时画好了一个圆，但是再画第二个圆的时候就出问题了，因为第二个圆没有了，后来在老师的讲解下才终于画出了一个圆，一个空心圆。画这个工商银行标志只用了两个工具，但是新手和老手之间的差别就是繁与简的不同，老手只需短短的几分钟，但我就要花10分钟甚至更久。通过今天的画圆，我更加坚定了要努力学好PS的决心，争取最起码也要做到熟练运用。

点评：小小的一个软件，大大的若干功能，它带给了我们无穷的乐趣，给我们美化，给我们恶搞，给我们温馨画面……不论当初是出于什么原因接触了这个软件，我们都要感谢有了它，让我们的生活变得更美好。

9月12日 星期四 多云

追梦的翅膀

今天我荣幸地拿到了由省教育厅、省文化厅、省财政厅、团省委联合颁发的2013年浙江省大学生艺术节获奖证书。之前，我绝对没有想到，作为大三的我竟然会在这临近毕业的日子拿到这么贵重的证书，这也是我大学三年里对舞蹈执着的最好结果。

进入大学以来，我对于舞蹈一直有着极大的兴趣，后来也有幸加入了体育舞蹈队。想起刚进入体育舞蹈队时看着学长学姐们翩然的舞姿，自己暗暗地发誓：我也要跳得像学长学姐们一样好。入门的那段岁月是最艰辛的，劈腿、下腰、旋转，一个个动作都压榨着我身体里对于舞蹈的那些潜力，每天都沉浸在舞步的练习中。我一直明白：脚酸，那绝不是停下的理由。也正是入门那段艰辛的岁月为我的舞蹈打下了结实的基础，在后续的学习中那些繁复的舞步才不至于将我击垮。

其实在舞蹈的学习中我必须感谢我的舞伴，是他一直伴随着我成长，没有在受挫折的时候放弃我，没有在忙碌的时候敷衍我，正是他的那份决心让我对舞蹈的热爱之火一直没有熄灭。也是他的这份决心，我才会以一个大三学生的身份登上这个舞台。

在这次艺术节的舞台上，我们表演的舞蹈是《乘着知识的翅膀》，是王立成老师为我们做的指导。乘着知识的翅膀，每一次跳跃、旋转都是一种向往未来的力量，用王老师的话说就是："用心中最执着的力量去舞动自己的身体，像风一样轻盈，用着知识的力量，去往最美好的未来。"正如王老师说的那样，我们用自己内心对舞蹈的热爱，对未来的向往，借着知识的翅膀，飞翔在舞台上，飞翔在自己的天空中。

这是我在大学学习期间参加的最后一个比赛了，也算为我大学的舞蹈生涯画下一个完美的句号吧。

点评：大学期间，除了学好专业知识，练好技能，培育一项自己的特长是十分必要的。俗话说，功夫不负有心人，有付出一定会有收获。在大学的校园，只要你肯带着缤纷斑斓的梦想在这里扬帆起航，就一定能翻开属于我们的青春纪念簿，采撷着岁月的繁星……那一刻，溢彩流光，定格永恒。

9月13日　星期五　阵雨

行业领导见面会

大三的生活将在银行订单班的学习中度过。今天是本学期第一次与行业领导见面的日子，下午，我们每个人都身着正装来到教室等待银行领导与我们见面，这是第一次以将来职场准员工的身份参加会面，每个人的紧张和新奇自然免不了。我也怀着既兴奋又紧张的心情在教室里等待着。

下午2:30，领导准时来到教室与我们大家见面。会议一开始，首先班主任介绍了来与我们见面的领导，当我看到领导后觉得比想象中随和年轻，甚至还会开几句玩笑来缓解我们紧张的情绪。介绍完后，领导简单地介绍了杭州银行的基本情况及企业文化。接下来领导为我们讲了进入银行后的一些要求和行为规范，希望我们从现在开始就把自己当成银行的一名准员工来锻炼培养自己，特别是注重技能的训练，因为这是我们最大的优势。然后我们分别进行自我介绍，虽然通过平时的沟通和各种活动对大家的性格爱好等都比较熟悉，但是这次自我介绍还是让我接受了许多新的信息，也加深了对各位同学的了解，为以后工作的开展打下了基础。

在领导的讲话中，让我印象深刻的一句话是“每个人甚至是事物都有其存在的价值和使命，每个阶段的角色和任务自然有所不同”。的确，作为学生我们应该努力学习；作为下属，我们应该努力完成领导交给的工作。如今作为一名即将走入银行的员工，我们应该为工作不懈努力，在学习的同时不断充实自身专业知识，提高职业素养。作为学生的十多年，我们天天与书本打交道，但是，“纸上得来终觉浅，绝知此事要躬行”，因此，即便大学期间我学习的是金融相关专业，但想要做好工作，还是必须得实践，从书本中走出去。每个人都是作为社会的一分子存在的，只要是办事都离不开人。在工作和生活中会接触各式各样的人，在与人接触的过程中必将了解信息，明白对方的长处、短处。这也是个反思和学习的过程，在“阅人无数”之后方能提升自己。

从自由的大学生，到严谨的工作者，我意识到领导说的“规矩”“效率”非常重要。大学生活和学习，面对的是老师和同学，但工作面对的是领导、同事和服务对象，必须讲规矩、讲效率。这种角色的转变也必须体现在工作中，严谨克己，注重效率。

一次会面，更像是一次工作课堂，学到了许多，感悟到许多。重要的是，学以致用，方能做好工作，体现自己的价值。

点评：认真地听好每一堂课，踏实地做好每一次作业，不辜负行业、老师的每一份期待，让整颗心都像天上的太阳一样，红彤彤、金灿灿，美轮美奂。人在旅途，不能预测命运，但能自己掌握未来。跟着太阳奔跑，人生旅途必定洒满光芒。

9月14日　星期日　晴

值得纪念的日子

从凌晨开始就收到各种祝福短信，学生时代的最后一个生日，感慨万千……

缘分是件很奇妙的东西，在席慕容的诗里是：为这，我已在佛前求了五百年，求它让我们结一段尘缘，佛于是把我化作一棵树，长在你必经的路旁！而我却认为：茫茫人海，让我们相遇，齐聚金院，这就是缘分。

都说“有缘千里来相会”。在这个见证许仙与白娘子唯美爱情的城市，我们就如张爱玲所说的那样：没有早一步，也没有晚一步，刚巧赶上！

在大学里，遇见了你们，是上天最好的安排。有这么一群人，来自五湖四海，根本想象不到会相遇，可是就这么遇见了。在你人生那些特殊的日子里，有这么一些人总是早早地记得，早早就开始策划着一个巨大的惊喜，掰着手指等着这天的到来，让你感动得无法言语，傻傻地又哭又笑，眼泪像关不住的水龙头。

一个蛋糕，一份礼物，一场惊喜。是该高兴的，却又很伤感。因为是最后一个，也许再也不会拥有这样一个年华，一个岁月，有人绞尽脑汁只为博得你的一个笑颜。

迎新就在昨日，看着那些初入校园的新奇面孔，仿佛看到昨日的自己。可转眼，就要离去。大学的第一个生日，也在开学，那时感受的是新同学的温暖，这时感受的却多了一份即将离别的伤感。

于是，我又感叹说，如果再有这么好的时光，该多么美好，可是，即便是再有这么美的时光，我们也不会再次拥有如此美好的年华。我在 20 岁时遇见你们，23 岁左右我们分离，人生最美好的光影，我们一起度过，没有负担没有烦恼，我们把青春互相馈赠。

这一年我们各奔前程，理想、压力、责任、地位、负担、金钱接踵而至，或许又过了许多日子，我们将上有老下有小，要等到哪一天我们才能够毫无顾忌地在柳荫下读诗，可以不避忌讳地谈天说地，那一天遥遥无期，就算等得到，我们也早已青春不再……

时间就是这么残酷，能在最美好的时光邂逅你们，是上天最幸运的馈赠。

点评：大学其实是一个大舞台，一个属于你自己的舞台。天下没有不散的筵席，离别的一天迟早会到来，我们必定要经历这次离别之痛，经历过后，我们会变得更成熟。所以，就让我们笑着接受这一天的到来吧！

9 月 15 日　星期日　多云

致我的大学生活

朋友说："我的大学，可以没有荣誉，可以没有友情，也可以没有爱情，但是不可以没有目标，每天做一些接近目标的事会让我更快乐。"

随着春花的一次盛开和一次凋谢，我意识到自己已经浑浑噩噩、稀里糊涂地度过了大一、大二的生活，不知不觉走到了大三的路口——似乎每次开学后都会感到几分悠闲与轻松，无聊的日子逛逛图书馆，正逢大一新生来报到。在五楼瞭望着一群又一群的新生渐入视野，看着他们那纯真甜美的笑容和懵懂青涩的脸蛋，想到自己当初报到是否也与他们一样，时间犹如白驹过隙，感觉这一切就像是昨天刚刚发生的，回想起来觉得自己真的好幸运！

我并不是金融、会计专业，首先在专业上就与别人差了一段距离，但是这并不影响我去努力和争取。两年前，怀着期待和梦想踏进了这所学校，当初也就是因为订单班慕名而来，当我还是大一新生时，在校园里看到穿着正装戴着工号牌的学姐、学长，我的心里不知道有多么地羡慕，后来又在运动会上看到订单班走方阵，这种想法又更加强烈了，那时的我多么希望自己以后也可以这样。后来因为自己的生源地、专业等原因，我的这种想法渐渐淡忘了，觉得自己一个外省来的，而且是专科出身,怎么可能进得了银行呢?觉得这个希望越来越渺茫。当订单班面试这一天真的来临的时候,我真的慌了,不知道该怎么办,面试这一个大关该怎么过。为了提前体验面试,我在智联招聘上投了一些简历,希望可以争取面试的机会。没想到中国人寿真的通知我去面试,我想这是老天给我的一次机会,我也想好好抓住面试的机会,就当是我为学校面试做的一次模拟面试。就这样我为了面试买了一套像样的正装,自我感觉良好,所以我就这么轻而易举地被录取了。这给我增加了不少的自信心,我们自己班级里面组织的模拟面试我去了,可是结果却不是令我很满意,反而给了我不少打击。我总结了原因,主要是我们都是自己班级的同学,我不好意思大胆说出我的简历,当时觉得自己好没用啊!就这样我们班级的面试我因紧张而失败告终,当时真的好沮丧,但是在朋友的鼓励下我重新振作,在下着小雨的体育场,我把同学当成面试考官,一遍一遍地模拟,朋友不断给我鼓励,至今我都十分感谢我的朋友,不厌其烦地鼓励和指导我。终于盼来了面试的这一天,看到跟我一样的同学,我既紧张又兴奋,可是我不断给自己鼓励,为了缓解自己紧张的情绪,我不断跟别人说话来分散自己的注意力,就这样还算顺利,当时我听说我进了二面时,真的好激动,多么希望自己可以走到最后。终于我进了,也算圆了我的大学梦。

我还是相信朋友所说的话,要建立一个目标埋藏在自己的内心深处,任凭暴风骤雨都不能动摇,每天都会为这个目标奋斗一点点。奋斗的时光里我们会感到奋斗的乐趣,无聊的日子里我们会饱尝无聊的苦涩,何不用奋斗将大学勾勒成一幅美好的画卷呢?即使没有实现目标,但我们曾经奋斗过了,也就不心存遗憾了,同时我们的大学生活也是十分充实、有意义。

前几天,走过笃行桥,一片落叶从眼前飘过,我知道这是秋天在向我招手了。这个秋天如往常一样,也许也会有一丝萧瑟,但在大学的日子里,我们还会有几个这样的秋天呢?

——谨以此文告诫自己,让最后的大学生活变得充实

点评:大学时光匆匆而逝,两年的时间像部老电影在我们脑海里缓缓播放着。回忆着两年前的自己,青涩、懵懂,处处洋溢着青春,无所畏惧。现在,我们已进入订单班,成为两年前理想中的自己,为青春加油,随梦想前行!

9月16日　星期一　晴

技能课

今天,是进入银领学院的第一堂技能课,一直很好奇这个课是怎么上的。一开始老师就跟我们讲了我们每个月的技能标准,然后就是行业的标准和我们要测的内容,从未点过的散把点钞显然让我有点茫然,对于老师说的标准也是一点概念也

没有，但是我在心里想，别人能做到的事我只要努力也肯定可以。于是，在老师的指导下开始了第一堂五笔、传票、点钞在一起的三节课，三节课中同学们都很努力地练习着，朝着自己的方向前进着，虽然很累，手很酸，但是我们都在坚持着、继续着，我们清楚地知道自己的目标和方向——只有不断地努力才会不断地进步，才不会被淘汰。课堂上有点钞快的同学教其他的同学点钞，我看到了同学们互相帮助的力量，同学们也在积极寻找最适合自己的那种方式练习，以取得最好的成绩。只要有理想，有目标，就会有动力，未来就会是光明的。

老师会下来看我们的进程，进而更好地指导我们的学习和操作手法。有了负责的老师，乐于助人的同学和相互竞争的氛围，就有了明显的前进目标。银领学院的量化考核中，技能也是非常重要的一项，所以要珍惜每一次上课的机会，争取每一次都有进步，充分发挥自己的优势，技能对于我们是很重要的，那么好的练习机会也是来之不易的，是综合练习的好机会，所以在以后的日子里我肯定会更加努力，争取更大的进步。

点评：进入银领学院的第一堂技能课让我们知道了行业的目标和现在的水平，以及努力的目标和方向。练技能要有恒心，有毅力，有信心，不要怕失败，付出和回报总会成正比的。

9 月 17 日　星期二　晴

新集体新起点

在华夏银行订单班中，和 19 个新同学相互认识，在这个新集体中，我开始了我的大三生活，和他们一起学习，一起为了同一个梦想奋斗。在本学期的学习中，我明显感到了无形的压力，我开始学会如何快速提升自己，在大三的学习中，我们都懂得了自主地去学习，因为这是我们自己的人生，我们每一天的学习，都是为了自己未来能更好。在这个新的集体中，我总是向比我优秀的同学虚心学习，我希望自己能够在职业技能方面得到进一步的提高。

大三的我，和 19 个新的伙伴因为华夏银行而聚集在一起，这样的缘分让我非常珍惜。在与他们相处的过程中，我们像家人一样凝聚，我们的感情十分浓厚，大家都希望自己在进入银行之后，彼此还能互帮互助，像老朋友一样，促膝长谈。我很开心能在这场几百人的面试中，与他们相识。

银领学院，是我们订单班的家，在这个大家庭中，我们举行了很多的活动，这些活动让我们彼此相互认识，也让我们的班级凝聚力更加强大。我们都在这些活动中学到了很多东西，我们都非常珍惜为数不多的在校日子。

大三的我们即将毕业，第一天来金院报到时的场景仿佛就是昨天的事。在金院，我们有太多的遗憾，悔恨时间不等我们，让我们觉得还有太多事情没有去完成；

在金院，我们又有太多的回忆，悔恨时间不等我们，让我们觉得有太多的不舍。我爱金院，她像一个家长一样保护着我们，现在的她，即将送我们走出大学，走上社会，在这大学的三年里，她教会了我们太多的东西，也许我们有一天累了，再回到母校，依然会感受到那份温暖。金院还是那么的安静，那么的美好。

点评：执着一份信念，支撑一个梦想，从不言弃，这是我们每一个金院学子的心声。听，我们响当当的脚步声正自信地迈向社会；看，我们拼搏奋斗的身影用精彩书写着人生！

9月18日　星期三　多云

学会时间管理

这是我们第一次行业课的学习。星期三下午，全校没课，而我们将要与公司的一些领导初次见面。我们早早地来到了教室里，此时的心情有些复杂，既激动又紧张，不一会儿学校的领导与公司的一些领导走进了我们这个教室。公司的老总、经理还有助理都来了，见到他们又想到了面试的场景。

一开始我们学校的领导进行了简短的介绍，然后公司的老总给我们介绍了公司的一些情况，他讲的同时公司的助理给我们每个人都发了一个记事本(本子很厚，给我们用来记笔记的，封面上有公司的 logo，翻开之后有公司的简介与公司的许多业务，后面是记笔记的)。公司领导认真地介绍了公司的企业文化：浙江永坤投资管理有限公司成立于 2008 年，是经杭州市政府、工商局批准注册成立的一家专注于新兴黄金投资领域的国际性专业投、融资管理咨询机构，主要以上海黄金交易所、天津贵金属交易所的贵金属交易业务和永坤投资金条业务为核心，为客户提供完善的投资管理、理财咨询和资产增值服务。树立“以人为本、诚实守信、高效稳健、务实创新”的核心理念和“客户至上”的服务理念，依靠先进的信息技术系统和强大的专业理财管理团队，全方位、全天候为客户进行理财规划。随着中国经济与世界经济的逐步接轨，中国黄金市场的稳步发展，公司积极开拓多种渠道传播黄金投资理念，以专业的技术和手段为客户提供高增值投资理财服务，实现真正的财富自由梦想，为永坤黄金品牌面向全国，大力开展品牌拓展，打造成全国最具有影响力的珠宝连锁品牌打下坚实的基础。介绍完毕后，学校领导、公司的领导同我们一起在教室里开始了第一次行业课。

我还清楚地记得当时给我们上课的是周老师，那个给我一面、二面的人事部经理。最先是自我介绍，她给我们带来的第一课题目是“时间管理”，主要是想让我们更清楚地认识时间，对于我们而言时间是有限而宝贵的。学习时间管理的目的是在单位时间内能够轻松自如地创造最大的价值，要想把握自己的人生，就必须改掉不良的习惯，学习先进的时间管理理念与方法。通过学习时间管理能让我们对以后有一个清晰的目标，知道自己在做什么和怎么做，并订立计划以掌握时间，订好短期及中长期目标。根据目标的轻重，安排优先次序。搞清楚个人活力周期，再根据最有效的工作时间勾勒出“理想工作时间表”。最后以目标、优先次序、理想工作时间表这三块积木为基础，想好一天的计划。在制订好了计划后也需要排除其他方方面面所带来的干扰，比如来自上司、同事以及自己的……总的来说就是要求我们学习了这个时间管理以后要有清晰的目标，并朝着这个目标前进。讲求效率，计划每天、每周、每年要做的事情；学习一些方法和技巧减少打扰，抗拒拖延，懂得在适当的时候说“不”；最重要的就是能够将工作与生活有机地结合在一起，实现人生规划与企业发展融为一体、个人利益和团体利益和谐与平衡。

不知不觉中，行业课就接近了尾声。老师给我们留了一个作业，就是记录自己下一周的时间安排，把自己所做的事情都写下来，让我们看看自己主要把时间放在什么方面，对于记录下来的时间内做的事情有什么感想，最后写出一个改进的建议与接下来自己应该怎么做。

点评：在工作过程中时间管理是很重要的，所以公司把时间管理这个课程放在第一课。我们学习了时间管理以后可以制订一个清晰的目标，并朝着这个目标前进。计划每天、每周、每年要做的事情；学习一些方法和技巧减少打扰，抗拒拖延，懂得在适当的时候说“不”；最重要的就是能够将工作与生活有机地结合在一起，实现人生规划与企业发展融为一体、个人利益和团体利益和谐与平衡。通过这次行业课，我们对公司有了进一步的了解，有利于我们更快地适应社会。

9 月 19 日　星期四　多云

银领初印象

这学期，我们进入了联合村镇银行订单班上课，我们班级是由不同地区的村镇银行组合而成，所以在专业和技能方面都有差异，但是进入了订单班，我们就要达到银领学院的标准，所以我们都在为同一个目标努力。每个星期都有技能课，每次测试的结果我们都可以看到，到底是进步了还是退步了，一目了然，在一个班级里，就会有一种竞争，所以我们也可以说是在竞争中弥补自己的不足，发现自己的短处，及时弥补也就不至于以后在工作岗位上延续这个缺点。

作为一名准银行柜员，职业礼仪对我们也是非常重要的，一个人的礼仪可以看出一个人的素质和修养，这个学期，我们课堂上主要针对银行职业礼仪做了很多的实训，老师教我们仪态、穿着等多方面知识，为以后的实习以及正式工作时候应该注意的地方打下了很好的基础，这样就不至于以后就业了还存在一些十分严重的职场礼仪的问题。不注重职业礼仪是对自己的工作不负责的表现，也会影响行业对我们金院学子的印象。

银领学院还对我们进行量化考核，每天的上课情况、迟到早退现象、获奖状况和每个月的技能月考都如数统计到这个系统，我们可以查阅自己的分数，给予我们警醒，让我们时刻注意到自己的言行举止。这学期，我们新增了“职业素养与能力提升”这门课程，是针对我们这些订单班的同学，在这个课程上我学到了很多，觉得课堂气氛很重要，老师也注重在课堂上让我们劳逸结合，不是一味地照本宣科，也会做一些游戏，让我们知道以后在工作岗位上自身素质和个人的能力培养十分必要，比如团队协作的能力和临场应对的能力。

我很感谢银领学院订单班这个平台，给了我们优质就业的机会，当然这个机会是要靠自己争取和把握的，我觉得在订单班学习进步很明显，不论是学习还是技能，或是自己的个人能力，相信这样的学习氛围可以让我走得更远。

点评：对于想进银行的学生来说，银领学院具有得天独厚的资源和优势，但是“订单”不是“保单”，我们要通过自己不断地努力，形成优势，顺利实现优质就业。

9月20日　星期五　多云

生活中的美好

今天坐公交车，到站台的时候车已经要开走了，我有点急了，一路小跑追上去，还好车子停了下来。我上了车对司机阿姨感激地笑了笑，她也回我一笑，顿时心情变得很好。这只是陌生人之间的善意，但足以让人心生快乐。

天气很炎热，狭窄的车厢，不流通的空气，好像更增添了心头的一丝恼意。我在车上一直拿传单扇着风，侧着头百无聊赖地看着窗外飞逝的树木，司机看到了默默地开了空调。那时候车上就我和燕儿两个人，她本不必这么做。

到了终点站，下车走出一段路才发现燕儿把面膜落公交上了，于是我赶紧跑回去取。司机阿姨一看我，赶紧向我招招手，把面膜递给我，微笑着说：“下次不要再这么马虎了哦，给！”走的时候为了表达谢意，送了司机和那边的值班阿姨几片面膜，走得老远还听见她们一直在说谢谢。

生活不必处处充满惊喜，只需要一点小小的美好点缀其间就好。生活需要美好的时候，不用别的，一点点温暖就好。

譬如去人多的餐厅吃饭，占了位子等服务员过来擦桌子，服务员过来的时候你帮她拿开桌上的东西方便她擦桌子，并报以笑容，真诚地说一声“谢谢”，她必定也会笑脸回应。患了小感冒，去医院窗口挂号，让那些看起来神情焦急的病患家属先办手续，慰藉一下他们急迫的心情，他们也会心怀感激地对你道谢。这些发生在生活中的小细节，或许无足轻重，但是足够让人倍感温暖。

点评：你对别人好，别人感受得到，并且也会对你好。这就是爱，也是让爱流通的力量，爱在人间传递，于是生生不息。其实生活并不缺少美好瞬间，缺少的是发现美的眼睛。人与人之间也是这样。我把爱给了你，你又给了别人，爱便流通于世。

9 月 21 日　星期六　阵雨

我是学生干部我光荣

从进入浙金院这个大家庭，成为校学生会的一名普通干部，到如今的办公室主任，其间经历了很多，同时也感触很多。有的感触是因人而起，有的是触景生情，有的是某些自己的看法。那么首先从我自己的角度谈一下学生会的工作。

在学生会工作，压力很大。有时工作时间很紧，要赶着去做；有时任务很多，要认真去处理。但不管怎么样，在当时心里只有一个单纯的想法——把工作做好。做好工作，首先是因为老师或主席把工作交给自己，证明他们相信我有能力去处理好这些事情。这份信任对于一个干部来说，是相当重要的。因为在工作劳累时，在心中充满幽怨和不解时，那种别人给予的信任，就会变成一股无形的力量，鼓励和支持着我，让我再次坚定自己的意志，勇敢地朝前方走下去。其次，既然工作落到了自己手中，那么我们就应当对它负有一份不可推卸的责任，我们必须尽全力去完成。这不仅是对工作的尊重，更是对自己和他人的尊重。再次，将做好工作的意义扩大，站在整个学生会的层面来看，它更为学生会的稳步前进和良好发展打下了坚实的基础。

学生会的人都很朴实、真诚，每当开例会前，学生会的干部们聚在一起聊天，期间说笑声不绝于耳，那份融洽和谐的氛围，让每一个在场的人都会觉得：这里确实是一个家。这也印证了小姜曾经经常挂在嘴边的一句话：这里没有你，没有我，只有我们。是的，正因为我们每个人对学生会都有一份浓厚的感情，所以，在老干部要离退时，总会听到他们从心底里说出的那些不舍和依恋。因此，留下来继续在学生会工作的我们，更应该好好珍惜在这里的每一分每一秒，认真做好学生会交给我们的每一份工作。当我们真正努力过了，到我们离去时，就可以无愧地说：我在学生会奋斗过了。

就我自己所在的部门而言，办公室这个部门工作比较琐碎。虽在某些方面已取得一些成绩，但从整体上看，这个部门人员还需不断扩充和培养，需要在今后的工作中多多创新，积累经验，从而不断完善和促进它的发展，使其真正成为学院、老师、同学的得力助手，成为院系学生会和各个部门之间沟通的桥梁。学生会是一个团体，在这个团体里，没有你，没有我，只有我们。相信通过我们大家的不懈努力，学生会一定会发展得更好。

点评：在学生会工作能够迅速提高自己对事对人的感悟能力、驾驭能力、体验能力，办公室是一个为同学牺牲时间、辛苦服务的部门，是一个需要付出极大努力却难以短期回报的部门，更是一个考验人的办事做人境界究竟能有多大提升空间的课堂，它能让你在这个大学生成长的宝贵平台中得到锻炼和提升。

9 月 22 日　星期日　阴

学长讲堂我看行

今天，会计系的团总支书记让我们几名学生干部代表，向会计系的 300 名新干事进行我们的经验分享——“学长讲堂”。根据我两年的工作经验，我把主讲内容归纳为这三个关键词：学习、坚持和用心。

通过前面两年的锻炼，上台演讲对我来说，已不是什么紧张的事情了，我是第三位上台分享经验的学姐。从最初的一名纪检部的干事到一名副主席，在这两年的工作中，我哭过，抱怨过，但就是没有后悔过。我知道要不断学习，在我还是一名干事的时候，我学习怎么把部门的事情干好，现在转换成了一名干部，我学习怎么在干好事情的同时，把所在部门管好。作为一名学生，在做好工作的同时，还要抓好学习和技能。我坚持“两手抓”政策，学习、工作两不误。有时部门的工作会比较忙碌，但是不要给自己找借口，你可以做得到的！成功就是挖掘出自己的潜在能力。我是一名退伍军人，真心可以说我是个“武夫”，对于学习，我连坐在教室里面听课，都是按捺不住的，更别说写报告、写总结什么的了，对我来说，这真是一种折磨。我宁愿去跑几圈更痛快，但是越害怕的东西，你不去克服，它越喜欢招惹你。所以，经过坚持不懈的努力，在大一一整年后，我得到了属于自己的成功。我在大一纳新时加入了学风纪检部以后，就一直在做一件事情，那就是坚持。干一行，爱一行，既然已经选定了，就不要因为一些闲言碎语而扰动了自己的心。记得当初我刚进入纪检部的时候，跟以前的同学说自己去了纪检部，本以为迎来的是恭喜，没想到就三个字“你傻呀”，我当时就纳闷了，难道纪检部是一个惹人厌的部门？我郁闷了，但我并没有因此后悔进入这个让我引以为傲的部门，一年前，作为纪检部的组长，我并没有因为他人说得不好就放弃，我坚持了一个星期又一个星期，就这样我坚持了一年。过了这一年以后，我的经验告诉我：别人说不好的东西不一定真的不好，别人说好的东西如果不适合你，那对于你自己来说，也未必好。只有自己经历过了，才知道对自己是好的还是不好！此时此刻，我觉得我以曾经是纪检部的干事而骄傲。大学的友情普遍都很冷淡，但是学生会里面的感情是真心的，很难得的。分部门不分家，我们都是一样的，都是为了一个目标。因为加入了学生会，我结交了这帮朋友，我觉得我和他们的感情已远远超越了男女之间的感情，没有多少情侣会每天早上、晚上，每个周末都在一起。而我们因为工作走在了一起，同时我们也有只属于我们的美好回忆。我们部门的同学认为：认真做事才能把事情做对，用心做事才能把事情做好！我永远都相信“是金子在哪都能发光”这句话。只要你有能力，够用心，不管身处哪个部门，或者担任什么职务，都能发挥自己的才能。除了工作，我积极参加各类比赛，来充实大学生活，只希望毕业以后，来回顾我的大学生活时，我可以很欣慰地告诉别人，我的大学没有白过，这就够了。

我今天的经验分享，虽然有些口语化，但每一句话都是我两年下来的工作经验和心得体会，发自肺腑。感谢大学，感谢身边的每一件事情，遇到的每一个人。因为你们，我的大学才有意义，因为你们，我的大学很快乐！也是因为你们，我得到了成长和收获。

点评：一个人如果有着最灵动的智慧和最顽强的毅力，那他一定会是一个了不起的人。你通过脚踏实地的努力，成就了自我，今天，你站在“学长讲堂”这个平台展示了自己飞扬的青春，给学弟学妹们讲授自己两年多来积攒的经验与得失。赠人玫瑰，手有余香。有了你的经验，学弟学妹们一定会更加顺心顺意。

9月23日　星期一　多云

享受银领的天天生活

作为一名大三的学姐，我很幸福的是在最后半学期来到银领学院的殿堂。每一天的生活，都过得十分充实，感觉自己像是飞来飞去的蜜蜂，但是却有着十分明确的目标，最终为了自己的理想而努力奋斗。

为了让自己的技能水平不断提升，每天早晨，我都6点钟起床，然后快速洗脸着装，把自己打扮得干干净净，并开开心心地带上键盘去练上3小时的技能。虽然有的时候天气很冷，也很想赖床，但是每当想到自己的技能还不是尖子的水平，还没有达到自己满意的成绩，我就会有动力去坚持练习。

7点30分，又到了银领学院考勤的时间。真的是比想象中要痛苦万分，本以为到了大三可以轻松一些，但是真的没有想到，每天都有学生来考勤，书记、辅导员也对我们十分严格，经常来到班级里检查：是否有同学带早餐的现象出现，是否有同学听着歌度过珍贵的早自习时间。老师们的认真负责，以身作则，让我从内心里感觉到了老师的高尚品质，要向优秀看齐，学习老师身上的品格。

一周的课程，对于我来说，几乎每天都是满课。没有课的日子里，我会去图书馆里看书，去技能房里面练习技能，偶尔也会去操场锻炼身体，提高自身体质。为了丰富自己的大学生活，我还会积极参加院系组织的各项活动，例如：演讲比赛、文艺表演、素质拓展等等。

当下的我虽然忙碌，但是每一天却如此充实。我会更加珍惜每一天的幸福生活！即将进入职场，我定会更加努力，让自己活出精彩！

点评：偶尔听到有些同学会说“很焦躁”，为什么会这样？其实是因为他们从内心知道自己没有好好地度过这一天、这一周，如果非常充实地过好每一天，感受当下的努力，那么每一天都是坦然的，都是快乐的，就像你一样。

9月24日 星期二 阵雨

考证的启发

这一天，也许将是我大学三年中非常重要的一天。无论怎样都没法忘记，这也是对我辛苦努力的肯定。那么这个结果到底是什么呢？就是我通过十五天的辛苦努力，考出了期货从业资格证(前提是考前才接触书本)。

我记得在考前一周，我拼命地学习，有时候连吃饭都会忘记，一天也没睡几个小时，只要一有时间，我肯定沉浸在书本当中，刻不容缓。那段时间，图书馆三楼总能看到我的身影，可以说我达到了“废寝忘食”的状态。就这样我一直持续了整整一周，考完后……经过望眼欲穿的等待，终于拿到了期货从业专业水平认证的证书。此刻，我感到又累又开心，至少我的付出得到了回报。其实这一切，除了我自己的努力，也要感谢我的好朋友，是她在我失意时鼓舞我，劝我要坚持。告诉我：“现在你不仅仅是考证那么简单，你是在挑战自己，如果此刻你放弃了，那么你一定会输，是一个不折不扣的弱者，如果你选择坚持，老天就会眷顾你，会为你留下一朵云彩。作为朋友，我只能在旁边默默地支持你，当然最后的决定在于你。”听了这一席话，我感到眼前豁然开朗，明白了自己该如何去抉择。也就是在那一刻，我开始有股冲劲，爱上了考证这件事情。可谓是“听君一席话，胜读十年书”。

心挽救了回来。考证的复习之旅让我的生活更加充实，让我增长了更多的知识，接触了更多的事物，更让我明白了一个道理：当你决定一件事的时候，就要坚持到底，不要轻言放弃，机会是留给有准备的人，老天是公平的，一分耕耘，一分收获。付出和收获是对等的，运气再好的人，总有用完的时候，不能盲目祈祷老天掉下馅饼。

点评：从高中到大学，最大的转变就是自主学习。而大学里的考证最主要考验的就是自主学习能力，所以如果不能好好地准备，光想靠着运气，结果可想而知。因此，我们不管是对待平时的考试还是专业考证，都要多花些时间去准备，只有付出了努力，才会得到满意的结果。

9月25日 星期三 阴

五笔练习感悟

本月的技能认证考很快就要到了，而我的中文输入还不能达到优秀。借着学院给予的机会——让我成了院级传票技能尖子，我在每天傍晚4:30—5:30这段时间内不断练习技能，常常超过了预定练习的时间，而我练习的不仅仅是传票，还有中文输入。在今天最后的几次练习中，我发现我的五笔从原先的 80 字每分钟上升到了 100 多字每分钟。以下是我的感悟，与大家探讨和分享。

一是寻找原因，纠正错误。有的时候我在想：为什么总是打不快？打的时候为什么总是带键？有什么方法可以改正呢？经过这段时间的练习，我发现自己有时候经常会心不在焉，想东想西，导致我经常会出现带键的情况。当我一心一意地打，速度自然就提高了，这是一点。另一方面，我觉得对键盘我还是有点不太熟悉，所以接下来的日子，我要抽一点时间练练我的指法，从细节抓起。

二是勤奋练习，练出乐趣。由于以前并没有学习过五笔，觉得打五笔是非常难的一件事，而且在大一第一学期的开课考中我也只得到了及格的成绩。但是经过前段时间固定不变的练习，我发现刚开始的时候虽然会有点烦闷，觉得怎么打都打不快，但随着练习的加深，打错字少了，速度提高了，就会拥有满满的成就感。久而久之，打五笔不再是一件痛苦的事情，我在五笔中找到了快乐。

三是制订目标，不要"盲打"。其实每个人在练习的时候都会有一个目标，只是要求程度不同。有的人认为只要合格，那就心满意足了，有的人会想要达到优秀，才肯"罢手"。而我则属于后者，我认为五笔是练出来的，只要你肯练，有什么是达不到的呢。当看着我的五笔没有提升的时候，我会想：这是一个过渡期，想提高不是一朝一夕的事，只有坚持才是胜利；当我想要放弃的时候，我会想：为什么别人能做到，而我却做不到呢？因为我相信，只有不断地勉励自己，刻苦努力，才能达到自己要求的目标。

点评：卓越的技能是金院的特色和优势，拥有出色的技能为进入银行工作打好了扎实的基础。而机会只会钟情那些做好准备的人，在有限的时间里，有无限的可能。抓紧时间，勤奋练习，才能把握住属于自己的机会，开创属于自己的天空。

9 月 26 日　星期四　阴

感恩主题班会

感恩是一种文明，感恩是一种品德。拥有一颗感恩之心，才懂得去孝敬父母；拥有一颗感恩之心，才懂得去尊敬师长；拥有一颗感恩之心，才懂得去关心、帮助他人；拥有一颗感恩之心，就能学会宽容，赢得友谊；拥有一颗感恩之心，就会拥有快乐，拥有幸福。在这个社会里，谁都没有只索取而不付出的权利，人人都在享受着父母、老师、朋友、学校和社会的恩惠，人人都需要拥有一颗感恩的心来对待这一切。

今晚，我们班召开了以"感恩"为主题的班会，此次班会的目的，是想让大家真正理解感恩的含义，怀着一颗感恩的心去感恩社会，孝敬父母，尊敬老师，关心同学，进而提高大家的思想情操。

我们每一个人都应该得到过别人的帮助和支持，我们也应该时刻感谢那些帮助你的人。一个人的成长，要感谢父母的恩惠，感谢学校的恩惠，感谢师长的恩惠，感谢所有人的恩惠。

感恩不仅仅是在于班会时同学们讲的点点滴滴。感恩是一种形式，更是一种积极的人生态度。感恩生活给予我一切；感恩对手让我认识自己，看清别人；感恩快乐让我幸福而美好地生活着；感恩伤痛让我学会了坚强。

常怀感恩之心，我们便会更加感激和怀想那些有恩于我们却不言回报的每一个人。常怀感恩之心，便会以给予别人更多的帮助和鼓励为最大的快乐，便能对落难或者绝处求生的人们友好地伸出援助之手，而且不求回报。常怀感恩之心，对别人、对环境就会少一分挑剔，而多一分欣赏。

我们班根据订单班学生年龄特点，以动手能力、理解能力为基础，开展了一系列感恩教育活动，注重将感恩教育落实到实际行动上。作为订单班的学生，我们要更加懂得感恩，并把感恩之情转化为实际行动，努力学习，不辜负父母、老师、学校和行业的殷切期望。

点评：通过这次感恩班会，大家学会了“图报”，知道如何去报答父母、老师、朋友、学校和社会。我们所拥有的一切，所处的环境，都不是理所当然的。这里有你父母、亲人、朋友、同学、老师、学校、社会等共同努力为你创造的，也许你会说这并不是我想要的，但很多人想要都要不到。所以，我们要感恩，感恩父母，感恩社会，感恩你所拥有的一切！

9月27日　星期五　多云

等风来……

“一直在想大学为什么要把课安排得这么松散然后耗上三年，而不是像中学一样朝七晚五学上三年就毕业——它就是要这样，用三年的时间，打磨你的锐气，消耗你的梦想，拆散坚定的爱情，然后才能放心地把一个足够圆滑和现实的你，送到社会、婚姻、现实里。大学，多可怕，多必要的存在。”我一直觉得这段话读起来特有感觉，尤其是对即将毕业的我们来说。

转眼在银领学院学习了一个月了，在这里一个月的学习远比大一大二两年学得更多，也更加多了一份职业人的气质。

回忆起大学的点点滴滴，大一懵懵懂懂，大二疯疯狂狂，大三安安分分。与其说大三安安分分也许说过得满满当当更恰当。人总在一步步往上走，一步步成长，每一次成长中我们都会懂得一个更深刻的道理。顺其自然地经历了订单班面试，然而也幸运地在银领学院学习。在银领学院学习的每一天都有意义，最有意义的一天是：

清晨，我们穿着统一的行服，去上“职业素质与能力提升”课，新开设的课程总会带给我们有更多的帮助。从学生角色转变成职业人，从角色转换、心态调节，到人际关系我们都需要去适应。理论与实践结合的课，在游戏中的角色转换，就像我们在工作之中角色的转变，而且也是经常的。要做到收放自如，我们必须时刻准备着。从大学生到职业人的角色转变，我们要有一定的思想准备，从被动到主动，从好高骛远到脚踏实地，在新的团队和集体中，我们要赋予自己一颗有责任、肯担当的心，获得应对新环境的心智模式和思维能力，尽早融入全新的社会工作中。

下午我们会满怀期待地去上客户沟通的课程，在工作中我接触最多的就是跟客户的交流与沟通，我们要锻炼的不仅是自己的沟通能力，更重要的是沟通的技巧。通过自我介绍，我们知道了沟通要有重点，简单明了；通过即兴演讲，我们锻炼了自己的表达能力与组织能力；通过情景模拟的形式，我们懂得了多站在客户的角度考虑问题永远比站在自己角度与客户沟通来得更有效果，同时也加强了应急能力。

晚自习，当然我们都会去练技能，加强自己的硬实力。技能练习是一个坚持的过程，只有你用心地去做好一件事，练好一项技能，成为技能尖子才不是梦。表面看起来很难的事，其实并没有想象中的那么可怕。用心做，一定会做好。我也相信方法总比困难多。

大三了，即将踏入工作岗位，站在十字路口，回想在这里学习的每一堂课对我们都有很大的帮助，我始终坚信，属于我们起飞的那阵风也即将来到……

点评：幸福的“风”不需要寻找，它就在你身边，就在你的行动里。闭上眼睛静听，那里杂花生树，群莺飞舞。

9 月 28 日　星期六　阵雨

节奏

乔布斯曾说过，人都是被逼出来的！

我想当思想开始改变，行为也会改变，从而气质、素养也会改变，那么人生将会发生改变。

今天，像往常一样，照常上课。7 点 30 之前到教室进行纪检，按之前的节奏，我是设好 6 点 30 的闹钟，磨蹭个 40 分钟出门前往教室，时间应该是正好。但是今天，由于前一晚忘记设闹钟，竟然一觉睡到 7 点 10 分，一觉醒来还来不及反应，就穿衣洗漱拿起书往教室奔去，到达教室的时间是 7 点 28 分，正好赶上纪检。

事情非常小，却令人深省。明明 10 分钟就可以解决的事我却总是用了 40 分钟的时间来完成它。那么多余的半个小时我是不是可以用来做些有意义的事呢？

从这件小事中可以看出，我在大多数时候的做事效率太低。在这个快节奏的时代，竞争如此激烈，时间就是金钱！没有人会好心放慢脚步陪你前行，想要不被落下，能靠的也只有你自己，只要改变自己原有的习惯，提高自己的做事效率，加快步伐，就一定会有所收获。

并非是明日复明日，明日何其多，便将事情推到明日，今日之事今日毕才是对的。现在在订单班，虽说是半只脚已经踏入单位的门槛，少了些就业的迷茫，但是就是因为选择的减少，我们所承受的压力也随之加大。对于原本技能就十分弱的我来说，挑战也无疑比别人要大得多，而我能做的就是，利用一切时间练习技能，弥补我的弱势。所以，要改变原来的慢节奏，用 10 分钟来完成 40 分钟的任务。

世上无难事，只怕有心人。我可以不畏惧失败，不畏惧辛苦，不畏惧前路的未知！

点评：从小事来反思生活，做个有时间观念的人是达到成功的必要条件。加快节奏，向前奔跑！

9 月 29 日　星期日　多云

My speech

“嘭，嘭，嘭……”一声声的猛烈跳动在我心头上响起，细密的汗珠从我额头上缓缓坠地，我双腿发软，手中紧紧攥着演讲稿，眼睛死死地盯着台上的倩倩，心里是一阵接一阵涌来的紧张、害怕。

“下面让我们欢迎阿雅同学上台演讲！”

决定命运的时候来了，我迈开僵硬的步伐向讲台走去，一步，两步，三步……望着愈来愈近的讲台，我真心地希望这条路永远也走不完，可惜想法是美好的，现实是残酷的，我最终还是站在了这里。

呼，深吸一口气，可是刚一个鞠躬，台下就是一片笑声。这让我紧张不安的心越发恐惧了。

一咬牙一使劲，开始演讲，可惜，果然是怕什么来什么，刚讲了两句，脑子就一片空白了，越告诉自己要冷静，反而越是紧张，心里越是害怕。怎么办，怎么办？我又把事情搞砸了，老师会怎么看我，同学们又会怎么说呢？烦乱的心绪乱成一团麻，我握着话筒的手不断地颤抖，望着下面黑压压的人群，真恨不得挖个地洞钻进去。快想起来，快想起来啊！

“失败不可怕，可怕的是失败后不敢站起来！”不知为什么，我空荡荡的脑海里突然浮现出这样一句话。是啊，我不能慌乱，只要努力过哪怕失败也是值得的。

这样一想，心绪逐渐平静，准备好的话语又在我脑海中浮现，深深地吸上一口气，重新开始演讲，这次非常顺利，一口气讲完了。场下响起了掌声，或许这掌声对于他们而言，只是礼貌罢了，但对我来说，这掌声就宛如一股清泉，滋润着我的心田。

回到台下，我低头沉思，刚刚发生的一切就好像一场梦境，但手上细密的汗珠却提醒着我，一切已经发生。对别人而言，这不过只是一场演讲罢了，但你可知道，它对我来说，是一场心灵的拼搏！

“失败不可怕，可怕的是失败后不敢站起来！”因为大学三年我没有参加过演讲比赛，这次我不想留下遗憾，我站起来了，所以我成功了，我品尝到成功甜美的滋味。

点评：演讲比赛是对同学们综合素质和能力的集中锻炼和考验，这种锻炼和考验是真实的、多方面的，如：材料写作能力、认识分析问题能力、演讲艺术、表达能力、个人胆识、普通话水平等等。在比赛中也许会出现这样或那样的状况，但只要我们努力了，无论结果怎样，我们都是最大的赢家。

9 月 30 日　星期一　多云

情景模拟考试

大学里，我最开心的就是进入了订单班。在订单班的生活是丰富多彩、充实且快乐的。最难忘的一次是我们全班去参加情景模拟考试。下午 1 点开始的考试。上午 9 点我便坐在前往省联社大厦的公交车上了。11 点 30 分，当我站在省联社大厦的门口时，我默默地祈祷，请保佑我以后在这里上班吧。门卫叔叔见到我，笑着问要去哪。我紧张地回答说是来考试的。他投给我一个宽慰的笑容，告诉我往那边走到大厅等候。当时，不知哪刮来的“妖风”，吹得我瑟瑟发抖。来到大厅，小伙伴们都还没有到，似乎我来得太早了。在座位上等候大家的到来时，我小声地背诵着三个业务的流程。之后也一人扮演着两个角色，作为投诉者和座席之间的对话。当大家都到的时候，我觉得我差点就淹没在“您好，工号×××很高兴为您服务，请讲”“请问还有什么可以帮您的”“感谢您的来电，祝您生活愉快，再见！”等等这些官方术语中了。大家看起来都很紧张，着装也比以往更到位了。我可以感受到，大家的脸部肌肉异常地抽搐。

下午 1 点了，满怀着紧张兴奋的心情，我们要开始考试了。情景模式考试有五位面试官，一个摄像机，其中有两位老师负责业务的提问，两位老师负责投诉类的提问，一位老师观察语音、亲和力、判断力等。由于我的工号是 007 号，我一直认为我是在中间考试，可以吸取前面战友的经验。没想到，监考官们总是出乎我的意料，排序是按照原系部学号来的，结果我很荣幸地成了第一位面试者，感觉像是当了炮灰。没办法，只好心里默默地告诉自己，第一个考就第一个考吧，再复习一下流程，应该不会很难。

下午 1 点 30 分，我坐在离监考老师们一米远的凳子上，坚强地露出我的职业笑容。当有老师说,你可以开始了,我一瞬间有能量释放的感觉。当我兴致勃勃地问作为客户的面试官们“您好,工号 001 很高兴为您服务,请讲”时,那位看似长得甜蜜蜜的可爱老师竟然告诉我,她掉了 4 张银行卡,身份证也掉了。这情况真是糟糕,我瞬间心理活动是:这孩子真糟糕,掉那么多卡。之后,我熟练地问她“请问卡片都是您本人的么”“您还记得您的卡号是多少么”“您可以报一下您的身份证号码吗”等一些必要的询问后,这位“客户”愣生生地是吓到我了,她居然掉的是同一家银行的 4 张借记卡。我盘算着:这孩子为什么要在一家银行办那么多借记卡,太不正常了,更何况每张卡里都只有 100 元人民币,要全部挂失,何必呢……但是,想归想,我还是面带笑容地告诉她马上帮她办理挂失。业务类的模拟完成了,之后是投诉类的。那位可爱的客人竟然告诉我,她在银行存钱,由于只把钱放在卡槽里未交到柜员的手中,柜员不给她存款而发生争执。大千世界真是无奇不有。我好声好气地安慰这可怜的客户,并且告诉她我们会把情况记录下来并核实,再回馈给她,她才妥协。

下午 1 点 50 分,老师点评我,除了一句声音好听有亲和力,别的就是缺点了。我心里不免有些失落,难道我要与省联社失之交臂了么?我要回到原班级找别的工作了么?这一学期的努力白费了么?怀着忐忑的心情,我回到休息处给还在等候的伙伴们传授“经验”,大家听了我的经历更紧张了,因为这些问题平时在练习过程中压根就未想到过,如今要面对五位老师回答,确实难度很大。

下午 3 点半,我坐在回去的公交车上,一直在担心今天考试的结果。突然,收到一条小伙伴发来的微信:老师说你表现不错,你所在的那个组你分数最高。看到这句话,我激动得不行,开心完了就开始多想了,会不会小伙伴跟我闹着玩的,或者她听错了不是我,或者今天愚人节?满脑子忧虑,紧张地问还在省联社大厦的伙伴们实际情况。大家告诉我的答案是一致的,应该不是集体跟我开玩笑的吧。终于,我松了一口气。

现在,回想起那天的场景,真是记忆犹新。那是我无法抹掉的记忆。这样的经历也让我成长了不少。进入订单班,我经历了不少大大小小的面试,每个都紧张,但是每个都尽了自己最大的努力,幸运的是面试结果都挺不错的。感谢这些经历,让我的阅历更丰富,口才更顺溜,专业术语更熟练。

我相信,经过这些年的积淀,我会带着老师、同学和朋友们的期望和祝福,在以后的道路上走得更有自信,更顺畅!同时也希望老师、同学们在以后的工作、生活中能顺顺利利,希望金院的明天会更美好!

点评:即将走出校门的我们,对于未来有无限期盼,但是来到工作岗位以后也许我们的梦想和期盼会被打击,因此,我们更应该端正态度、脚踏实地。无论以后条件怎样,工作难度有多大,想方设法、合情合理地完成工作才是最重要的。

2013 年 10 月份，大学学习生活的再一次发力

告别十一长假，意味着大三年级的学习生活进入了倒计时阶段。这时，各系的学生干部换届工作陆续展开，三年级的学生干部也将卸下重任，将接力棒交到二年级的学弟学妹手里，他们可以全身心地投入到学习和就业的忙碌中。对于此时的大三学生而言，重点将转移到技能的训练上、专业知识的学习中、行业文化的熏陶里，没有进入订单班的学生更是为就业再次做好准备。他们都铆着冲刺的劲头，在大学学习生活的最后阶段为自己的前途再一次发力冲击。

10 月份学校的主要安排：各系团总支、学生会的干部陆续换届，大三年级的学生干部卸任。各订单单位技能测试开始，各类招聘宣讲会相继展开，有关单位的招聘信息陆续发布。

10 月份的温馨提示：对于订单班的学生来说，过程考核仍在继续，技能的要求越来越严，需要同学们正确对待，不要因为压力大、达不到规定的标准而否定自己，引发各类心理问题。对于非订单班的学生来说，大三的日子看似很轻松，其实要做的事情非常多，同学们不要因为自己大三了而忽视校纪校规，放松对自己的要求，以免错失关键阶段的知识学习和就业准备。

10 月 1 日　星期二　小雨

我的勤工俭学之路

2013 年 10 月 1 日，夜很深了。我在这黑暗中睁着眼看天空，空气有点儿潮湿，那天傍晚下过一场不大不小的雨，变得清爽了很多。神经在那混乱的时刻变得格外的清晰，雨声还有汽车驶过的轰隆声……

终于，我踏上了勤工俭学的路，只要有任何机会，我都不会放弃的，还好，让我找到了一份工作——送牛奶，我以为只有我一个人做这个工作，没想到室友看我一个人，愿意和我一起做，就这样，我们开始了。这个工作是负责将牛奶送到各个寝室，我们那时候就在想，应该比较容易吧。可是，不是这样的，每天要爬很多楼梯，让我尝遍了酸甜苦辣。每天一如既往地工作着，刚开始的时候相对轻松，老板生意才起步。后来，老板要我们开始做宣传，即使被人家骂，也要厚着脸皮去一个一个地问。终于，有很多人开始下订单了，电话也一个接着一个。虽说是辛苦，但心里却很开心，这全都是我们的努力，很充实！

随着生意越来越好，我们也越来越累，每天上完课后要去送牛奶，而且量还不少，送完之后已经要上晚自习了，上完晚自习后，整个人就已经虚脱了，以前晚自修

后回寝室练技能的习惯也没有继续保持。仔细一想,这只是刚开始而已,以后习惯了就好。一天一天就这样过去了,和原来一样,每天很累,技能也就不了了之了,是该放弃做兼职吗?反复地问自己,如果放弃会怎么样,不放弃又会怎么样?如果放弃的话,家里人的压力就越来越大了,爸爸妈妈会很辛苦,我实在不忍心;不放弃的话,我的技能怎么办,以后要怎么办?好多问题啊,好多的问号。但我知道,为了爸爸妈妈,我不能放弃,很多人不就是为别人而活吗!我有什么理由为自己而活呢。终于,我继续做着,可是我还是失败了,因为太累,病倒了,卧床不起,发烧到39度,爬不起来了。爸爸妈妈和朋友们纷纷劝我不要做了,后来,我放弃了,也就是失败了,技能也没有了,一瞬间什么都没有了,做了这么多,钱没赚到,而且还倒贴了,这样的感觉怎么承受得了!可是,我还是有学会一些东西,学会了接受事实。就像一句诗里所写的那样:就算你受了一百次的误解,一千次的委屈,一万次的打击,但要相信总有一朵花是香的,总有一句话是真的,总有一份情谊是真挚的。我就这样简单也很自然地学会了被人拒绝和自我安慰,总算收获不小。因为每个人的一生都不可能是一帆风顺的,早点学会了总比后来临时抱佛脚好。

有人问:"大海一定是蓝色的吗?"我的回答是不一定,很多时候大海是绿色的,也有时候是红色的。而大学生活也不应该是一成不变的学习,刚人校的我们对一切都充满了美好的幻想,那时除了上课外,无疑就是玩,即使有点想法也是出去打个工什么的,那也只是听说别人在打工,所以我也很好奇,并且觉得可以挣点零花钱。现在想想,其实挣多少钱并不是很重要,重要的是那份前所未有的经历。我相信适当进行社会实践,不仅仅是一种工作,更是一种经历,一种财富。感谢有机会让我完善自己,丰富自己的生活。工作的过程真的让我学到很多:让自己心胸开阔,学会做人做事,要记得没有人会无缘无故去帮助你,即使失败,我已经努力了,就不会后悔!

点评:勤工俭学不仅帮助我们提高实践能力,而且使我们把握在勤工俭学过程中带来的契机,培养创新意识、凝聚创造能力,为将来就业、创业打下良好的基础,勤工俭学作为社会实践的重要组成部分,已成为高校大学生的自觉行为,具有乐观的前景。

10月2日　星期三　多云

心的旅行

一望无垠的大海给人期盼,给人美感。

总觉得"旅行"是一种生活状态的体验。上次去海边的记忆已久远得有些模糊了,只是匆匆而过,至今仍深深遗憾,却一直没有机会弥补。还记得去的时候是四月份,海水还有些凉,所以海边的人也不多,却也更能感受到那种海天一色的广阔,其中又夹杂着一丝丝的寂寞。

这次国庆，终于有机会和家人一起到海边感受。下午二时许，我们终于来到了目的地。下车后，眼前呈现出来的景色真让人心旷神怡。虽然反射到我眼球上的只有绿色和蓝色，但它并不显得空旷，清新的空气中带有几分青草的芳香。一阵阵清凉的海风从大海那边吹来，草丛中的昆虫叽叽地叫着，有蝉在唱歌，有蚱蜢在赛跑，还有蟋蟀在打斗，好一派生机勃勃的景象。蔚蓝的海水在天际与天空浑然一体，一股股浪花敲打着岸边的礁石，发出清脆的声响……还是忍不住诱惑，卷起裤管，光着脚丫，踢着浪花，感受着海水的轻抚。与大自然融为一体的感觉，这种感觉我一生都不会忘记的。最真实地来到大自然的面前，向它完全敞开自己的心扉，可以让我们的心情完全与现实的世界暂时隔离，仿佛一个世外桃源一样。

黄昏时分，我拖着疲倦的身子恋恋不舍地离开了海边。虽然我的衣服都湿透了，但这次的海边游使我的身心得到了彻底的放松，同时也更加深了我对大自然的热爱。

点评：任何时代、任何地点，总有那么一群人，为旅游而痴狂。放下手中的一切，背起行囊，享受自然带来的美，让心灵去旅行。

10月3日　星期四　晴

杭州乐园一日游

今天是国庆长假的第三天，我和我的朋友们一起去了杭州乐园，一大早醒来出发，等我们到达湘湖的时候，发现人好多。在这茫茫人潮中，我就已经有点不想玩耍了。不过想归想，但还是去排队了，只能将这作为一次经验教训，在下次出游的时候合理安排时间及规划行程。

在玩“雨神之锤”“海盗船”以及“跳楼机”等刺激性项目的时候，需要克服内心的恐惧与胆怯，虽然不是一个胆小的人，但当我真正地接触了这些东西的时候，发现原来自己还是那么弱小，还是会害怕。人是不是把自己想象得太美好了呢，在一切未发生、接触之前，总觉得自己是可行的，只有经历了，才明白，原来还有那么多的问题。或许将自己放在合适的位置，正确认识自己是很重要的。

快乐的日子在排队中迎来尾声，夜幕降临，我们起程返校，在出租车上，与司机聊天，司机说，我们真不会安排自己的假期，这种长假显然是要去省外或其他需要很多天行程的地方，而非在杭州进行这种一天就能够完成的旅程。与出租车司机的聊天也是一种学习，在这种不断交流的过程中，我们总是可以学习到许多，学习无处不在。

点评：其实学习与技能不只是我们银领学子的主要生活，我们的生活也需要放松。与朋友相处的日子是快乐的，珍惜与朋友的每一天，这将成为将来美好的回忆。

10 月 4 日　星期五　晴

登山记

似乎每个人都想要来一场说走就走的旅行，然而却总是觉得缺少点什么，勇气，信心，魄力，抑或是时间？

爬山一直以来都是我的爱好之一。我爱好爬山过程中的汗流浃背，享受登顶后的凉风拂面，喜欢群山环绕的静雅。而最近这些日子的内心压抑，使这种想法更加强烈，所以，在这大好的日子，我想去放松自己，感受这大好的风景。

爬山，磨砺意志，开阔胸怀，它需要我们一步一步往上爬，一个阶梯一个阶梯移步，爬上去后，还要一步步走下来，确实很辛苦。可是，在征服一座又一座山峰时，我会感受到无比的兴奋、快乐和满足。"踏青山人未老，风景这边独好"，让我感受到历经艰难达到巅峰后的独特境界和乐趣。

在今天我独自一人的走走停停中，我想了许多事情，其实有时候，只是自己心理的不平衡，只是自己没有得到想要的结果，才会有那么多的埋怨和不开心，所以用平常心对待一切的事物，保持平常心，最关键的是对自己的人生价值要有正确的定位。生活的辩证告诉我们，恰恰就是要投身于不起眼的、平常的人和事之中，才能把不平凡的人生价值创造出来。

有时候生活并没有想象的那么不堪，乐观点，或许我们可以过得更好。

点评：人都不免会流于世俗，关键在于，是否能够时时自省，不丧失自我的真性。人生不可能永远成功，也不可能没有失败，如果时刻怀着"成亦欣然败亦喜"的心态，我们就会活得更理智、更潇洒！

10 月 5 日　星期六　多云

行业观摩

经过大二订单班紧张的面试，我成功进入了台州银行订单班。在进入订单班的第一个长假，台州银行总行安排我们台行订单班的学员在银行柜台里进行观摩实践活动。

到达位于台州的台州银行椒江支行后，我们被分成几个小组进行观摩实习。在观摩第一天里，我对银行这个金融服务行业有了新的认识。我所在的椒江支行营业时间是 7:30—19:30，我们必须在营业时间之前做好所有的准备工作。运钞车在 6:50—7:00 会到达营业网点，我们要做好接钱的工作，并且把钱箱调配清楚，晚上运钞车在 19:50 左右到达，必须在运钞车到达之前就做好各种交接和盘点工作，并帮助安保人员一起把钱箱放入运钞车。

早上，大家都会着装整齐，有秩序地排开，开始做早操，出操后会进行每日晨会，由行长和主管对昨天的工作情况进行总结并强调每日应特别注意的地方。我们大家还一起说一遍十三字文明用语："您好、请、对不起、麻烦您、谢谢、再见。"我看到了每个员工充满自信的精神面貌，这一定是一个美好的开始。

我们每人都被安排了一位导师，大厅门刚打开，客户就开始排起了长队，导师快速流畅地就办好了客户各种各样的业务要求，这让我感受到了导师的专业和熟练。

导师在办业务的空余时间，还和我讲了很多："客户办理的业务一定要熟知其风险点的所在，要出示身份证才可以办理的业务必须要求客户出示后才可以办理，并且要核对本人和身份证上的照片，要联网核查和留身份证复印件的绝对不可以忘记。"

台州银行的服务宗旨是：我们为客户提供优质的服务，我们为出色的工作而努力，我们尊重每一位客户，客户满意是我们最大的欣慰。在导师这里我真真切切地感受到了这一切。每一位客户办理业务时导师都对他说"您好"，送走客户时双手递出凭证并微笑地说"您请慢走"。

进入银行前台的通道是有很多注意要点的，主管带着我们走进通道时，和我们讲了很多。她告诉我们："这里的两道门是生死门，……前台每一位员工必须要按了指纹才可以出入。"这就在告诉我们这两道生死门对于员工安全的重要性。

这一天的观摩下来，让我觉得受益匪浅，知道了以前学习的知识如何真正地在实践中运用，并且也知道了熟知业务的重要性，让我下定决心要在下一阶段的学习中更加认真和仔细。

点评：金融行业是严谨的行业，是需要不断用心学习的行业，我们能提前学习行业的基础知识，实地观摩行业的业务流程，无疑是最幸福的，珍惜的同时，要不断严格要求自己，做好准备，在金融行业的道路上走得更长、更久。

10 月 6 日　星期日　中雨

拾忆大学

大三了，大三了，这么快就大三了，我需要做的很多事还没有完成呢。回想大一、大二，充满了快乐和幸福，充满了感动和激情，充满了甜蜜与苦涩。

刚进入订单班时，我是惴惴不安的，因为这是我大学生涯新的开始。我所面对的同学都是来自各系的新同学，就如我刚进校时的感觉，充满着好奇和幻想，幻想着自己能在新的学习生活中找出更真实的自己。这个学期我当班长了，曾经我觉得班长是一个非常不平凡的职位，班长就是权力的象征，但是当我真正成了一名班长，我才发现班长对我来说更是一个非常大的挑战。它除了挑战我的能力，更是对我人际沟通的一大宣战。我从收集班级同学的资料开始熟知每位同学，我也感谢这样一次机会使我懂得怎样与同学们交流。

首先我组织了感恩于心的做花活动，这次的活动我觉得还是举办得挺成功的，至少我让班级里的大多数同学都学会了做花，让他们懂得自己亲手做的、付出真心做的东西永远是最好的。在银领这个大家庭中，无疑是很忙碌的，但是忙碌中带着的却总是幸福。我发现了我存在的价值，我实现了自己的愿望，虽然这样的人生离目标还有一定的距离。

做班长让我懂得，做任何一件事都不可能让每个人都满意。用心做好工作，让更多的人满意，就无怨无悔了。无论一件事到最后是何种结果，最主要的是勇于担当，有责任心。大三让我这个即将踏入社会的小伙子学会了很多，让我真正地成长了，感谢一直以来的付出与历练，谢谢我可爱的年华，谢谢阻拦我成功的挫折，谢谢我的敌人，谢谢我的朋友。我要走向成功，就要禁得起失败与挫折，这是我读大学以来学会的最重要的东西。

点评：人的一生，有多少成功并不重要。重要的是，在这个过程中你为自己的回忆拾了多少柴火，这些火将成为温暖你一生的火焰。美好而温暖的大学生活，像灿烂的黄昏，美丽而又暖人心窝。我想，因为有那么多经得起回忆的过去，你的大学才精彩无限。

10 月 7 日　星期一　大到暴雨

返校有感

今天是国庆长假的最后一天了，我也应该调整下自己的心态，踏上返校的旅程。又是一个大晴天，这对出行来说是极好的。还好昨晚我已经将所有需要的行李都打包好了，以防万一，我又核对了一遍。确认无误后，与父母道了声再见，戴上耳机，背起背包，向学校进发。

因为是长假的最后一天，也是为了避免拥挤的人群，所以早早出发了。还好一早上都算顺利，坐在车上，听着悠扬的乐曲，看着窗外的人来人往，似乎有一种在看电视剧的感觉。窗外的人们来来往往，他们有的为自己的生活奔波，有的是为自己的梦想而打拼，那种坚毅，那种信仰，是让我敬佩的。再回过头看看车里的人们，有一直忙碌还在补觉的上班族，有像我一样看上去悠闲的返校学生，还有踩着假日的尾巴出行旅游的一家人……每个人在生命的不同时刻都扮演着不同的角色，当然也肩负着不同的责任。我们要做好自己应该做的事情，不要伤害爱我们的人，要努力向前，感恩生活。

终于到了学校，停下了突如其来的感慨，一想到要见到小伙伴们，内心也是无比开心。想想在学校的生活，能遇上几个真心的朋友，能有一群关心自己的室友，加上平时悉心照顾我们的老师，感觉生活依旧是那么美好。有那么美好的生活，我们又谈何不努力呢。相信梦想的光芒会指引我们的前进，我的未来会更加美好。

有时候像这样的感慨，其实可以多来几次。那么，晚安，全世界！

点评：字里行间我们能感受到笔者真诚的内心，那种怀着感恩的心，为自己的梦想去奋斗去拼搏的人是值得我们尊敬的，我们也应该努力成为这样的人。所以，为了一个未来全新的自己而努力吧！

10 月 8 日　星期二　中雨

失败

很多次，很多时候，明明努力了，却得不到自己想要的结果。并不是输不起，并不是怕输，只是真的不希望自己输得那么惨。在教室，看到成绩的那一刻，心里的那根弦彻底断了，人太多，连难受，都得忍下去，那种感觉，真的好难受好难受。

终于下课了，一个人来到角落，按捺的情绪瞬间崩溃，哭了，哭得很惨很惨，其实也不知道，自己为什么会这么的没用。我好强，是好强，可我，并不是承受不了打击，只是，真的打击到了，真的很想发泄，我就想那么一直地待下去……我不想，甚至害怕任何一个人看到我那狼狈的模样，某人说我怎么因为这么一点小事就这样，又没什么大不了的。你们说的，你们想的，我都懂，都明白，甚至我也会这么安慰自己，可是，这样的打击真的让人崩溃，在顷刻间才明白，只有笑到最后的人才是笑得最美的。原来我，连笑的资格都没有。

一直以为自己很坚强，其实自己很没用，不止我这么觉得，连别人都觉得，他们都在嘲笑我吗？或许连他们，都很看不起我了，我败了，彻彻底底地败给了自己，待在某个地方，就那么静静地，不被任何一切所打扰，其实我多想可以一直那样待下去，如果时间可以静止，我情愿静止在那一刻。从没想过会这般的狼狈，我该怎么办，仿佛不知自己该干什么，还能干什么，哭过了，哭完了，静下来自己好好想想。原来，最大的委屈莫过于面对那些失望的面孔和指责的语言，却无可奈何。可是，为什么没有人看见我的努力，那失望的面孔足以让我心碎，愧疚，惶恐……我好像一直在为别人而活，我努力想懂事，想乖，只想弥补一点点你们心里的失望，可是，我发现自己真的做不到那么好，有谁知道，很多时候那么多的压力真的让我窒息，可是，除了承受还能怎么办？

其实每个人，都有属于自己的委屈，自己的无可奈何，人生太多太多的事情，都是身不由己的……哭完之后，我笑了，只是那笑，真的好苦……或许第一次，这么坦然地说出自己的心声，觉得我没用也好，懦弱也罢，这就是我，那么真实的自己；哭也好，笑也罢，人生总有那么一些坎坷，难过过了，也就应该想想怎么才能跨过去……我不坚强，谁来替我勇敢，有得必有失，我只能这么安慰自己了。

人生并不怕输，也不会输不起，只是不应该输得太惨。有些注定了的结果，再也改变不了了，就算不被任何人所喜欢，就算被任何人所看轻，但我必须懂得，就如哭过之后还是会笑一样，一切都会过去的……改变不了别人的想法和看法，那就试着改变自己的想法和做法吧。今天，是第一次的失败，我写下、记下了……

点评：人生的第一次总是会让自己特别难忘，尤其是那些难过的和不如意的。有的人很害怕失败，其实也就只是失败的那一刻感到那般绝望。当有一天等你走出来再回去看，才发现其实一切都没什么，而那一次次的经历，都是促使自己前进的人生财富。人生不害怕失败，害怕的是走不出的失败。

10 月 9 日　星期三　阴

工学交替

为了更好地接触社会、了解社会，从社会实践中检验自我，系部特意为我们南都物业班安排了一次与我们学习内容密切相关的社会实践。我们在班主任周老师的带领下来到了位于杭州市江干区采荷街道的新凯苑小区进行了一次关于物业费上涨的民意调查。

在此次调查过程中，我们全班 39 个人分为 5 个小组。采用挨家挨户上门咨询的方式来进行。我作为第一小组的成员，和另一位小组成员总共跑了 4 栋楼。其中有些业主表示能理解现在物价上涨，物业费也随之上涨。也有些业主表示他们反对物业费上涨，他们认为物业公司的服务没有跟上，却还要提高物业费。他们提出小区里面车辆乱停放，影响业主通行，小区保安管理不到位，门卫把关不严，小区卫生清扫不到位等问题。这些上门咨询的社会实践也是对我们的一种锻炼，让我们学会作为一个第三方测评人员要站在什么样的立场，要怎么与业主交流，行为举止怎样得当，等等。在经过一整天的民意调查后，我们在整个团队集合时，都积极地讨论自己今天社会实践中的过程、经验，每个人都有着满满的收获。最后，我们把统计的调研结果交给社区。这次的社会实践活动不仅让我们学到了很多书本上学不到的内容，更增进了我们这个新团体之间的和谐和融洽。

通过这次社会实践我了解到：社会实践，就是把我们在学校所学的理论知识，运用到客观实际中去，使自己所学的理论知识有用武之地。只学不实践，那么所学的就等于零。理论应该与实践相结合。另一方面，社会实践可为以后找工作打基础。通过这段时间的实习，学到一些在学校里学不到的东西。因为环境的不同，接触的人与事不同，从中所学的东西自然就不一样了。

点评：工学交替有利于大家理论紧密联系实际，在实践中提高对理论的认识，巩固所学知识，还可以提高自己的专业技能和职业素质。由于有了前期实践的经验基础，还可以根据自身的体验进一步丰富所学的管理与服务理论，尤其是可以给大家一个自我发展和自我设计的空间，对行业有清晰的了解，并根据自身情况规划今后的职业生涯。

10 月 10 日　星期四　晴

道乃平常心

明天就是辩论赛的半决赛了，指导老师带领我们通宵奋战好几次了。今天又是要到凌晨的节奏。现在是 21 点，大家还没有什么头绪，因为昨天打的是反方——一屋不扫何以扫天下。而今天，我们打的是“一屋不扫可以扫天下”，完全相反的方向。很多被我们否定的东西要被我们肯定，而被我们肯定的东西，又要把它全部否定。

烦乱之际，我们聊了一会。不知道讲到什么的时候，老师说我现在跟以前有点不太一样了，上次让学弟学妹做事的时候发现的。然后我沉默了。过了一会，我回自己房间一下子就哭了。因为我来院里做主席答应过这两个辩论队的老师，一定会保持本心，不改变自己。然而很多东西在很多时候都变了，我最怕的事就是，最了解自己的人说自己变了。然后想着自己从系里到院里，一路走来的艰辛，一路的泪水，一路的温暖，学会了很多，也失去了很多。

今天晚上，我感觉压力好大，其他两个辩论队的小伙伴都已经拿了最佳辩手，只有我没有。而我自己也感觉到老师和队友都把注意点转移到我身上，告诉我辩论的交锋点和注意点，让我记住。我真的很怕自己做不好，怕不能够完成老师和同伴们的期待。其实我自己对于这次比赛的输赢并不特别注重，我那么拼命是因为对队友的感情和回忆，还有，看着指导老师为了辩论赛好几天没有合眼，特别心疼，所以想要把这场比赛打好，可是真的很怕自己做不好，又因为心理原因，感觉气氛都不太一样，特别难受，忍不住就哭了。

不要哭了，好吗？加油。一切都会好的。你没有变差，只是做事的方式变了，你还是那个可爱的你。还有，你不比别人差，你已经准备得很充分了，在台上你就是 Queen！

不知道明天会怎样。不过，好好发挥吧。加油。你是超级丹！

点评：在别人眼里你一直是个自信的姑娘，用自己的努力来填满自己的自信。在别人眼里，你是个理性、执着的姑娘，加油吧！

10月11日　星期五　多云

回首时光

周五下午闲来无事就在学校遛达了一圈。看了学校几个景点。望着这所待了两年多的学校，想到没几个月就要毕业实习，心里泛起一丝不舍。我们好像有太多讲不出的遗憾，每个人却又似乎伪装成镇定淡然。

回首两年多的时光，每个人心里都有一些想说却不知从何说起的话语，走过的路不同，看过的风景也是截然不同的。只希望剩下的日子里，我们依然能够一路且歌且行，安然地走完最后的日子。

大一那年，我们有人风尘仆仆，有人笑脸盈盈，有人单刀赴会，有人父母相伴，来到了这个而今生活了两年的地方。我们在军训里流下的汗水、会演的激昂……一切的一切都历历在目。第一次晚自习每个人的自我介绍，那时的你曾当着全班同学的面说出了你的誓言和自我简评。第一次上课时你又是怀抱着一种怎样的心情？我已经记不得那时的我是怎样的言辞，却记得每一张盈盈笑脸，记得老师每次的谆谆教诲。

大三这年，我们依然如此，有人满面荣光，有人无精打采，有人器宇轩昂，有人胆小怯弱。即将离别这个栖息了 20 多个月的小窝。我们在教室里留下的纯真的笑脸，返回寝室里的率性而为，食堂里酒足饭饱后的慵姿，桃李苑匆忙的身影……整个拥有了两年多岁月的片段不仅仅是几句话可以道得明了的。我想每个人都该在安静的午后，给自己一个时间，好好回忆一下过往时光，我想总有一些事情能带给自己一个微笑的嘴角。

没多少时间了，希望能开心度过在校的日子。努力学习，争取到单位能交给自己一份满意的答卷。

点评：即将毕业的大学生心里感触应该是很多的，他们即将面对从学校到社会的过渡期。大学时光很美好，即将毕业肯定有万分不舍，珍惜每一天，给这些岁月一个满意的交代。

10月12日　星期六　多云

就业招聘会

今天上午，我和朋友一起到萧山电大参加萧山区的就业招聘会，可是到了萧山电大的校门口，却发现铁将军把门。我们向工作人员问了一下情况，了解到今天萧山电大根本没有就业招聘会。回到家，我上网查了资料才知道萧山的就业招聘会是在今天下午萧绍路 581 号区劳务市场举行的。

下午，我们便赶到萧绍路 581 号区劳务市场，走进招聘会场，就发现很多人拿着简历在排队等面试官面试。虽然学校也有安排模拟面试、订单班面试，但是这是我第一次这么近距离接触和感受招聘会给我带来的紧张和压力，我和朋友逛了一圈，发现很多企业对被面试者的学历要求都是本科以上，只有少数几个企事业单位对被面试者的学历要求是大专以上，而且招聘会计专业的企事业单位不超过 20 家，每家企事业单位所招聘的人员是 1 至 2 人，但是去面试的人却是招聘人数的几十倍，甚至是几百倍，去面试的人里不但有各大高校的毕业生，也有一些工作经验丰富的社会人员。看到这些情况，我便问自己，如果今天我是他们中间的一员，那我有能力与他们竞争吗？能得到企业专门面试的机会吗？答案是否定的，这并不是我自卑，不相信自己，而是竞争太激烈了，自己在学校所学的知识非常有限，也没有丰富的工作经验。

之后，我们便来到民政局婚姻登记处的招聘地点，因为这家单位对被面试者的要求是大专学历以上，要有会计从业资格证，跟我学的专业对口，但是只招一人。排队来面试的有几十人，在面试官问了几个问题之后，便对应聘者说“简历我先留下，有什么消息我会联系你的”，看了好几人的面试，面试官都是笼统地让应聘者等消息。那一刻，我的感觉就是找工作是很辛苦，但是等消息更加让你焦虑。

通过此次招聘会，我开始思考自己未来的发展方向，回顾过去的时光，我发现在这段时光里，除了上课，我大部分时间都在寝室里度过，很少去学校的图书馆看书，不但没有合理利用这些资源使自己的知识丰富起来，反而渐渐养成了懒散的习惯。

作为一名即将毕业的大学生，我对自己目前的就业形势并不是十分乐观，虽然学校的就业指导，让我对如何写简历和应对面试有了一定的了解，学校的订单班更是为学生提供很好的就业平台，但是学历问题、没有丰富的工作经验这两大难题仍然摆在我的面前。

而且，随着时代的进步，大学生还要有与时俱进、不断创新的精神。我所掌握的知识还远远不够，这需要我不断地学习与借鉴。在招聘会上，我发现面试官大部分并不需要你如实回答问题，因此可以机智地向他展示你的优点，有效地将自己推销出去，在面对那些尖锐的问题时，你要有技巧地避开，或者将之转化为对自己有利的信息，而我缺乏的就是这些面试技巧。

通过这个招聘会，我认为我应该主动出击，提升自己，而不是等到就业时再来弥补自己的不足，只有这样，在未来的人生道路上，我才能找到一份适合自己、自己满意的工作。

点评：体验一次就业招聘会，可以让同学们感受到目前就业形势的严峻，也可以让同学们深刻地了解自己当前的具体情况，并结合实际情况改善自己的不足之处，提高自身的职业素养和职业能力，为以后的就业做好充分的准备。

10月13日　星期日　晴

神圣的表演

今天是银领学院文艺比赛决赛的日子，也是我人生中第一次登台表演的神圣时刻。

我们都知道在每一场登台表演之前，肯定会有数不胜数的排练，一切都是为了能在台上有一个完美的表现。所以我和我的小伙伴一直在努力，把整个故事的流程一遍遍地演绎。我们表演的是一个喜剧小品，我在剧中扮演一个与现实生活中丝毫不同的人物，可以说是颠覆我自己的一个喜剧角色。人生中第一次当演员，所以我一定要特别努力，无论是为了班级的荣誉，还是为了不让自己的大学生活留下遗憾，我都必须尽自己的最大力量。

为了银领学院的文艺比赛，白天我们上课，晚上我们进行节目的排练。这中间大家有过争执，也有过欢乐，而正是由于大家的意见不同，才最终让这个节目变得越来越完美。此外，我们这个节目有一个比较特殊的地方就是班级所有人都有参加，每一个人都是一个演员，每一个人都能在小小的舞台上完成自己大大的梦想，这就是集体的力量。

在节目比赛的当天晚上，班级里的所有女生都化了美丽的妆容，使本来就很美的她们变得更加光彩夺目。我们班是倒数第二个表演，在前期我们看到了其他班级的节目，说实话，在看到别人在表演时，我的确有点紧张，尤其是在看到精彩的节目时，我开始有点失去自信了，有种弃权的想法，但是，我不能这样做。第一，我是代表班级来表演的，为了集体我必须挺住；第二，我是个男人，是个爷们，遇到事情不能后退，我必须勇敢地向前；第三，这是我第一次上台表演，不能给自己留下遗憾。在轮到我们的时候，我暗自给自己打气，自我暗示。当我拿着话筒走在台上的时候，我只专注于自己的表演，将杂念屏除，按照平时排练照常进行，在表演的过程中，我听到了台下的欢笑和掌声，我知道我的表演成功了。等到表演结束后，我开始领悟和明白，无论什么事情，只要你敢去做，一切皆有可能。

经过这次比赛，首先，我非常感谢班级能够给我这样一个上台表演的机会，在大学里我的确参加过许多比赛，也上过许多舞台，但之前从来没有去表演一个节目，所以说现在我的大学生活没有遗憾了。其次，通过这次节目的表演，我看到了班级团结的力量，虽然只有二十几个人，但是只要人心齐，一定会有泰山移的力量。最后，我们一定要时刻相信自己的实力，不要轻易地怀疑自己，只要自己努力去做了，就一定会有所收获，而我们的行动也往往会让奇迹发生。

点评：台上三分钟，台下十年功。这次演出在充分发掘每一位小伙伴艺术才华的同时，也使得这个团体更加团结，大学生活也变得更加有内容可聊。一次艺术的偶遇，为日后的团队生活和个人发展带来了无数精彩的可能。相信你能有更多突破，给自己创造更多的发展机会。

10月14日　星期一　小雨

抓住机会，实现订单梦

大学就是这样一个或喜或悲的时期，我总是在想，银行订单班面试的失利对我来说意味着什么。失落与自我反省充斥着我的脑海，得知南都物业订单班要来我校招聘的信息，我仿佛看到了希望。我想，或许之前的失利是为了让我清楚地审视自己的不足，让我等待更多的机会。人生的机会不会太多，而且是留给准备好了的人。

于是，制作简历、复印证书、准备面试……我开始忙碌地为我的未来做准备，希望能够在这次面试中脱颖而出。怀揣着激动、欣喜，伴随着些许紧张，我一遍一遍的练习自我介绍。虽然无法确定最终的结果会怎么样，但我必须努力，只有尽力了，我才能说不遗憾。做足了前期的准备工作，在真正面试时竟也不像想象中那么紧张，把我所学的、所知的、所会的、所有的东西传达出去。

面试顺利结束了，不安焦急却又无可奈何的状态在等待中渐渐升华，一切都是未知的，我只能静静等待面试结果。直到夜幕降临，期待已久的短信声毫无征兆地来了，我成功进入了南都物业订单班，悬着的心踏实下来，取而代之的是溢于言表的欣喜。

原本以为失去了银行订单班那次机会后，我就将与订单班失之交臂，幸运的是，学校又为我们提供了一个这么好的平台。而这次，我抓住了机会，实现了自己的订单梦，这都源于学校为我们的就业做了全面的考虑，我想发自内心地对学校的关心说声谢谢，谢谢母校给了我这个机会。

面试的成功并不是终点，相反，这是我订单班生涯的起点。我相信，不断求知的我将会在订单班中收获良多，订单班也将培养我成为更加优秀的行业人才，这些都需要我日后不断学习、虚心请教。

点评：身为金院大三学生的我们，已经做好迈入职场的准备了。要努力把握每一次可能提升自己的机会，并学会主动出击，成功的可能不是在原地等待伯乐的到来，而是积极主动、无所畏惧地踏上征程，直到找到你真正的伯乐。我相信，一朵花，要想无坚不摧，只能接受汗水的洗礼，成长在狂风暴雨中。

10月15日　星期二　阴

老师，生日快乐

进入订单班已经有一段时间了，五家银行组成的一个班级人有些多。很多人我都不太认识，见面时他们的问候甚至让我觉得有些诧异。今天是个很特别的日子，天气很晴朗，是班主任林老师的生日。

大家都叫她木木老师，我也这么跟着叫，今天上好课后，下午六点我们便来到了格莱美，一起在这里为木木老师过生日。我来时，里面还没有什么人，我旁边几个女生说："我都不会唱歌，好无聊哦！"

慢慢地大家都到了，快到齐时，学习委员这时候带来了一个大蛋糕，全场都有些兴奋起来了。然后她给我们每人发了一支蜡烛，说到时候点好大家一起祝木木老师生日快乐。过了一会儿，主角现身，班长把灯关了，然后大家把蜡烛点亮，大声喊道："木木老师，生日快乐，永远十八岁，我们爱你！"在微红的烛光下，我看见木木老师笑得很开心，一直说谢谢。大家的脸庞也溢满笑容，我心里此刻也很动容，有一刹那都想去当老师了，感觉真的好幸福。

每人拿好一块蛋糕时，气氛已经很热烈了，大家都开心地吃着，有些同学已经开唱了。有位女生唱了一首《三天三夜》，伴着高音我们都一直尖叫。后来大家一起喊，"木木老师来一个，来一个"，木木老师也很爽快，拿过话筒就开唱了，她的一首《等待》简直是让整场 High 到爆。老师唱好后，大家也都全部玩开了，有些同学在座位上掷骰子，有些同学在讲笑话，逗得大家哈哈大笑。有几位男生此时也很开心，一起拿上话筒在屏幕前撕心裂肺……

在快结束的时候，木木老师突然停下来，我想她是有点动容的，她在我们心里一直是一个很活泼很可爱的人，有时候感觉跟我们年纪差不多。她说："真的很感谢你们为我过生日，我这辈子都不会忘记，希望同学们现在好好学习，以后在岗位上能有所作为，有空要常回来看我啊！"我们都大声地说好。

结束后我回到学校，看着这个我待了快三年的地方，的确，时间一久，人就容易产生感情。我心底默默地想，希望以后，我能从事一个让自己无悔的职业，任何事情都全力以赴，不忘初衷！

点评：有人说，毕业多年后印象最深的也许就是班主任了。其实，班主任的工作是一个看似简单，但却很难做的工作。一个好的班主任应该是用心爱着学生，能与学生打成一片，可以与学生平等交朋友的班主任。爱是相互的，作为成年人的学生，他们主动为班主任过生日，他们其实是在用自己的特有方式来表达对班主任的爱。从这种方式，我们可以看出班级的凝聚力和埋藏于同学们内心的感恩之情。

10月16日　星期三　多云

营销的学问

今天是我在银行实习的第三天。一大早我就到了银行，开完部门早会后，部门经理把我们叫到了办公室，说今天要带领我们去银行附近的社区进行社区营销。这是我第一次面对面与客户接触，来推销我们银行的理财产品，这对我来说是一个很大的考验。我们拿了许多调查问卷和理财资料以便社区的叔叔阿姨们了解我们银行的理财产品。社区主任叔叔把阿姨们都集中在一个饭店，我们到了饭店的时候大家都坐着有说有笑的。

面对这样的场景，我反而轻松不起来，我拿着资料很紧张，不知道应该怎么营销，后来部门经理告诉我，只要很亲切地跟他们交流，问问他们的喜好，平时都有什么活动，问问他们的子女在哪里工作，平常把钱都用在哪里，有没有什么理财的习惯，自然而然地把我们的理财产品介绍出去就可以了。后来在营销的过程中，我与叔叔阿姨们的交流非常愉快，还跟他们一起吃了午饭。有好几个阿姨也到我们银行买了理财、存了钱。

回到银行我就把叔叔阿姨们的问卷及时地做了记录，对于有意向或者没有意向的都分类写明，这些对以后的电话营销都有很大的帮助，可以对客户有一个基本的了解。

这一天的经历对我来说意义非凡，让我第一次接触了社区营销，对营销也有了认识，虽然只有几个阿姨来办理了业务，但对于我来说却是极大的鼓励，让我的信心大增。

点评：纸上得来终觉浅，绝知此事要躬行。对于在校生而言，第三课堂的社会实践是对第一课堂的最有效的补充和检验，只有实践过，我们才能发现自己存在的问题，才能面对这些问题找出应对的方法。

10 月 17 日　星期四　多云

麦德龙的一天

我曾经在麦德龙江干区店做过可比克咖啡的促销，我认为在麦德龙工作还是蛮严格的，但相对于其他超市还比较轻松，在麦德龙工作每天上下班要打考勤卡，还有离开麦德龙要打出入员工通道卡，但是麦德龙白天几乎都没什么人买东西，就晚上的人较多。还有，麦德龙是仓储式超市，所以有些东西放得比较高，很多东西都需要机器才能拿下来，那个机器不但能放产品，而且人也可以站上去，因此很是方便。

我的工作主要就是做可比克咖啡的试吃，然后把产品介绍给顾客，最后把产品销售出去，并做好销售记录。因为来麦德龙购物的人实在太少了，而且爱喝咖啡的人也不多，因此很难销售出去，好几次有几位外国人来试吃，我都不知道该怎么介绍产品，幸好他们都听得懂中文，最后他们也买了我的产品。还有一次，我碰到两个外国人，可他们跟我说的语言我一点也听不懂，我都不知道怎么回答，就用中文跟他们介绍了一下，他们聊了一下就离开了，我也没有继续跟他们说下去，只能放弃把产品销售给他们了。

其实,在任何地方工作都会有成功和失败,不管你有没有把产品销售出去,都是一种经验。

总的来说,在麦德龙工作过,就会发现它与其他超市还是有许多不同之处的,我也在许多超市工作过,因此我的感想还是蛮多的,我觉得麦德龙的一天就像是人生一样,只有经历过、体会过,你才能发现它的与众不同。

点评:大三的日子,对于没有进入订单班的部分学生是轻松的,因为,课程少了,自由支配的时间多了,但对进入订单班的学生来说,却很忙碌,进入订单班的学生需要面对行业课程的集中培训和技能的强化训练、考核,非订单班的学生需要面对实习和就业,当然,还有一些未进入订单班的学生也在不断学习和充电,为下一次求职做着准备。正是这种两极分化,使得大三学生们的出路各不相同。客观来说,在大三时找一份兼职是一种很好的选择,它为你提供了实习的机会,积攒了就业资本,也是一种很好的社会历练。

10月18日　星期五　阴

与入党积极分子结对活动心得

作为一名学生党员,我组织并参加了支部组织的"党员与入党积极分子一对一"的活动。

在活动中,我体验到了帮助入党积极分子的快乐。我作为一名党员,对入党积极分子感到困惑的问题给予建议,力所能及地给予帮助。当我们学生党员对同学们的问题也不能给予建议的时候,我们就会请教活动的指导老师。

这项活动中,入党积极分子与学生党员互留了联系方式,除了开会时能交流,平时当入党积极分子需要建议时,也可以询问学生党员或者我们的指导老师。这几次的活动让大家有了更多接触的机会,增进了情感,增强了支部的凝聚力。

在交流会上,大家通过简单的自我介绍,认识彼此,并确定了具体的结对对象,互留联系方式。第一次的交流,入党积极分子也提出了许多困惑,比如技能是不是我们学院学子的唯一出路。学生党员们对此做出了回答,让入党积极分子明白,技能很重要,但这并不是唯一的出路,在注重技能的同时更要抓紧提高综合素质。金老师也强调,在练好技能的同时,同学们要注重提升自己的就业软实力,给自己的未来一个更加大的平台。许多同学表示自己的学习状态不佳,不知道怎么样更好地利用时间、安排时间。我根据自己的经历,给出了自己的建议。我也和入党积极分子在交流时讨论了许多关于订单班的事情。订单班是我们学院的一大特色,学院也十分重视学生对订单班的面试。我告诉入党积极分子,银行来我们学院招员工,是因为看重我们学院学生的专业技能,在我们学历不能与其他院校相比较的时候,要勤练技能,突出自己的优势,这样才能有更多的机会。金老师也谈到,虽然技能很重要，但是综合素质也不能少，平日要多注重实践，多找机会锻炼自己、提升自己。

这次活动让大家都有不少的收获，我们的支部也因为这次活动更加团结！

点评：一名党员就是一面旗帜，对于学生党员来说，“党员”不仅是一种称呼，更是一种责任。党员的先进性应体现在日常的学习、生活当中。通过结对的形式，以过来人的身份帮助学弟学妹当中的积极分子成长，是一件意义很大的事情，值得推广和提倡。

10月19日　星期六　小雨

昔我往矣，逝者可追否

记得刚上大一的我，是那么的无知与好奇，听学长学姐介绍我们的学校，讲到了银领学院……从此它成了我的“青春梦”。

可是6月的订单面试却像一场无声的战争，给我的“青春梦”一记重重的耳光。因为我在这场战争中“挂彩”了，但是我同宿舍的小伙伴一个个都进入了银领学院订单班。那本是我梦寐以求的平台，可是现在我却和它有一道深深的鸿沟。室友们兴高采烈走上了“阳关道”，而我只能过自己的“独木桥”。

提起笔来，细数日子，已经离订单招聘结束快125天了。今天我“愈合的伤口”又隐隐作痛了。躺在床上，心情压抑得像今天的天气一样，阴沉沉的，室友们讨论着订单班的无穷乐趣：订单班的同学如何勤练技能，订单班的老师如何教学，认识了多少新同学……这些在我看来是那么遥不可及的，仿佛我们是两个世界的人，连话题都聊不到一起。我想大学生的差距莫过于同样的学生身份却有着不同的人生经历。室友们像在饮一壶陈年老酒，而我却独吞苦水。

想想大三开学以来，老师说我们这些没进订单班的同学本学期精力却大不如前。确实，相对于那些进订单班人来说，我们失去了机会，也许我不该自怨自艾。回想大学以来，空闲的时间我都在干什么？日复一日地趴在电脑前玩着英雄联盟、DOTA……不停地敲击电脑前的键盘，毫无意义地浪费生命。看着时光的剪影从指缝间不停地流走，我居然毫无察觉，周书记在我们开学时所说的“千日成长工程”我现在度过多少，又留下了几分。

桃花谢了春红，太匆匆。金院的日子像一张直通社会的火车票，火车不能回头，我只能把目光向前看。因为再有一个多月就将进行校园招聘，我不能等待，不能放弃。昔我往矣，悟以往不可鉴，知来者之犹可追。

在接下来的大学日子里我一定要树立正确目标。马云曾说：今天很残酷，明天更残酷，后天很美好。大多数人死在明天的晚上，看不到后天的太阳。我一定要做一个“看到后天太阳”的人！

点评：也许进入银行订单班是我院众多学子的目标，甚至很多同学把能进入订单班作为一种优秀的检验标准。但是，我要说的是银行绝对不是唯一的就业出路。什么人适合什么岗位，要量体裁衣，适合自己的就是最好的。尤其是非金融类专业的学生，完全没有必要往金融类订单班里挤，说不定在其他的工作领域更能发挥自己的专业特长。

10月20日　星期日　多云

走进传媒　感受“传媒”

今天是我们专业外出实训，今天的实训地点是浙江传媒学院的实训大楼。怀着好奇、兴奋的心情，全班35名同学外加班主任和她的女儿坐上了去往传媒学院的大巴。一路上我们叽叽喳喳地讨论着自己对传媒学院的想象，大家都说传媒学院是个帅哥美女聚集的地方，一会到了可要仔细地观察下事实是否如此。很快我们便到了目的地，看着眼前这幢笔直树立的大楼，我的内心顿生向往，这里就是出了许多著名主持人的地方啊，而我今天也能亲身感受到他们平时学习的内容，有一种冲动让我想立马往大楼里面钻。

在进大楼前，我们全班在实训大楼前来了张合家福，然后在老师的带领下开始了实训之旅。实训大楼里分布着许多不同功能的教室，首先到演播室，大大小小的电脑、仪器布满了墙面，而我连其中的一个机器都叫不上名字，只能是特别兴奋地到处观察，听老师解说。然后我们又来到了模拟演播厅，这是由一个大教室和一个小教室合在一起组成的，外面的大教室是演播厅，小教室则是演播厅的操作室，在这里有一个电视，电视和演播厅是连接在一起的，只要人坐到演播台上，就能在电视里看到自己。于是，我立马冲到了台前和另外一名同学相互搭档，学着电视里看到的主播那样，好好地感受了下主播的滋味。之后，我们还去了许多其他功能的教室，大概到了下午3点，我们开始回校，在回来的路上，心里一直回放着刚在传媒看到的场景，对我们专业的前景充满了期待，对传媒的憧憬之情也愈加强烈。

点评：在一个信息爆炸的时代里，多媒体技术与数字传媒技术更新非常快。作为专业的传媒学院，其教学与实训设备应当是比较全面和先进的。而对于我院多媒体专业的学生而言，在学院自身关于多媒体专业的实训设备不是很齐备的情况下，来到专业学院参观专业的设备和器材，对于开阔眼界、提升专业的兴趣都有好处。

10月21日　星期一　多云

招聘面试没有想象中那么难

进入大三以后，由于上个学期订单班面试的失败，所以自己没有办法和其他进入订单班的同学一样接受系统的银行培训,但是不能因为这个就失去了目标,没有了动力。所以我开始通过不同的渠道找寻新的工作机会。

因为自己对餐饮行业比较感兴趣,同时在大学三年期间的业余时间也做过不同餐厅的服务员,所以对于这一行业也有自己一定的了解。通过智联招聘这一网络渠道我给百胜公司旗下的必胜客投了简历,应聘的是他们的储备干部一职。选择这个公司的原因除了自己对餐饮有兴趣以外,还有一个重要的原因就是百胜集团是全球最大的连锁餐饮公司,像我们平时熟知的肯德基、必胜客都是百胜公司的,在这样一个公司里面工作家人会比较放心,不用担心上当受骗。同时自己也有较大的发展平台——百胜公司的领导层都是从最基层的储备干部做起的。

第二天我就接到了必胜客人事部给我打的电话,在进行简短的沟通之后,我需要在第二天去他们公司进行面试。

在与家人和老师进行沟通后我决定去认真面对这一次面试。今天,我特地穿得正式一点,给自己化了一个淡妆,对于我这种平时不化妆的人而言,觉得面试的时候,妆容、服饰都要尽量在保持正式的前提下让自己觉得舒服自然一点,这样在面试的时候就不会因为这些东西而分神。

和我一起面试的还有来自不同地方的人,有的是大学应届毕业生,有的是已经在社会上工作过、有工作经验的人。相比之下我不算优秀。第一轮给我们面试的是一个30岁左右的女士,看起来很亲切。面试正式开始的时候,面试官让我们用团体合作的方式进行介绍,这样大家就很快对对方进行了基础的了解,面试紧张的气氛也得到了很大的缓解。在这一轮的自我介绍之后,我们分别对一些问题进行了回答,之后是一个情景演练,需要三个人分别扮演顾客、服务员以及餐厅经理,顾客在披萨里面吃到了陶瓷碎片,要考验服务员和经理怎么处理。我积极主动地扮演了服务员的角色。

在整个过程中,我一直都努力让自己最好的一面展示出来,不要显得太羞涩,要积极主动地与他人进行沟通。同时也要有分寸,不能显得自己太幼稚。在必胜客这样的餐饮公司面试,他们最注重的是应聘者的团队合作能力,所以这一点也是很需要注意的。

上午10:00到11:30是第一轮面试,结束之后我们几个应聘者又按照面试官给的地址找到了必胜客的区域经理,需要在这里进行第二轮的面试,这一轮的面试主要是区域经理对我们的工作时间等进行了解,同时我们也可以提出自己对这个工作的疑问,包括假期、薪资方面的问题,在大概20分钟的面对面谈话之后,我拿到了必胜客公司的OJE试做通知,需要自己在学校旁边的一家店面进行为期两天的试做,然后进行双方面的选择。

经过一天两轮的面试,我终于靠自己的实力初步拿下了这个十分重要的工作岗位,接下来我会好好表现,给自己以及关心自己的父母、老师交一份满意的答卷。

点评：面试是在校生走上工作岗位的一个必不可少的环节，也是自己通过三年的学习，正式展示自己的一次机会。能否拿到职场的门票，面试中的表现十分重要。有人说，面试需要技巧，其实对于我们大学生来说，良好的心态、优雅的谈吐、得体的动作、不卑不亢的回答、对自身的自信就是最好的面试技巧。

10 月 22 日　星期二　多云

面向未来　找准定位　成就人生

人生的选择有很多，可是一个正确的选择又谈何容易啊！正如现在的我马上就要面临着毕业，然后选择人生的第一份工作。可是，现在的社会竞争如此激烈，本身的学历又不高，想要找到一份好的工作是如此的困难。

但是，如果我现在还是如此的话，那么我觉得我“毕业就等于失业”。正所谓人不能选择自己的出身，但是什么时候努力都不会晚。所以，只要我们有一个明确的定位，那么我们将要面临的难题也会迎刃而解。就像我们穿衣服一样“没有难看的衣服，只有不适合的场合”。因此，对于我们将来选择的工作，我们都不应该拘泥于职业角色，而是真正从客户需求出发，用自己所长为他们提供服务，替他们解决问题，这样才是有职业追求的人。不管我们将来从事什么样的工作，都应该对自己所做的工作有所追求，对自己有所要求，这样我们职业的路就会越走越宽阔。

目前，我又一次站在了十字路口，往下一个目的地前进。所以……

大三的我，目前正陷于困境。可是谁又会帮你呢？没人会，只能靠我自己。所以，我对我自己说，找准自己的定位，不停地为之努力，任何平凡的人都能取得不平凡的成就。一个人积聚财富的多少，不在于你开始拥有多少，而在于你投资的过程和时间长短，时间越长，成就也就越大。同理，一个人的成功，不在于你开始有多好的条件，而在于你是否找到一个适合你的定位，而且能持之以恒，十年如一日，二十年如一日，三十年如一日不停地奋斗。然后把你自己的目标定位，一步一个脚印地去实施。生活就是如此，当你在生活中遇到困难时，千万不要放弃，不要气馁，只要你坚持不懈地去努力完成你想要完成的事，就一定能够成功，相信自己。

所以，只要我们能找准定位，谁都能成功。让我幻想我的未来，找到我的定位，成就我的人生。

点评：其实，找工作并不难，难的是找到一份各方面都让人满意的工作。在毕业之际，有人会抱怨学校、抱怨专业、抱怨社会，但是静下心来想想，在同一个教室学习的人，为什么有人会找到称心如意的工作，有些人却找不到，是否可以从自身找找原因呢？每个人都有自己的长处和弱点，找准定位，充分发挥自己的长处，规避弱点才是主要的。

10 月 23 日　星期三　晴

今天，我成了预备党员

今天下午，怀着激动的心情我坐在了 7221 的教室里。回想大一刚入学，由于高中时期获得“杭州市三好学生”称号而成为入党积极分子，不可否认我是幸运的。

等待老师的过程是焦急的，看着黑板上“支部党员大会”几个字是神圣的。每一位同学都认真地准备了发言稿，我也不例外。当同学们一个个发言结束，轮到我时，此刻我的心情无疑是紧张的。

“敬爱的党组织：去年的此刻，经党组织的批准，我成为一名中国共产党入党积极分子，在这一年里，在组织的培养教育下，我无论是在思想、理论，还是行动上，都有了很大的提高，基于此，我向党组织郑重地提出自己的申请——加入中国共产党。现在，我将自己在这一年中的情况向党组织汇报一下……”

接下来，老师宣读“群众座谈会”总结的我的优点和需改进的地方。

“叶某某同学的优点是学习认真努力，态度端正，为人真诚，有较强的亲和力。缺点是学习方面不太与同学交流，有点粗心……”

然后是在座的党员谈对我个人的看法与建议，“叶某某同学，我跟她本身关系也比较好，觉得她是一个乐于助人的人，同学有什么事情找她，她都会帮忙，缺点就是不太自信。”一位同学说。

下面是神圣的表决时刻。老师与在座的正式党员就我的入党问题举手表决，我获得了全票通过。啊，我终于成了一名预备党员！

最后是我自己对于本次大会的一个总结：“我知道自己仍有许多不足，但是我会更加努力，以党员的标准严格要求自己……”

整个流程下来，我印象最深的是杨老师的一段话：“在我读座谈会同学们给你们的建议时，没有人动手写下来，要想有所改进，就是要从这开始，只有去思考了，了解自己有哪些方面存在不足，你才会去改进。所以听的过程其实也是一个成长的过程，在最后的自我总结中，你并不是随口说几句，而是应该针对这些不足之处，有一个自我的反思。”听了这一番话，我真的觉得自己需要好好地思考一下接下来的日子里应该怎么做，才能为同学们做好模范带头作用，更好地提升自我。

点评：中国共产党是一个伟大光荣正确的党，加入共产党不是为了增加就业的筹码，也不是一种可以炫耀的荣誉，入党代表着一种责任，要为广大群众起到模范带头作用。作为一名学生党员，要时刻保持共产党员的先进性，具体而言应该做到“学习上是标兵，生活中是模范，身心上要健康，工作上是榜样”。

10月24日　星期四　多云

对专业的重新认识

每次遇见高中同学都会问我:“你学什么专业的?”而我都很开心地说,我是学房地产的。“哇,你学房地产的呀,以后买房就找你就好了,你要成为房地产大亨了……”每次听到这样的话,表面上觉得很开心,其实只有自己知道,我对房地产这几个字是有些陌生的。

每周四,对我们来说是黑色星期四。今天,也不例外。早早来到教室,等待着外聘教师给我们上课。金老师,一个年轻又风趣的易居臣信门店店长。“好、很好、非常好!”全班同学齐声喊道。没错,这正是易居臣信员工开早会时的口号,同时,也成为我们上一天课振奋信心的开始。

“今天上课前,我们先来看个微电影。”金老师说。

这部电影讲述一个从农村来到城市打拼的名叫大山的年轻人,在房地产中介公司从零开始学,当他好不容易接到一个客户时,却在沟通佣金上碰壁,最终以失败而告终。他每天的工作就是抢接电话,带人看房,周而复始,一单都没有成功过,频频受到挫折。同时,又遭受了表嫂赶人的境遇。那晚在瓢泼大雨中,他深思着自己这几个月以来对待工作的态度及方向,似乎明白了什么。新的一天,新的起点。他花了3个月的时间把周边的楼盘全部跑了一遍,并把相关的资料数据全部整理在自己的册子里。当你熟悉了你所要带看房的资料的时候,带看房就更容易了,不会再像最初时盲目地带看。在他成为月销量第一的业务员时候,他所付出的心酸与汗水都是值得的。因为他没有放弃,而是选择了坚持这个行业。

“看了这个微电影,我看到好多同学眼里都泛泪光了。”因为我是个感性的人,只要是那些让人看得感动的画面,我也会感同身受。

“这部片子,加上这次,我看的不下10次,每一次看都会有不一样的感受。我在给我们新员工的培训上也会给他们看。”金老师说。

“今天,我想知道有多少同学是真正想进房地产工作的?”那一刻,教室静止了。稀稀疏疏的有同学举手,我没有。我不是怕吃苦,而是突然觉得自己真的不适合房地产这个行业。那一刻我沉思了,马上就要面临实习了,可是觉得自己一点底也没有,面对这么多的行业,自己可以胜任的工作又是什么?我不要做啃老族。

“房地产这个行业,没有你们想象的拿高薪,那是要付出汗水和坚持的。如果你没有一颗在这个行业里坚持下去的心,我不建议你们进这个行业,大家回去好好想清楚自己想不想进这个行业?”这是老师留给我们在座每一位同学思考的问题,如同警世钟狠狠地敲醒了幻想在大学里彻底“解放”的我们,即将进入社会的我们该如何选择呢?

点评:不是每个人都会在毕业后从事与自身专业相符或相近的工作,但是不管怎么说,临近毕业,自己应该对将来从事的工作有个清晰的定位,跟从事房地产工作一样,每类工作都具有挑战性,都会面临着各种各样的困难,这需要我们始终保持一颗恒心。无论我们从事什么行业,我们都应该对自己选择的职业负责。不是每个行业都是轻松的,都会遇到或大或小的事,我们要寻找对的方法并合理地解决它。

10月25日 星期五 晴

社团,我的另一片天空

作为实践投资协会曾经的会长,回想起自己在协会的点点滴滴,仿佛真切地感受到自己与协会的共同进步。而在今晚,我荣幸地被邀请出席"梦想启航、社团助力"2013迎新生文艺晚会暨第十一届学生社团文化节开幕式。虽然现在的我已经"退休"了,但看到实践投资协会在自己担任会长的这一期间被评为了2012—2013学年十佳社团时,感慨万分,更多的还是欣慰开心,就像是一手培养的树开出了缤纷美丽的花。

记得大一时,那是实践投资协会这个名字第一次在我的耳畔响起,正是协会纳新在班里进行介绍的时候,当时没有想太多,只因为自己是投资与理财专业,所以选择加入了实践投资协会,不曾想这里逐渐成为我的另一个家。

在协会的日子里,我不断汲取专业知识,在老师、学长的帮助下了解专业知识,从第一次看到红红的、绿绿的蜡烛图的好奇到现在能够熟练地运用各项知识。在这里,我还锻炼了自己各方面的能力,从一名什么都要学长学姐教的干事到一名能够独当一面的会长。我在一点一滴地进步,在一点一点地成长。

还记得,在举办理财知识社区行活动时与小伙伴们的彻夜讨论,在负责与浙江财经大学的交流会时的游刃有余,在协助老师完成浙江省理财投资大赛、举办"我是操盘手"模拟炒股大赛等各项活动时的有条有理,我想为整个协会和自己点个赞,正是由于大家的通力合作、不断努力。先前的五星级社团和现在的十佳社团的称号,我们当之无愧!协会对于我来说就是一个大舞台,它在我追求梦想的道路上为我提供了展示才华的机会,最重要的是,我也因此结交了一群志同道合的伙伴,可以一起谈人生聊理想,也可以一起聊娱乐八卦,为我的大学生活增添了亮丽的色彩。

团委书记王懂礼老师也曾说过:"社团让同学们有事做,有喜欢的事做,有喜欢的正确的事做。"我觉得学校做到了,社团做到了,我也做到了。正是有这么多优秀的协会,同学才能够在课外和志同道合的人一起做自己感兴趣的事。今晚,看着新生们陌生稚嫩的脸庞,好奇不已的眼神,如我之前一般,我希望他们能够好好享受大学社团生活,在社团中实现最理想的自己。

点评:学生社团以特有的形式和内容,在学校的第二课堂活动中占有十分重要的位置,是高职院校拓展学生素质教育的有效途径和平台。在社团里,一群志同道合的小伙伴集中在一起,共同做自己喜欢做的事,这对自身的素质提升和实践能力锤炼具有十分重要的作用。

10月26日　星期六　晴

寝室的一次畅聊

当我怀揣理想走进大学,当我兴奋不已拿到大学的第一笔奖学金,当我慢慢地在这个大学生活,在这个时隔将近三年的今天,我和我的室友们开始了我们的闲谈。

"时间过得好快哦……"一位姑娘感叹着,"时间真的过得好快啊……"另外一位姑娘也附和着。我笑着说:"你们两个今天干吗呢,一个一个的都那么多愁善感,受什么刺激了?"一位姑娘忙说:"唉,也不是啦,确实这大学三年真的是一眨眼的感觉,眼下又是紧张的找工作了。想想啊,这三年我真的是什么也没干,连个会计从业都还没过呢,毕不了业了都……"我笑着说:"确实这样也急的,唉,那你还不得赶快的,快点考个证出来,起码不能这三年白读了吧,最后连个毕业证都拿不到,那也太不应该了!""唉,难!"她有种莫名的忧虑。我转过头,问另一位室友:"你呢,忧愁什么呢?"她低垂着头,一副垂头丧气的样子,说:"我嘛现在进了银行订单班,压力么超级大,可是未来还是一片迷茫,不知道会是什么样?""你还算好嘞,起码也算是有半个工作的人了,哪像我们啊,连个工作的影还没见着呢!"我有点激动。她辩驳道:"哪有,还不一定有个工作嘞,到最后说不定一不小心就被一脚踢出门了,那到时候真的是不知道该如何是好啊。"我也无奈地摇摇头。顿时间,似乎自己也陷入了沉思:"何尝不是呢,我的未来在哪里?我到底应该干什么?我能干什么?我能把工作做好吗?"无数的问题缠绕着我,弄得我心烦意乱。"唉!"我叹息着。"你又怎么了?你不是挺好的吗,成绩不错,奖学金每年都拿,有什么好愁的?"室友问道。"别提了,在进大学以前我就订好了目标的,第一是要完成自考,第二是取得英语六级证书,第三是考出会计各个证。而现在自考也还没考完,毕业前是完成不了了,英语六级还不知道能不能考出来,会计还只是一个上岗证,你说这些个证哪有什么用,这三年算是白读了。"我苦恼。室友似乎有些不同意,说:"哪有你说的这样。会计证么现在普遍我们都是一个从业证喽,英语六级你不是在准备吗,不管怎么样,有那个想努力想上进的心就是最好的了,不管结果如何。自考你不是已经考出十多门了吗,你已经那么认真了,也只是稍微迟一点,又没有什么关系的。"可是我还是心乱如麻，千丝万缕萦绕我的心头。“可是现在找个工作真的好难，虽说刚毕业的我们，像我们这种高职出去的，没有太高的要求，但是日后总是想有更好的发展空间，现在月收入只有个 2000 多的自己过活还不够，那以后还要奉养父母，这点工资可怎么活。我们这代人压力是最大的了，所以啊前景堪忧啊。简直就是一毕业就代表着失业了！”我有点忧伤。

“是呀，那也没有办法的了，该面对的总是要面对的，现在已经是我们要面对的时候了，这个时候不管怎么样也都只能硬着头皮上了，不然能怎么样呢？”一个姑娘又发出了感慨。“你们觉得你们大学三年是怎么样的？”我问着。“我觉得我的大学生活就是瞎忙活，整天这个那个，一个字——烦。”一个室友首先发表观点。“我觉得我的大学生活就是电视电影、电影电视，哈哈哈……”另一位室友笑着大声说道。另一个室友说：“我觉得我的大学生活就是谈恋爱。”说完似乎有些害羞。我在那里沉思着，回想着：“当初满怀忐忑地来到这个并不是我梦寐以求的大学，内心是那么不甘，而在那个时候却得到了进入大学的第一笔奖学金，也正因为这样才给了我在这个学校学习与生活的信心，从那时起我就制订了目标，要通过自己的努力顺利通过自考，可是似乎……”，“你怎么了，想什么呢，轮到你了，你觉得你的大学怎么样？”一位姑娘打断了我。“嗯，我觉得我的大学是忙碌，但是又不觉得特别充实，主要感觉自己并没有非常抓紧，太过放纵自己了，所以感觉并不是很满意。”我说着。话毕，所有人开始安静，好像生活了那么久而形成的一种默契，各自思索着自己的这三年，这青春的三年。

我的大学就这样过了三年，有过收获，当然也有过失败，也曾为自己的放纵而懊悔，为自己的不努力而愤怒。面对失败，有时痛哭，有时愤慨，有时后悔；面对荣誉，时而自豪，时而高兴，时而信心满满。三年就这样过去，我用自己的青春获得了荣誉，也以青春换得了成熟，我想我的青春永不褪色，我将以自信面对今后的生活道路。

点评：室友是大学里面最亲近的同学、朋友，他们是我们相互倾诉的对象，是我们饭后睡前可以随意打闹的、亲如一家人的兄弟姐妹。“卧谈”是大学寝室的一种特有文化，通过室友间的卧谈，我们可以清晰地了解彼此间的喜怒哀乐，了解彼此间的真实情感。毕业前的这次卧谈，显得意义更加重大，它可以帮我们回味所有人一路走来的点点滴滴，多年以后回想起来，肯定别有一番滋味。

10 月 27 日　星期日　晴

在移动营业厅做实习生的一天

今天，是工作的第一天，早晨 7:20 前到大厅报到，连懒觉都没得睡，挂上实习生的牌子，感觉自己俨然一蓝领儿。

说蓝领绝对没错，因为我对于移动业务受理是一窍不通，只是在柜台后面当雕像，边看边学，时而帮人家递个单子、印个发票什么的。移动聘来的小姑娘们就是好，态度亲切有加，又有耐心，和她们交谈觉得很受照顾。

观摩了一段时间后，我就练习着坐台受理业务，刚开始有点手忙脚乱，状况百出，大厅的引导员同志看不下去了，就让我先观察一天，等明天再受理业务。不过后来看我学习得挺用心的，下午又让我继续受理业务，这一回我的工作集中在收费上，输号、问名、收钱、验钞、印单等按部就班、有条不紊地进行着，一些简单的讲解也能应付自如，在我每每诚恳地看着客户的眼睛，耐心地讲解完什么叫作预存话费赠话费、怎么个赠法后客户露出恍然大悟的表情时，我就会有一种成就感、满足感。一下午闹哄哄的营业厅终于渐渐趋于平静，抽屉里的钞票积了厚厚一摞，我也说得口干舌燥。最后结账时，大厅的女管家斯琴大姐和引导员高阳同志称赞我今天收的账一分不差，明天继续学习办理其他业务，我心里才一下子轻松起来，因为之前我还有点担心会有疏漏。

第一天实习算是平安结束，明白了当营业员的辛苦，这年头干什么活都不容易，也许以后我参加了工作之后，任务会比这繁重上几倍，为了以后能赚钱养活自己，并且让自己过得舒心，在未来的一星期好好体验吧。

点评：找工作很难，要专业对口更难，很多东西我们初到社会才接触、才学习，所以我们现在要建立起先就业再择业的就业观。应尽快学会在社会上独立，敢于参与社会竞争，敢于承受社会压力，使自己能够在社会上快速成长。总的来说，作为一个快要毕业的大学生，无论是在今后的工作或是生活中，实习都将成为人生中一笔重要的资本。

10 月 28 日　星期一　晴

回眸已逝的大学生活

有人讲，对于大三学生来说，过完了 10 月，在教室里安心学习的日子差不多就要结束了，因为从 11 月开始就会面临着各种招聘、面试。屈指一算，我来到这个大学已经有两年半了。在这匆匆的时间里，收获了欢笑和泪水、成熟与稳重、丰富与精彩。

虽然刚进大学的日子依稀就在昨天，可是这段时光却在我的人生中写下了浓墨重彩的一笔。从刚进大学时的懵懂无知到现在的日益稳健成熟，自己的认知度和交际圈也得到了提高和扩大，知识领域得以进入另外一个层次和境界。通过接触各种各样的任务和集体，无论是校园内还是社会上的，都使我的心智和处世交际能力得到了长足的提高，让我学会认识到自己的责任感以及在自己在集体中所处的角色和位置，明白一个人活在世上，不仅要为自己而奋斗，更要学会融入集体中去，为集体的荣誉而着想。正确地处理好自己与同学以及其他人之间的关系。这段时间也更让我学会珍惜所有关心爱护我的人，他们时刻给予我鼓励和支持，让我在社会的海洋中保持屹立，坚强地往前走。在这一年半的时间里，我更加明白自己更高的追求是什么，毕竟我们身上承载着太多的期望，我们需要为自己的命运而去努力奋斗。

大学里的一切活动都是为了丰富自己的生活、陶冶自己的情操，为自己的学习提供动力，真正最重要的还是成绩，只有成绩优秀，自己才能真正去追求更远大的梦想。其实每一个人都深藏着自己的梦想，每个人都有无限的潜力，有的人牢牢地把握住了提高自己、向梦想接近的机会，有的人却浑浑噩噩，无法在自己的人生道路上稳步前行。所以拿出自己的斗志和决心吧，无论结果如何，至少我无怨无悔地奋斗过。每个人都能成为耀眼的星，但前提是内心要明亮的，用心去奋斗，你也会成为无数成功人士中的一员。我相信经过我的努力，结合自己的特点和决心，定能为我的大学生活画上一个圆满的句号，收获属于自己的那一片天。

点评：有人把大学比作象牙塔，有人把大学看作小社会。无论大学是什么，有一点毋庸置疑，它能带给我们各种各样的收获，如专业的认知、对人生的态度、对技能的掌握、对人际关系的处理，还有自己一步一步地走向成熟。大学的生活应是多彩的，因为青春的校园给予了我们太多的活力；大学的校园应是难忘的，因为这里见证了我们成长的足迹。只要胸中有梦，并且敢于追梦，每个人都会收获不一样的成功！

10 月 29 日　星期二　晴

我的技能练习感悟

今天是我进入订单班学习的第三个月，也是月末技能考核的日子。每次技能考核内心都是很紧张的，怕自己五笔和传票发挥不好，也怕自己的点钞数不准确，所以有点忐忑。早上我是早早地到了技能教室，开始练习我的五笔和传票，希望等下考试的时候有好的发挥。练习的时候因为不紧张所以还算好，两项都达到要求了，但这毕竟不是正式的测试，所以我还是对等下的测试抱着紧张的态度。老师来了告诉我们这周要测试的文章和传票，让我们练习一会儿，就开始测试。我们就开始在下面一直练习，直到老师说开始考核。打传票的时候因为紧张所以第一遍不是很理想，错了两个，打第二遍的时候心里一直给自己暗示不要紧张，好好打，好好发挥。第二遍打得不错，到了二级，且没有错，挺开心的。之后我就开始打五笔了，五笔刚开始打的时候也因为有点紧张，而且字太小了，要离屏幕很近才能看清，所以只有三十几个字，心里那个慌啊，就开始拼命打，希望能够赶上去，之后打着打着心里就平静许多，速度也就上去了，最终是 46 个字每分钟，达到这个月的考核要求了，两项过了，接下来的点钞心里就有了点信心。

点钞其实是我最没有信心的一个项目，因为我老是点不准，尤其是单指更是没有准确率，老是要错一把两把的。当老师说开始时，我就开始集中精神点钞，把精神全部关注在自己的点钞上，所以速度上去了，但第一次错了两把。第二次是多指，想着多指一定要一次过，这样的话接下来两次我就可以点单指了。但是结果还是错了，心里那个郁闷啊。但第三次我还是点了单指，想着单指对了就可以点多指了，只能说愿望是美好的，但现实是残酷的，单指又没有对，那就意味着我这次的技能考核没有过，要扣十分了，但第四次的机会我也不能浪费我也要好好地点，第四次我还是选择了单指，这次终于点对了，很开心。虽然这次考核没有过，但我会更加努力的。

点评：对于我们金融学院的学子而言，能进入金融行业订单班是众多人的梦想，但订单班的管理相对较严格，尤其是技能。订单班的技能考核不是目的，其实是一种鞭策大家勤于练习技能，掌握一技之长的手段，因为通过技能考核，我们可以认识到自己在哪些方面存在不足，应该怎样才能突破自己，达到行业的标准。

10 月 30 日　星期三　小雨

青春不慌张

但愿每次回忆，对生活都不感到负疚。——郭小川

最近迷上了看各种关于青春的电影，把好几年前的都翻出来看，不得不承认，我舍不得了。大学三年，给人留下的珍贵回忆实在太多，害怕忘记却又不想提醒自己那些刻骨铭心的过去。

还记得刚来大学的第一天，是带着十分喜悦而又兴奋的心情，看着校园里的一切都是这么新奇。脑海里畅想过很多大学时光的场景，却怎么也没想到我的大学生活是这样充实、忙碌的。感激老师对我的鼓励和帮助，感激同学们对我的支持和机会，感激命运给予我的一切。时光走得太快，现在作为毕业生的我心里别有一番滋味。经过订单班的选拔、企业招聘、社会招聘，这些宝贵的经历打击着我、磨炼着我。在订单班选拔的那些日子里，我心里非常担心也很忧虑，每天晚上都睡不着，盼着银行快来面试。终于把想要面试的银行等来了，可是我没有得到想要的结果，我落选了。当时我非常伤心，半天说不出话，心里就像崩溃了一样。没人知道我是多么想进订单班，从大一开始我努力练习技能，努力学习，拿奖学金，做学生干部，参加很多活动，获过很多奖。我一直在想，为什么他们不要我，真的仅仅只是因为地域问题吗？不，那只是别人拿来安慰我的借口，真正原因是自己还不够优秀！

在经历了这么多之后，自己的内心也不断强大起来。虽然现在工作还没有确定，但心里已经有想法了。找工作的这一路走下来，由刚开始非常迷茫到现在目标

清晰，对自己的未来也有了规划，我想这就是经历了就会有收获吧！机遇不会等着你去找它，你必须主动出击，做好一切你能够想到的事情。

我从来都不相信命运的安排，我相信自己可以改变家庭条件、生活环境。贫穷不可怕，可怕的是害怕贫穷。每一个人都能用自己的双手去创造属于自己的成功，我们的青春不慌张。

点评：“青春不慌张”显示的是一种人生的从容和淡定，青春期是人生的黄金时期，这个时期，我们敢想、敢闯，富有无限的激情与活力。习总书记曾说过，只有进行了激情奋斗的青春，只有进行了顽强拼搏的青春，只有为人民做出了奉献的青春，才会留下充实、温暖、持久、无悔的青春回忆。

10 月 31 日　星期四　晴

在明理报告厅的演讲

入校以来，在学院明理报告厅参加了多场活动，听了多场报告，但以前都是听众。今天下午我再次来到明理报告厅参加活动，唯一不同的是，我既是观众，也是参与者。因为我们系的演讲比赛于下午四点在此拉开帷幕。

对这次演讲比赛，可以说是期待已久。因为从国庆之前至国庆结束，“演讲比赛”四个字眼就没有一天不出现在我的生活中。无论是周边同学提起，还是部门会议，总会提到这几个字。所以即使我本人不提及它，也会有人提醒我。“哈哈，这是好事吗？”我反问自己。但无论怎么说，大学期间能最后给自己一次机会站在这个舞台上演讲，本身就是一件有意义的事。

时间是飞逝的，总感觉在寝室没有停留多长时间，就已经到了三点半。听到走道上陆陆续续的“女士高跟鞋”声音，这应该是要“走的节奏”吧？还没等我回过神来，一阵敲门声已然把我从“自我的思绪中带入到了真实的生活中”。“要出发了吗？”“对啊，他们都走了，我们也差不多了。你都弄好了吧？弄好的话，那我们就走吧！”“好的！”最平凡不过的对白，在那一刻似乎成了最珍贵的话语。

从桃李苑 13 幢到明理报告厅，一路上遇到不少同学。这也使得同学调侃我说：“林某某啊，你都长那么高啦，还穿高跟鞋啊，你让我们这些矮个男生情何以堪啊？”“真心的，我这不高的，2—3 厘米。”“难道你又长高了？”“哪有？是你想太多。”到了明理报告厅，基本一切的准备工作已经完毕。

随着主持人道出“正式开始”之后，我们一位位选手就轮番上讲台演讲。“唰”，一下子轮到我等候。学姐盼盼特意过来跟我说：“林某某，你待会儿上去演讲，是准备戴眼镜还是不戴的？”“戴的呀，不然看不见下面台下的人了。”“你若不想戴，怕到时候看了台下的人会紧张的话，学姐我扶你上台。”“这，会不会太夸张了？”“不会啊，怕什么！”“哈哈，学姐真好！”即使是上台的几分钟，我都没忘夸学姐，这是一定要有的。毕竟这一路的走来，除了自己的努力，还有老师、学姐、学长和同学的支持与帮助！“好，加油！”我对自己说道。

我也不知为什么，就是特别有自信，自信到事后我自己回想都不敢相信，太自信了！“大家好，我是来自房产112班的高个儿女生，我叫林某某，也因为个子高的缘故，周边同学会叫我‘男哥’。……最后，请大家记住：来自房产112班的高个儿女生！谢谢！”那一刻，我听到了台下热情的掌声。我知道：这掌声不仅仅意味着无论结局如何，超男，你尽力了，那就无悔于你的青春。

点评：任何事情，无论结局如何，只要我们尽力了那就无悔，无悔于我们炙热的青春。青春短暂，就应该让它有多火热就多火热吧！时间飞逝，无法控制，但珍惜它，我们可以的！加油，每一个为青春、人生在奋斗的人儿！

2013 年 11 月份,为风采展示和就业招聘而奔波

11 月,对于全体学生来说是最忙碌和充实的一个月份,也是倍感温暖的一个月份。校运动会、校友返校日、大型校园招聘会、深化爱生节活动日、“挑战杯”创新创业竞赛……大三学生也不例外,对于订单班的学生而言,他们差不多应该适应了行业的课程和技能的强化训练,一年一度的校运动会是他们充分展示团队精神、展现行业风采的大好时机;对于非订单班的学生而言,11 月的校园招聘会则是他们摩拳擦掌、为自己谋岗位的一个不可或缺的契机。不厌其烦排练运动会的入场方阵、花心思创新行业风采显现、搜集招聘信息、制作求职简历、锤炼面试技巧、奔波于不同的招聘单位之间、带领学弟学妹们冲击“挑战杯”创新创业竞赛的一个个奖项等等,在这个收获的季节,三年级的学子们都在奔波着收获属于他们的精彩。

11 月份学校的主要安排:一年一度的校友返校日会在第一个周六如期举行,众多校友返回学校,与学弟学妹们面对面交流、共话人生。校运会的举行为爱好体育的同学们提供了竞技的舞台,也为各订单班搭建了风采展示的平台。学校组织的大型校园招聘会为同学们提供了众多的就业岗位。深化爱生节活动日让三年级的学生有机会最后一次感受母校老师对学生的款款深情。由学校承办的全省“挑战杯”创新创业竞赛则为爱好科技创新、乐于创业的学子带来一场饕餮盛宴。有关单位的招聘信息继续发布,招生就业处继续发布各系各专业的就业率统计数据。

11 月份的温馨提示:11 月是三年级学生达成就业意向、谋求职业岗位的黄金季节,尤其是学院举全院之力组织的招聘会为三年级学生就业提供了大好的机会。同学们应该合理定位自己,本着“先就业再择业”的原则,摒弃“高不成、低不就”的心理,尽快为自己落实就业岗位。

11 月 1 日　星期五　晴

三年随感——我的金院

在时光的流淌中,我已经在这个承载我的梦想的校园里度过了快三年的时间了,在这里,我追求着我生命中动人的章节,谱写出自己走向成熟的小调。而在蓦然回首中,我惊奇地发现,这里已经成了我生命中另一个重要的地方,许多种情感在心中荡漾……

依然清晰地记得第一次走入这里的感受:全新的教学区、美丽的雕塑、嫩青的草坪……郁郁葱葱,一切都充满了年轻的活力和生机。学校给我留下的另一

个感觉就是大。记得刚开始的时候，最怕的就是自己去上课。偌大的校园，一脸的茫然，却找不到上课的地方，而今想想那份纯真的感觉，依旧觉得温暖。现在校园的一切都变得熟悉了，好多的地方都留下了我征程的足迹——或者快乐，或者忧伤。

也许是因为校园是新校区，所以文化底蕴与别的学校有些差距，但是徜徉在这里，依旧可以感受到一种别样的韵味流露其中。我很喜欢学校的湖，湖水很蓝很清，特别是在盛夏的季节里，喜欢在落日的余晖中，坐在湖畔，一个人仰望校园的天空。那时喧闹了一天的校园也静下来了，太阳也慢慢地收敛热情，一切都是那样的静谧……深蓝色的天空也慢慢变浅，袅袅婷婷，绰绰约约，光和影有着不同的旋律，那朦胧中透着些清丽。用眼睛装满天空的蓝，心中是那样的心旷神怡。心情不是很好的时候，喜欢漫步在平滑的石板路上，路两旁铺满了鲜花，空气中满是清新的气息和花香。汇成缕缕的清香，漫过原本疲惫的心，释放着一种情怀。

如果说美丽的校景让我陶醉，那么，学校里蕴含的活力就让我为之不断地进取和努力。课堂上，老师用他们最渊博的思想给我讲授知识的内涵，让我们心中满载着无比充实的愉悦——房产老师的睿智、计算机老师的敏锐、舞蹈老师的优雅……这一切的一切都激励着我们学习。而学校也很重视学习，为了让大家有更融洽的学习氛围，学校每个月都要进行教学反馈，真正地了解我们所关注的问题，进而来帮助我们……如果说知识是课堂和内涵结合的结晶，那么图书馆就是我们不可缺少的一个精神家园。没有课的时候，喜欢到那里去消磨时间。在文学库里，徜徉在古今中外的时光隧道中，摄取文学殿堂里的宝物；在社科库中，学会在沉思中寻觅哲理的深奥，然后用一种全新的感觉去充盈生活。心情慵懒的时候就到自修室去找一个靠窗的地方坐下，看着阳光射过透明玻璃的样子，耳边倾听着轻轻响起的沙沙笔声和哗哗的翻书声，给原本散乱的心注入了无限的振奋，于是也就在不知不觉中投入到这个队列中开始努力地学习。

点评：在大三临近毕业的时候给自己的大学三年来个大盘点是一件意义非凡的事情。因为它可以帮你梳理这三年的得失，这本身就是一种收获。三年的大学时光其实很短暂，但这短暂的三年要做的事情、要学的知识却很多，学校为广大学子提供了良好的环境，在这大好的时光里和良好的环境中，我们唯有抓住机会，珍惜机会，用好机会，才不会在毕业时留下遗憾。

11月2日　星期六　阴

百名校友话人生

今天虽然是周六，但是校园里一派热闹的景象。我们学院的2013年度校友大会今天在学院隆重举行。来自全国各地的83届、93届、03届校友齐聚一堂，回到金院来看望母校并与在校的学生们进行亲切的交流。当我们还在寝室里准备着正装，准备笔记本的时候，就听到校园里播放着歌曲《那些年》，仿佛在唤起校友们深深的校园情结。走到教学区才发现，大屏幕还播放着校友们那些年的照片，从老校区的生活，转辗到下沙校区的日子，一张张笑脸，过去的点点滴滴，在校友们看来应该都是满满的回忆吧。那种许多年后回到学校的场景仿佛把我们也带到了未来的场景，哪一天我们也会带着深深的回忆回到校园，那时的感动应该会像今天的校友们一样。

今天与我们班见面的校友是浦发银行杭州分行的陶校友，他与我们讲述了他的人生经历与对我们今后工作的建议与良言。陶校友刚毕业时在人民银行工作了五年，1998 年成了浦发银行的一分子，他告诉我们一个人必须要找一个切合实际，可以通过自己的努力实现的目标，这样人才会奋勇向前。持之以恒地做一件事，人才会在逆境中坚强，要学会不放弃，不抛弃，能走出困境的人遭遇多大的困难都不会再怕。订单班是我们学校的特色，也是我们学生进入银行的一个捷径，但他告诉我们必须转变自己的角色，从一个学生到一个工作者的转变，不能眼高手低地做人做事，是金子总会发光的，我们要做一个实实在在的好员工。遇到不懂不会的就要谦虚向前辈学习，兢兢业业地工作，我们才能在银行立足。印象很深的一句话：一个业务上的能手，别人在做某件事的时候能想到你，就成功了一半。天道酬勤，在工作中我们不仅要做好工作，也要与同事领导友善交往，这样我们在工作中就会有更加出色的表现。最后陶校友送给我们十二个字，正是我们学习与职业生涯中前进最好的方向：找准目标，持之以恒，迈向成功。

中午，所有校友都在桃李食堂二楼体验午餐，相信在餐厅吃饭能够勾起校友们很多大学时光的记忆，看到他们脸上的笑容仿佛又回到那时的年少无忧。下午，校友们进行了认养植树活动，很多同学都在那里帮忙拍照，搬运树苗，各位学长们带领着学弟学妹完成了许多树苗的种植，画面其乐融融。校友们还参加了“友缘描绘”活动，在周书记和盛院长的陪同下参观精业馆和货币博览馆，还有如今风景依旧的校园。最后大家合影留念，时光定格的画面不再是当年的那张张稚嫩的脸，如今的丰功伟绩就是他们成长最好的证明。

通过校友话人生、话就业的活动，校友为我院学子带来了宝贵的人生财富，带给我们不一样的启示。

点评：“行业校友集团共生态”是我院的特有办学模式，学院将每年 11 月份的第一个周六定为校友返校日，分批次分年度邀请不同届别的校友返校与在校生话人生，这对在校生来说，是一次与校友近距离接触，聆听校友谈人生经历的重要机会。校友是我们学校的重要资源和金名片，他们把自己的从业经历和社会经验拿出来与学弟学妹分享，其实就是一种活生生的励志教育，大家要珍惜这样的机会，因为校友们的今天就是在校生的明天。

11月3日　星期日　小雨

致青春

这个周日的夜晚格外清净，室友们都外出了，自己一个人在寝室，泡杯清茶，想写点东西，致即将到期的大学和即将逝去的青春。

不知道你们有没有感到孤单寂寞的时候。有时候，我会突然感到怎么没有人理解自己，没有真正的朋友呢？尤其是到了一个陌生的环境，陌生的一切，总是让心害怕，孤单，难受……亲爱的，没有人会陪你一辈子，所以你要学会适应孤独。即使是现在在你身边的恋人。记得《无怨的青春》中写道：在年轻的时候，如果你爱上一个人，请你，请你一定要温柔地对待他。不管你们相爱的时间有多长或多短，若你们能始终温柔地相待，那么，所有的时刻都将是一种无瑕的美丽。所以呢，我们要学会适应孤单、享受孤单。无可否认，空虚寂寞是一种折磨，在心灵憔悴下，学会沉淀下枯燥无趣的心，仔细品味此刻的感觉。你会发现寂寞也是一道青春的风景，灯光交错的夜，坐在台阶下，光影变幻，人流穿梭，目光迷离地盯着眼前飞逝的一切，站起身来，寂寞的心，甘甜带苦涩的滋味。这也许是青春激情燃放的一个小插曲。请细细品味，知道吗？一部影片中，许多人记住的也许不是前奏曲，不是片尾曲，而是那一瞬间的小插曲……

总喜欢插着耳机，听着唯美的音乐，走在校园的每一处小道中……每一片枯落的叶儿，每一朵含苞的花，每一阵轻掠的风……都深深印在心中，轻轻揉碎了身上的疲惫，焚灭了心头的狂躁……想要歇息的心，再一次跃跃欲试地奔跑，擦净了心底的暗灰，扔掉了心头的烦乱，梦想再一次绽放了诱人的芳香……

青春的字典里没有失败的字眼，一路走来，从初中到大学，跌倒的次数怕是记不住了，但却都不是失败。理想是方向是动力，在奔跑中，没有让自己偏离轨道，没有让自己误入歧途。在青春之路上慢慢摸索，在坎坷之中学会成长……

在金院的日子，让我过得很开心，很充实，很有意义。

记得大二的生活是我最喜欢的，每天的课程不多，一天刚好上完课，就有休息的时间和同学一起逛街聊天。那样的日子很惬意。我们大二的课程很有意义，都是与工作有关的一些实战经历。我们班的同学分成好多组，每个组都会进行演习。记得我们那个组在晨会经营中得到了大家认可的第二名，那时的我们脸上都洋溢着满足的笑容。因为平时大家一起努力有了我们想要的答案，这是我们在学习中得到的快乐。

记得我们一起聚餐的场景，大家一开始疯狂地吃着自己喜欢的美食，聊着我们感兴趣的话题，吃饱以后大家一起玩游戏，输了喝酒。对同学，我们都毫无保留地喝起了酒，即使不会喝，我们也会硬撑，毕竟愿赌服输嘛，只有和同学在一起，才有这样的安全感！

快乐时光总是那么短暂，但是我一直认为，曾经拥有的短暂时光，是我们一辈子的快乐回忆。

青春时代是值得歆羡，值得纪念，值得回味的。年轻人都是在青春中饱受折磨，经历过失败的心灵摧残，经历过挫折的磕绊。是了，这个艰难的人生总是让人痛、让人难过，却更让人快乐。

我们在金院的点点滴滴，是我们一生最大的收获。成长在金院，我骄傲。

点评：也许在校学习的时候，我们忙于课程、忙于活动、忙于其他，很少有人会静下心来思考自己的大学和最美好的青春岁月，唯有快离开象牙塔的时候，我们才会发现原来自己的三年是这样过来的，有成功有失败，有欢喜有悲忧。青春可以放肆，青春可以尽情挥洒，因为青春的年纪是最具活力、最具创新、最具挑战的年纪。我们每个年轻人都有值得记忆的青春往事，我们可以用很多种方式致我们无悔的青春。

11 月 4 日　星期一　晴

欢送老委员

今天我终于要作为老委员被欢送一回了，从大一的干事到大二时的部长助理，我送了两届的老部长了，今天作为社团部副部长的我，要感受一下被欢送的感觉了。

下午，我们老委员与新委员来到教室进行工作交接会，新部长纷纷发表了自己的感受，我们部的陆同学是刚刚提拔的团总支副书记，她说："十分感谢学姐和肖学姐对我的照顾，她们教会了我很多，对我也抱有很大希望，我很感动她们能这么肯定我的能力，我一定会努力做好工作。"听到一半我就鼻头一酸，接下来新社团部的部长副部长也分别对我们表示感谢，她们的话让我回忆着过去一年里，她们从什么都不懂的干事变成现在能独当一面的部长，与她们一起工作过、玩闹过，这些回忆都从我心底全部冒出来，我努力逼回了泪水，笑着看着她们，默默在心里说："你们是最棒的，我以你们为荣！"

晚上 5 点开始了欢送老委员的娱乐活动，前几天我就问了她们是什么节目，但她们都神秘地说："保密，到时候给你们一个惊喜。"我满心欢喜地期待着，前面的几个部门表演的都是唱歌之类的，终于到了社团部，居然是舞蹈串烧，我既惊讶又兴奋，拿着手机就冲到前面摄像，看到他们跳着那么难的舞蹈，想象他们平时辛苦训练的样子，我热泪盈眶，同时心里充满感激，他们愿意为我这个老部长花这么多心思、花这么多时间，真的让我十分感动。

直到欢送会结束，我们才意犹未尽地分别，但这不是结束，我们约定了下一次的聚会，一定要保持联系，因为社团部是一个大家庭！

点评：同窗情其实是一种很深厚的感情，我们在校生活学习，很多时候并不是自己一个人单打独斗，我们有一个集体，有一个“家庭”，所以我们要学会真心待人，因为只要我们真心对待别人，别人一定能感受到并且会回应我们，这样一个集体才会更好地发展，更加团结。我们也要学会感恩，对于那些在各方面帮助过我们的人要记到心里，用一颗感恩的心去生活！

11月5日　星期二　晴

不学礼，无以立——记一次别开生面的礼仪课

随着市场经济快速发展，社会交往和国际交往日益频繁，社会组织和个人对礼仪的重视程度越来越高，有礼走遍天下，无礼寸步难行，礼仪已成为个人立身处世、企业谋生求存的重要基石。

虽然大一大二时就接触过服务礼仪类的课程，但今天的金融服务礼仪课别开生面，因为来的是一位行业女老师。开场白就很轻松，老师说这是一门开放性的课，让我们带着轻松的心来学习。

老师问了我们一个问题：什么是礼仪。对于这个问题，我觉得范围很广，有很多种回答。很快，我们就一起讨论了起来，有好几位同学开始积极发言。

“礼仪就是礼和仪。”

“礼仪就是人们为了表示尊重与友好而共同遵守的行为规范和准则。”

“礼仪是通过礼貌、礼节、仪式体现出来的。”

“……”

老师微笑着让回答的同学们坐下，说你们都说得很好，每一位同学都说出了各自的看法。

老师说：“现在，金融业面临的竞争非常激烈，在竞争中谋生存、谋发展的最基本手段是打造优秀的服务品质，所以礼仪就显得很重要。对于你们学金融的来说，学习礼仪是第一步。”

老师说的这些话，让我们开始感到有点紧张，因为想到了不久之后的银行顶岗实习，对于这方面，我们都不知该怎么做才最好。

老师说：“你们现在不必这么有压力，这一学期我将与你们一同学习金融服务礼仪课，让你们能够以全新的面貌对待下学期的银行顶岗实习。”这些话，让我们放松了下来。

第二节课，老师给我们看了关于礼仪的那些动漫视频，既让我们明白了基本的礼仪，也让我们的心放松下来。

上课快结束时，老师说，下节课是互动课，教我们学习戴丝巾和领带，并且学着彼此给对方戴丝巾和领带。

短暂的课堂，引起了我们对这门课的兴趣，让我们对不久后的实习也充满了信心。

点评：金融行业是服务行业，工作后我们每天都要和形形色色的人打交道。因此，身为金融的学子学好金融服务礼仪是必要的。礼仪是一种修养，端庄得体优雅的行为举止能够给人留下良好的印象，能够帮助我们建立良好的人际关系。所以，我们要重视礼仪的学习，争做“高端大气上档次”的文明使者。

11月6日　星期三　晴

追忆似水年华——课堂演讲实训

又到了周三的演讲课了，今天的演讲主题是：追忆逝水年华。

由于学号靠后，所以一时之间还轮不到自己，听着前面同学一个个精彩的演讲，有感叹时间流逝的，有讲述现实与理想的，有关于内心强大的，有关于未来工作的……

“下一个，36号。”终于轮到我了，虽然说上台演讲已经好多次了，但是当站上讲台的那一刻，我还是十分紧张，脑袋空白了。大概三秒钟整理时间后，“回首大学的这近三年时光真的该用飞逝来形容吗，记得刚入学的那一年，怀揣着各种多姿的梦，那时候的我们积极向上，参加学生会，报名各种社团活动比赛，记得参加学生会干部竞选的时候……”，从学生会工作、学习收获到与同学相处，原本以为十分漫长的五分钟，突然觉得好短好短。不管怎么样，这次的演讲算是成功的一次吧。虽然演讲的过程中，还是会有些磕磕巴巴的，但是，至少思路是挺清晰的了。

一直知道自己是个很不擅长表达的人，也尝试着改变自己的各种方法，例如：参加演讲比赛，竞选学生会，多与他人交流等。我想现在的我，虽然还是有些不善言辞，但是，在与别人的交流中，显得自然大方多了。

这样的演讲实训课挺好的呢，好像越来越喜欢这门课了。

点评：演讲不仅仅是一门课程，更是一门艺术，通过演讲训练，可以从不同的主题、不同的风格、不同的形式锤炼演讲技巧，提高自身语言表达的能力。作为新时期的大学生，拥有好的口才是必要的，因为“听说读写”是一个人的核心能力的体现，我们需要通过自身的努力，让自己做到“坐下来能写，站起来能说，静下来会思，走出去能做”。

11月7日　星期四　晴

就业·实习

订单面试结束以后，我一度很彷徨，认为自己什么都做不好。看着同学有的都进了订单班，心中很是羡慕。这种感觉一直持续到10月。

大三，是我在这个学校的最后一年，因为没有进入订单班，想着毕业前的实习单位，心中很是焦急。听从其他同学的建议，上课之余，我开始制作简历，并在网上广泛撒网，到处投递。开始的时候，投了很多，都没人来理我，很失落。直到上个月末，我接到一个电话，是杭州研通科技有限公司湖州分公司让我去面试，这是一家专门做银行外包业务的公司，顿时心中很高兴，因为离家又近了一些。

第二天一早，我跟班主任请了假，果断回湖州去参加了面试，结果很幸运，我被录取了。后来我回了学校，办理了有关提前实习的手续。

今天是我上班的第一天，根据安排，我的工作是在邮储银行的金库里面帮忙清点现金，工作时间相对自由，虽然生活在监控之下，但银行里的师傅待我很好，我有不懂的事情也很虚心地向他们请教。我的上司也是一个非常好的人，也很体谅下属，也有可爱的同事，总之环境还不错。唯一的缺点就是一个人住在湖州市区，没有父母在身边。但人总是要学着自己长大的，我不可能永远活在他们的保护伞下，因此，我也变得更加独立。

在生活方面，我从不担心，因为我的自理能力非常好，基本不用父母操心，他们也很放心我在外面。每个星期我有一天的休息时间，可以好好地放松一下自己，还能回家和父母小聚一下。

我从没想过我是寝室里面第一个出去的人，在外面的时候我经常会想起我那些可爱的室友，我想说，我真的很想念你们。

点评：“实习、工作”想必是萦绕在所有毕业班学生脑海中的两个词。尤其是在就业形势相当严峻的今天，毕业后能否找到一份工作一直是毕业班学生牵挂的事情。其实工作并不难找，主要是看你对工作的态度如何，作为刚毕业的学生，在各种社会经验都很欠缺的情况下，我们不妨本着“先就业后择业”的心态，先给自己一个积攒的过程和锻炼的机会，对工作不要挑剔，然后珍惜机会，慢慢地你会发现，行行都是可以出状元的。

11月8日　星期五　多云

行业课上感受不一样的课堂魅力

今天是11月8日，我们迎来了行业课。随着闹钟的响起，我赶紧起床，穿好正装，整理好仪表，来到8219教室。大家都很早来到教室，想给老师留下一个好印象。过了不久，同学们都拿起了练功券开始点钞，紧接着啪啪的点钞声回荡在整个教室。

过了半个小时，老师来了，是个女老师哦，长长的头发，老师一开口说话，特别和蔼可亲。8点40分了，我们开始上课了，第一节行业课，我们特别认真。老师给我们讲了邮政的发展历程及邮政的主要业务。在课上，老师给我们讲了一些临柜人员经常会犯的小错误，让我们引以为戒，不断地完善自己，尽自己的努力做到最好。

老师说："同学们，你们非常幸运，一方面，你们选择了邮政，并且顺利地进入邮政这个大家庭，这也是非常不容易的，我们邮政的氛围非常好，大家都相亲相爱，比较团结，邮政是个百年企业，也是个国有企业，制度非常严谨，给员工都提供了很好的发展平台，这点你们可以放心。另一方面，你们选的专业不错，与邮政储蓄岗位非常相符，这个岗位虽然在基层，但是，你们还可以在营业员营销方面有所发展，给你们提供了锻炼的平台。"听了老师一席话，让我对邮政的工作充满了信心，虽然任务比较重，但是非常锻炼人，在这节课里，我给自己定了一个目标，在学校期间，努力提高技能，达到技能尖子水平，希望以后到邮局里工作，能参加技能比赛，让自己有所突破。

短暂的课堂调动起我们对邮政业务的兴趣，在兴趣的引导下我们心怀信心两字踏上了学习它的道路，为 1 月份能考出邮政中级证而努力奋斗。

点评：对于进入订单班的学生而言，行业课程的学习是走上岗位前的一次重要实战培训。它与前两年的专业课的学习有很大的差别，实践性和针对性会更强，我们要利用好行业课的学习机会，深入了解行业文化，不断深化自己的专业知识，提高技能水平，为即将到来的实习和工作做好准备。

11 月 9 日　星期六　小雨

紧张的银行从业考试

2013 年 11 月 9 日，一个特别的日子。在大学里好像从来没有考哪一门证书让我如此用心，如此激动过。

已经步入订单班的我，考出银行从业是必不可少的。今天我还算幸运。考场地点是离我们学校不远的杭州职业技术学院。与我同寝室的有远在浙大紫金港的，近的也有在浙江工业大学的。总体上来讲我的考场路线算是最方便的，因此一天的好运似乎已经带给了我。昨天我便已经做好了考试前的充分准备，今天一大早，我便骑着向同学借的自行车准备出发。路程不远，但心情还是有那么点忐忑。因为起得有点早，早上的冷空气吹得我有种瑟瑟的感觉。但是一路上难免还是有点小插曲。你说就这么点路，车子还会没气，估计是我疏漏了检查自行车吧。无奈，骑到半路我已气喘吁吁。但激动的心情还是让我坚持到杭职大门口的那一刻。下了车，沿着杭职考点的指示牌，我很快就到了考试地点。来得还算早，只有稀稀落落的几个人。看那么几个人坐在那嘴里默默背着知识，手上还拿着考本，我也默默地走到了一旁，拿出错题本，坐在一旁认真看了起来。很快考证时间就到了。我们上午考的是公共基础。考试做题还算得心应手,交卷前我也反复做了检查。考场上的人陆陆续续都走得差不多了,心情也随着考生的减少紧张起来。坐我两边的考生也都考完走了,还剩我一个在那孤单地坐着。快交卷的时候,我看了看两边考生的成绩。天呐,一个 50 多,一个 40 多。但我还是对自己的成绩充满好奇。我盯着"提交"那两字,犹豫了会,但还是按了下去。没过 1 分钟,成绩终于出来了,桌面左下角出现了一个白色较小的分数,"65"。我松了口气。

下午是个人理财的考试,因为中间刚好隔了个午饭时间,但杭职那里我找不到食堂,其实午饭也打算随便吃一点的,我望了望四周,正对面一个小卖部,我便买了个面包,就当解决午饭了,考场过道上满是坐在那备考的考生,年龄段各不相同,但还是能找到几个熟悉的面孔,谁叫我们金融学院针对的就业方向性比较强啊。很快,我又再一次坐在了个人理财的考场上。坐在我身旁的依然是上午的那个上班族。之前,我们之间没有交流,但再一次见面,也是一种缘分,我和她很自然地朝对方笑了笑。考试开始了,个人理财的题目完全和上午的公共基础不是一个档次的,相对难了很多,之前准备的知识点,似乎就没有能用到的,此刻我真怀疑自己抽到的题目是不是题库里最难的。考试已过了一个多小时,考场上的考生已经验证了考试的难度。几乎大半数都还留在考场。终于只剩最后 20 多分钟了,我左边的那个上班族再次考完离开,但很遗憾的是,还是没过。其实个人理财的试卷我早已完成,但那份紧张感还是死死地拉着我不让我交卷。当老师提醒还剩 10 分钟的时候,我终于按下了"提交"两字,心里还估摸着下次再来过的信念。但分数出来却让我出乎意料,"68.5",我不禁激动地喊了一声"耶",只见在场的老师和考生都朝我这看了看。但我还是对他们笑了笑,便走出了考场。

只要付出努力,就一定会有所收获。我开始渐渐地相信了一句话:相信自己,成功将走向你。

点评:银行从业资格证书是每一位从事银行工作的人必须拥有的一本资格证书。对于那些平时不用心看书,临时抱佛脚的人来说,这本证书很难考,但对那些准备充分的人来说,却很好考。有句话说得好,付出不一定会有收获,但不付出就一定不会有收获,希望大家在大学期间不要浪费了宝贵的时光,争取多学习、多考有用的证书,为自己的就业增加砝码。

11 月 10 日 星期日 小雨

以优异的知识竞赛成绩为大学完美收官

我的大三生活相比较大一大二而言是相对空闲的。今天,作为学姐,我带领学弟学妹们参加了我觉得在大学里最有意义的一个比赛——在杭高校健康知识竞赛。

一早，我们六人便来到杭州电视台的演播厅，在化妆室里我们遇到了来自其他五个学校的对手，大家刚开始都比较拘谨，只是各自准备着。上午的时候主要是进行彩排与分组，熟悉比赛流程。我所在的那组是第六组，题型主要分四个模块，一是必答题，二是操作题，三是抢答题，四是选答题。

下午正式比赛开始了，第一次站在演播厅的舞台上，难免有些紧张，但更多的是来自比赛的压力，别人的实力不容小觑。因为在决赛前期我们还进行了一场体能测试与现场演讲环节，因此每组的分数在一开始就有差距，但并不明显，即便我们分数最高也不敢掉以轻心。首先是第一个模块，其中由三个部分组成，每个组内自行分工，第一部分个人回答的是单选，第二部分个人回答和多选，第三部分个人是判断。单选和多选都是只有一道，我负责的是判断，在一分钟内根据主持人的问题进行判断，答对一题得十分。在单选和多选环节并没有拉开多大的差距。这让我感到压力山大。在整个答题的过程中，我一直绷紧自己的神经，生怕错过一个字眼。最后答对了九道题。我不知道我究竟是好是坏，因为我是第一个回答的，所以在接下来的几组回答的时间，我一直处于僵硬的状态，当最后一组结束后，总算松了一口气。目前仍是最高分。第二个模块是操作题，六个组分成三对，两两一道题现场演示，评委现场打分。第一组是搭出食物金字塔。我们这组是进行现场包扎，我当包扎人员，我的一名队友当伤员。也许是太过于紧张了，忘了人文关怀这一环节，以至于我们这一组分数没有对方高，不过不要紧，截至目前我们组还是最高的。接下来是紧张刺激的抢答题。答错还要扣分，我本来并不抱希望的，不过没想到我的队友深藏不露，抢得那叫一神速，尽管中间有一次没抢到，不过并不影响我们的信心，最后在他抢我负责答的情况下完美地拿下最高分。到目前为止，我们一直处于最高分，为了稳住我们的第一名，我们决定在最后一块模块上选择保险的10分题。轻轻松松拿下十分，成为第一名，还获得了iPad奖品。

点评：大学期间，我们每个人也许都会参加大大小小多场竞赛，但能给我们留下深刻印象的可能就那一两次。身为大三的学生，临近毕业的时候能代表学校参加这样一次大型的比赛，无论结果如何，都会让人难忘。有大三的学长学姐坐镇，也会给低年级的同学一种信心。这种比赛的结果其实并不重要，重要的是通过比赛，我们能学到课堂上所无法学到的知识，提升自己的团队意识和处置突发事件的能力。这也是其他的校园文化活动的目的。

11月11日　星期一　小雨

不一样的光棍节

今天是光棍节，身为系学生会文艺部部长，如何让同学们过一次不一样的光棍节，如何让同学们以健康的心态和积极的行动展示男生的风范，从更积极健康的层面诠释男生节的含义，这是我一个月前就在思考的问题。经与其他学生干部和老师商量，我特意将本系专为男生打造的传统的“诚信好男儿”才艺大赛总决赛放在今天这个特殊的日子举行，吸引了众多同学的参与。

这也是我任内主持的最后一项活动，因此，我尤为重视活动的组织工作。整个下午，我一直忙碌在彩排的现场，为了使活动的效果最大化，我丝毫没有放弃任何一个细节。晚6:30决赛正式开始。比赛分为三个环节，分别是“兄弟齐心”“我要留下来”和“才艺大比拼”。第一轮是以自由组合的形式表演，选定两个分数最低的组合；第二轮是待定的选手进行拉票表演，由评委淘汰两名；第三轮是选手展示才艺，最后结果以第三轮评分为选手的最后得分。选手们的实力征服着每一位评委。演出是精彩的，但结果是残酷的，结束了这场视觉与听觉相融合的盛宴。最后，比赛评比出了优胜奖、三等奖、二等奖和一等奖。

然而在活动期间，我们也有一些疏漏。比如：宣传力度还不够深入，虽然来参赛的选手很多，但个别系的参与人数不多。而在晚会当天，因为时间关系有个别选手没来得及好好彩排，还有主持人没经验等问题都是需要我们在下次的活动中改进的。

此次活动的顺利举办，为金院好男儿提供了一个展现自我风采的平台，同时也丰富了同学们的校园生活，增进了我系与其他各系的友好关系，相信我会越办越好，越战越勇！

点评：学生会组织是一个学生自治组织，“自我教育、自我管理、自我服务”是学生会的宗旨。组织如何更好地赢得同学的支持和拥护，就看这个组织及学生干部如何站在普通同学的角度和立场开展工作。学生会干部组织开展活动并不能漫无目的，而是要切实为同学服务，因为一个好的活动能带动一群人，让一群人从中受益。组织这样的活动，对学生干部自身来说，也是一种服务意识和能力的体现。

11月12日　星期二　小雨

实习初体验

今天是星期二，是我正式实习的第一天，但是因为学校课程还没结束，所以我每天的上班时间是13:45，下班是16:45。看似只有3小时的上班时间，是不是应该会很轻松呢？我就是这么想的……

于是，中午下了课，我就匆匆忙忙地去买了面包和牛奶，买完就赶去公交车站了，因为今天是实习的第一天，所以我特别兴奋，也不想迟到，想给领导留下一个好印象。一到公司看到自己桌面上堆满了杂乱的快递、报销单，还有一个个忙碌的身影，顿时间，我就感觉有点害怕了。等我放下包，打开电脑，还没来得及整理桌面上的东西，经理就叫我了，他写了一张小纸条，然后交代我说：“有三件事要你今天做完，第一，打电话问各地区主管要下个月的销量预估，把它统计好发给我；第二，在××大酒店预定一个标间，潘经理晚上 6 点之前会到酒店；第三，把这些资料打成电子稿发我邮箱。”还没等我理清思绪，他就匆匆地走了。我心想：“我的天呐，还没时间缓过神来，就要进入工作状态了吗？这就是社会的快节奏生活吗？”随之而来的，就是主管和代表来问我这问我那的，让我帮他查一下这个、那个的，忙得不可开交，真心感觉头大了，瞬间觉得做秘书这职业也不容易啊！

第一天实习，还困扰我的就是不知道该如何称呼他们，因为我觉得他们都是我的前辈，叫名字显得不礼貌，不尊重，叫姐叫哥，感觉不好意思，说不出口，而且跟他们还不熟，不知道是不是好相处，总怕自己说错话，所以说什么都小心翼翼的，也时不时地在听他们相互怎么称呼，想尽快进入他们的圈子，了解他们的习惯。

今天是我第一天上班，也是我第一天加班，因为自己只能下午上班，所以只好加班来完成今天的工作了，领导的作风就是不把今天能完成的事拖到明天再做。做着做着就到 6 点了，差不多也完成了，就关了电脑关了窗，整理好桌面，扔了垃圾，赶回学校了。坐在公交车上，才感觉终于松了口气，顺利度过了一天，感觉有些累……

点评：实习是正式工作前接触社会的一条重要途径，所以有了这样的机会，就一定要抓住好好利用。秘书是一个综合性的职业，内容包罗万象，但也是一个十分锻炼人的职业。作为新人，第一天走上岗位就接到这么多的工作任务，从另一个方面证明单位十分看好你，所以我们要做的唯有静下心，理清思路，一项项认真完成，高强度的工作往往最能锻炼人。

11 月 13 日　星期三　小雨

毕业班的运动会

“现在，正向我们走来的是渤海银行订单班，他们个个……”随着广播的播报，我们一步一步地向主席台靠近，穿着行服，踩着高跟鞋的我们像一名真正的职业人一样。我们个个精神抖擞，情绪昂扬，以良好的精神面貌面对着主席台。

记得大一的时候，看着大三的学长学姐作为银领学院的一分子，成为不同银行的订单员工，穿着银行的服装，举着银行的标志，那时候我就特别羡慕，幻想着自己有一天也可以出现在这个场合，也可以举着银标，喊着口号。大一大二，我一直都朝着这个方向在努力。如今，我的愿望实现了。所以，这次的运动会对我来说意义非凡。

开幕式结束，一项项的体育项目陆续展开，只听见裁判员一声令下“预——备”，就见运动员们个个摆好姿势，左腿向前屈伸着，右腿卧着，蓄势待发，让人仿佛看到了一个个小刘翔。裁判员高举“指挥旗”，哨子一吹，旗子一挥，运动员们便像离弦的箭向前飞快地跑去。此时，跑道两旁的观众已围成了一堵厚厚的人墙，挤个水泄不通。大家不断高喊“加油，加油……”在这一片“加油”声中，运动员们争先恐后，你追我赶。一刹那，他们的距离就拉开了。虽然我没有参加在其中，但是，每一次都感染着我。

在生活中和运动会上有成功也会有失败。阳光不会永远灿烂，没有一成不变的幸福，磨难或许是上苍赐予我们的礼物，用来考验我们的意志，如果是这样，就让我们微笑着面对这一切。其实人生就像一场运动会，水平有高有低，结果有好有坏。我们懂得了努力固然重要，但要懂得方法，同时也要看到自己的不足。相信只要我们积累经验，再多付出一些汗水，总有一天会到达理想的高峰！

点评：大学的最后一次运动会，因为代表的团体不同而显得特别有意义。其实运动会和我们的人生一样，无论是竭尽全力地冲刺，还是声嘶力竭地呐喊，无论是感到欣慰、满足、有成就感，或是自豪、钦佩、崇拜，都是一种体能的释放，一种心灵的洗礼。

11 月 14 日　星期四　小雨

写在最后的运动会上

照例参加了学院的运动会，这已经是我连续第三次参加学院的运动会了，还是选择了我最喜欢的 200 米短跑，今年学院人才辈出，我在这次的校运动会上并没有获得任何名次，心情也好比现在的天气一样阴雨绵绵。

回到寝室，我想了很久。古语有云：“江山代有才人出，各领风骚数百年。”大一大二的同学，尚且奋斗着在属于自己的地方上发光发热，那么我呢？是不是也应该确定方向重新起跑。

随着招聘就业工作的推进，身边的同学伙伴都陆陆续续进了订单班或者是找到了自己理想的实习工作，放眼身边，只剩下我一个人还在原地徘徊。我也该找到自己的人生定位，开始为自己的未来努力了。平时，也该做一些有意义的事，加强专业素养，学习职场经验，充实自己，提升自己，同时开始投放简历找工作。最重要的是，要锻炼好自己的口才能力，培养自己的自信，为即将到来的面试做好充足的准备。我知道拼搏的过程是艰辛的，但是坚持下来了，结果必定拨云见日。

其实，人生就像跑步，起跑之前总是豪情满怀，开始跑了，开始喘了，就会心生放弃，但如果现在言弃，我就彻底地输了。然而，奔跑的途中可能有人超过我，看到他们，我想我又会重新燃起拼搏的激情。是的，只要坚持到底，直至筋疲力尽，我才会收获硕果，得到锻炼。

点评：面对身边的同学都找到了实习或就业岗位，心中焦虑是正常的心理现象，证明自己还是积极追求上进的。然而现在才 11 月，就业的黄金期还没有来临，这时过分地焦虑完全没有必要，自己需要做的是抓住目前的大好时机，充分做好准备，待机会来临，就能一蹴而就。就像文章中所说的，只要坚持到底，定会收获硕果。

11月15日　星期五　晴

不为失败找借口　只为成功找方法

今天，学校运动会结束了，这三天我全程观看了大学期间的最后一次运动会，看到运动员们拼搏的身影，再联想到即将到来的实习，我有太多的感慨，也想结合自己的学习生活经历，给学弟学妹们写点东西。回想起大学以来，短短两年多的时间，有过辛酸，有过泪水，有过迷茫，但唯一没有改变的是心里的那份执着：好好学习，好好工作，好好生活，一切都好好的！

大一是高中生活向大学生活过渡的时间，不少同学都是在“考上大学一切就高枕无忧”的思想下进入大学的，其实大一是我们彻彻底底独立生活的初期，面对丰富多彩的大学生活和各种诱惑，在课余时间较多的情况下，我们要学会合理安排时间，尽可能地提高学习效率。具体来说就是上课一心一意听课，课余时间多参加学生会、系部、学校组织的活动，开拓视野，提高自身素质，闲暇时间女生学学化妆也是极好的，当然要想进入订单班，练好技能是非常重要的一方面，如果你想提高自己的技能水平，每天每门技能都需心无旁骛地练习1—2个小时，并且得把每一次的成绩都记录下来，画成一个折线图，1个月后肯定会有非常显著的提升，我以前就是这么干的。另外多出去旅游，相对来说，大学是整个人生中最轻松的时候，没有高中时的升学压力，也没有工作后繁忙的日程安排，可以趁这个时间多看看外面的世界。积极参加志愿者活动，会让你的幸福感倍增。

大二课程没有大一那么多，并且很多课程是在大一的基础上进一步深化，这个时候可能会觉得有些无聊，因为懒得出去走动，懒得参加活动，懒得重新审视自己进入大学前定下的目标，这时候做的最多的事就是守着电脑。当然这一阶段还有一个很重大的任务，就是参加订单班招聘。大概5月份的时候，第一批银行就会来学校招人了。在此之前，各系、各班会举行多次模拟招聘会，简历的制作希望学弟学妹们千万不要疏忽，因为这是人生当中第一次正式的面试。这个时候突出的智育成绩、综合成绩、技能成绩将会是简历和面试的3颗闪亮的星星，会给你自己加分。自信、规范的仪容仪表也是面试中需要注意的地方，刚才说多参加活动、学学化妆目的就在于此。值得一提的是，第一次面试无论录取或未录取都会给我们带来一定的心理影响，录取了我们要再接再厉，争取拿出更好的成绩回报母校，没有录取也不必沮丧，因为招聘是选择最合适的人，而不是选择最好的人，也许更好的机会在以后。

大三快毕业找工作的时候不要一味地找工资高、活又轻松的工作，这类工作往往不会白白地送给我们这些应届毕业生。不少同学会觉得工资太低，待遇不够好，等等，其实仔细想想，我们刚刚走出校园，对社会了解还不多，光有一颗火热的心不了解实际情况是非常危险的。对于应届毕业生来说，工作经验更是极其欠缺的。找到一份工作的时候，不要眼高手低，要尽可能地坚持下来，不管再苦再累，你所获得的每一分钱都是自己的付出，是你努力的回报。遇到困难在所难免，关键是我们不为失败找借口，只为成功找方法，要永不言弃，相信自己是最棒的！希望今天所写的能与全体学弟学妹们共勉。

点评：“不为失败找借口，只为成功找方法”，这也许是即将毕业的学长们送给学弟学妹们最好的一句话了。其实，生活也好，学习也罢，总会遇到一些不顺心的事情，但我们不必害怕前方有多远，只要我们勇敢的往前走，就会走到自己想要达到的终点。

11月16日　星期六　晴

我是幸福的，因为我被爱笼罩着

今天是周六，与平常不一样，今天并不是一个平常的日子，因为今天是我的生日。这是我离开家的第一个生日。早晨的我，睡到自然醒，没有亲人在身边的日子，心里少不了伤感。想起以前每个生日的场景，愈发觉得今天是那样凄凉。因为我以为再也不会有人陪我过生日。

中午时分，我听到手机响，拿起一看，是寝室里一同学发的，我平常都管她叫“肉”，肉写了满满的一长串话，字里行间都是让我感动到落泪的感情，我含泪看完了短信，第一次觉得自己还是被人在乎的，第一次觉得离开家的日子也有感动。室友帮我买生日礼物和蛋糕，我们一起去吃了晚餐，一起唱了生日歌，一起许了愿，愿我们今生永远是好朋友！我们一起逛街，另一个同学帮我们买了奶茶，就这样我们手挽着手，漫步在月光下的小路上……

今天，我度过了我的 20 岁生日，没有父母在身边，却有一群真心的朋友，这是我 20 年最感动的一次生日。在家的时候，爸妈总是记得你的生日，为我做好吃的，帮我过生日，还会给我那些我期盼已久的礼物。所以，生日总是快乐的，又充满期盼的。

当我来到大学，以为世界只有孤独的自己时，朋友的出现，让我感受到爱的温度，它可以温暖我冰冷的心。我是幸福的，因为我有爱。“有朋自远方来”，也许说的就是我们吧！

点评：生日对我们每个人来说，都是一个特殊的值得纪念的日子。因为每过一个生日，我们都会长大一岁。自己的生日能被同学记住，并在生日当天收到同学的祝福和礼物是幸福的，因为有人爱着我们，有人在乎着我们，这就是情感。诚然，爱是相互的，当我们沉浸在被人爱的氛围中时，我们的心中也一定要爱着别人。

11 月 17 日　星期日　晴

收获“挑战杯”特等奖的喜悦

准备了半年多的项目，在今天终于结束了，前两天，把脚摔伤了，到今天还是走不了路，今天去经贸比赛的路上，是吴老师和小伙伴们推着我去的，天气挺冷的，不过心里暖暖的，感觉第一次跟吴老师那么亲近。其实他是一个很幽默的人，可是每次见到他，他总在特别忙碌地工作，很少跟我们开玩笑、聊天或者玩闹，常常接到家里电话都是一句“我今天要晚回家”。每次看到他都挺感慨的，不过会激励自己说，那么优秀的人都那么拼命，你怎么可以懈怠呢？

我们的项目是上午的最后一个，进去之前，把好几页要背的与项目相关的知识点又背了一遍，还特意找了一个有多媒体的教室，跟两个成员又演示了几遍，正式进入答辩场地的时候，很顺利地把项目介绍完，我捏紧自己的拳头，很怕评委问出刁钻的问题，不过与事实相反的是，评委只问了一个我们项目想法怎么来的问题，后来却只是关心我的脚怎么受伤的事了，松了一大口气。好像每件事都一样，我们付出 100 分的努力去准备，可能到最后用到了只有 20 分甚至没有，但每次我们却都只有全力以赴才能把希望变成现实。

晚上的时候朋友发短信跟我说，我们团队的项目拿了省里的特等奖，完全无法掩盖心里的喜悦，打电话给团队成员，可以看到电话那端每个成员听到成绩的表情，也不知道用“激动”“疯狂”这样的词语是不是足以表达他们和我当时的心情。

我参加了很多比赛，得过很多奖，每次参与比赛的目的、目标和心情都不一样，或是为了自己的兴趣，或是为了证明自己的能力，或是为了朋友之间、老师之间的永远不可能分开的情谊。而这次，作为大三的我，在即将离校之际还参加这样费心、费神、费脑的比赛，是因为老师说，每个人存在于世间的价值都不一样，每件事在每个人的生命中的意义也不一样。我想自己的确应该是一个哪里真的需要我，就应该在哪里的角色，而自己所经历所付出的一切也会让将来的我感谢今天那么努力的自己。

点评：“挑战杯”被誉为中国大学生科技创新领域的“奥林匹克”。我们参与挑战杯，能够培养我们刻苦钻研、勇于创新的精神。在省级决赛中能获得特等奖，值得祝贺，但回头想想，参与的过程远比赛事结果刻骨铭心。因为从项目立项到校赛、省级复赛、省级决赛，一路走来，期间我们培育了团队意识，学会了研究方法，提升了动手能力……这些，将会使我们受益一辈子。

11月18日　星期一　晴

未来就在我脚下

过两天就是校园招聘会了，虽然上次没能进订单班给了我重大的打击，但是这么多天下来，经过同学、老师的开导，心情也慢慢平复了，我也相信我的未来并不会止步于订单班这一条路，正所谓上帝给你关了一扇门，必然会给你开一扇窗！而这次的校园招聘会就是我的新动力。所以，我想抓住这次机会，努力告诉自己这次只可赢不可败！看着班里的同学们都在忙着做简历，我也开始着手准备了，拿着做了好几天的简历给就业指导老师看，来来回回改了一遍又一遍，总算是差强人意了。除此之外，今天还去店里新买了一套更加漂亮合身的正装，记得以前上礼仪课的老师曾讲过，职场面试，第一印象至关重要，它可以是一个人命运的转折。良好的着装配上具有职业风格的临场表现，肯定能使你脱颖而出，在考官脑海中留下印象。

晚上回到寝室，室友们都争抢着要帮我进行一场模拟面试，半个多小时下来，他们给我纠正了一些语言上的小瑕疵，强化了语言组织能力，我感觉受益匪浅。而此时此刻我也打心底里感激他们对我的关怀和帮助，真的很幸运能有这么一群中国好室友。尽管这次来招聘的岗位有很多，不过我还是想从事跟金融方面有关的工作，就像老师说的，从哪里跌倒，就要从哪里爬起来，目标不需要很多，只要是自己喜欢的，一个就够了。

夜已深，今天虽然东奔西跑很辛苦，但却是很充实，我想这才是一名大三学生应有的生活。无论今后会怎样，只要相信自己，未来一定就在我脚下。加油！

点评：学校组织校园招聘会，是未进入订单班的毕业班学生觅求"婆家"的一次大好机会。准备得充分与否，与应聘成功的概率在某种程度上是成正比的。在老师、同学的指导和帮助下修改完善简历、模拟应聘场景，是一种很好的策略。世上无难事，只怕有心人，相信只要自己有这份心，一定会成功。

11月19日　星期二　晴

金院，感动的学院

这几天走在校园里，到处可见校园招聘会和深化爱生节活动日的宣传海报和横幅。是的，再过几天，又是学院深化爱生节活动日了，学院还将在深化爱生节活动日前夕为2014届的学生特地组织一场大型招聘会。作为一名大三的学生，三年来，我切身体会到了学院给予我们的温暖，带给我们的感动。

渊博的知识是年轻梦想永远不变的追求，只是在这里——金院——更有了一种关爱的气息，让人感动……“轻轻地捧着你的脸，为你把眼泪擦干，这颗心永远属于你，告诉我不再孤单。深深地凝望你的眼，不需要更多的语言，紧紧地握住你的手，这温暖依旧未改变。”简单的歌词，却演绎了一种最纯真的情感，依然记得那个微微略感寒冷的初秋，大家为了一位得病的校友的生命维系，集体捐款的情景，秋风肆意地飞舞，而我们的心里却有一股暖流在流淌……其实在我们目光不及的地方，有那么多的人在默默地关爱我们。这或许就是生命的一种感动吧，而学校教给我的也许就是一种满怀感恩的心去面对生活，面对未来，面对我们周围的一切。

记得哈佛大学有句名言：大学的荣誉，不在于它的校舍和人数，而在于它一代又一代人的质量。我想这句话真正地注解了一个学校的内涵：今天我们是一个金院人，以我们金院的荣誉为骄傲；而明天，我们应该让金院因曾经有过我们而感到欣慰。用责任和义务去完善自己，去诠释自己，去施展才华，去绽放青春，去演绎年轻的朝气！把每颗爱校之心聚集起，照耀着年轻的梦想。

带着年轻与梦想起飞，而当你在多年之后再回首时，会发现这里就是我们梦想绽放的地方，我们美丽的学校……

学院年代依旧，它的文化底蕴就像方圆几里的天水树草，宛如水墨画般悠扬铺陈。空气收敛了它的喧嚣，阳光淡然了它的热情，松柏放肆了它的沉稳，旗帜散漫了它的静穆。唯有我等，风华正茂，把书声朗朗留在走廊间，把英姿飒爽绘刻在操场旁树影幢幢中。静谧的学院爱抚着我们的热情，我们的青春，点着厚实的灯芯，照亮我们莘莘学子……

钟情于那片草坪，在悠悠之上，顶着记载学院历史的天空。湛蓝，从我仰望的那片云开始，一直蔓延到天边，层层叠叠，袅袅婷婷，影影绰绰。时间和光的伴行，就像四季的变迁。我和着风声雨声嗅着学院的粥香。耳畔纺织叶落瑟瑟之声，眼眸放映天宇无垠无尽，唇齿念絮学院无怨之誓。

放眼细数，让人深陷其中，自拔不得，应是同甘共苦的同窗，悉心教诲的师长。

金院，我们会记忆着，记忆着你从不在乎的事情——沧桑的大手扶持我们踉跄上路，和蔼的声音指引我们漫漫长路的方向……

点评：每年的 5 月 23 日是学院的爱生节，11 月 23 日是深化爱生节活动日。爱生节前后，学院固定组织订单班面试，深化爱生节活动日前后，学院都会邀请众多单位来校举办校园招聘会。两个节日当天，学院还会组织全院师生开展诸多爱生活动。不可否认，身为金院的学子是幸福的，因为学院上下将“以生为本”理念贯彻得淋漓尽致，在这样的大环境下，我们没有理由不去好好学习、努力成才。

11月20日　星期三　晴

好课堂　好学校　好人生

今晚,我和来自各系的15位选手一起参加了学院深化爱生节之“学生说学习”主题演讲活动。我不禁感叹时间过得真的是好快啊,还记得在高中的时候我对大学的课堂充满了期待,而现在我在金院快三年了。每天的上课,让我对什么是好课堂有了更深刻的理解。

在演讲过程中,我与大家一起分享了我心目中的好课堂。课堂是老师与学生沟通的平台。首先它应该是活跃的,双方都能够积极地参与到课堂中去。我喜欢黄老师的课,在课上把专业知识讲得通俗易懂,还经常运用实际的案例,把理论知识穿插在其中,在教学上引导着我们应该怎么学习,与学生的互动多,能抓住我们的兴趣点,每节课我都能够听得很认真。所以好的课堂是需要师生共建的,好的课堂是能够开发学生的思维,好的课堂是可以激发学生的创造力,好的课堂应该更具品质和生命力。

进校至今,我已经参加了三个“深化爱生节”活动日。我深深地感受到了老师对我们的关爱。什么是以生为本,我想金院是做到了。学校真正地做到了“一切为了学生、为了学生的一切、为了一切学生”。

现在我大三了,面临着就业问题,学校积极地为学生创造就业机会,我已经成功地进入了订单班,我相信自己一定会有一个美好的人生。最终,比赛我得了二等奖,我很高兴。可是想到明年我再也参加不了这样的活动,再也上不了金院的好课堂了,又有点小难过。不管怎么样,我会好好珍惜在学校的日子。

点评:在大三快毕业的时候,能和学弟学妹们一起参加这样的活动,意义重大。今年的深化爱生节活动日期间,学校组织这样的主题演讲比赛,就是想发挥同学们的主人翁意识,共同促进学院的课堂教学、提升老师的授课水平。而三年级的同学相对一二年级的同学而言,对这个主题更有发言权,因为三年的时间沉淀,自己对一些事情的看法更深刻,也更全面。这也是临近毕业之际,毕业生对学校的一种建言途径。

11月21日　星期四　多云

镁光灯下的青春

在热烈的掌声中,比赛开始了。今天我们有幸参加了银领学院举行的文艺比赛,经过初选后,我们毫无悬念地进入了决赛。我们汇聚在明理报告厅,回想起多少个下午多少个晚自习,终于换来了一个决赛的机会,我由衷感到高兴。谢谢评委对我们的肯定。我们表演的是一个情景剧，一个关于邮差不论风霜雨雪与千难万险把信送到每一个角落的感人故事。虽说我只是在其中饰演了一个小小的角色，可是对于不常参加文艺活动的我来说算是一个突破了。每一个人的付出与努力，都让我很用心地去排练，即使我并不是主角，感谢每一个人的努力。

一个下午除了打扮自己，只进行过一次走位，我心里难免有些紧张。节目开始后我的情绪并没有得到排解，很激动也很紧张。我们排在第十一个，在看过前面班级的精彩表演后，心里更是忐忑。但是作为新家庭成员，我们互相打气，告诉彼此可以的。

轮到第十个，我们在外面紧张候场。虽说台词不多，可是还是好怕自己说错，我不停在心里默念了一遍又一遍。“啊，他们班好了，下一个就是我们了，好紧张啊！加油！加油！”“没关系，相信自己，不会错的。”“嗯嗯。”随着主持人的报幕声落，我们就上台了，我觉得这是我们最好的一次，刚开始的时候有点紧张，可是越到后面我们越放松，一切都很顺利。而台下的观众笑了一次又一次。他们的笑声就是对我们最大的肯定。

回到台下后，我们都在讨论，有些同学说自己表演得不好，其实我认为大家都尽了自己最大的努力去演好自己的那一个角色，所以没有什么好遗憾的。

最后的最后，开始报比赛的结果了，最先报优胜奖，没有报到我们，我们那个开心呀，这说明我们有机会至少获得三等奖了。三等奖的名单中依然没有我们，然后同学们就沸腾了，我们得了二等奖，而且分数也不低。这个晚上真的是非常开心。在新的家庭新的环境，我们还是一样地奋发努力。

大学即将落下帷幕，而我还有机会参加这么有意义的活动，我想这会成为我以后生命中一个美好的回忆，一个能笑着回忆的回忆。第一次站在镁光灯下，感觉很好，紧张并兴奋。不管在镁光灯下我们如何展现，不管最后结果如何，我们在幕后都有所付出，真心的付出。我想这就够了。如果人生是一条涓涓细流，我想这一刻永远不会在我们的记忆中磨灭，想起，还会掀起骇浪。

点评：大学的舞台是属于年轻人的，“心有多大，舞台就有多大”。能站在镁光灯下，本身就是一种勇气。勇于展现自我、挑战自我的青春是无悔的青春。我们每个人都应该有理由让自己的青春绽放光彩。

11 月 22 日　星期五　晴

参加 2014 届校园招聘会

期待了好久，也可以说想象了好几年，今天，终于轮到自己站在了浙江金融职业学院 2014 届校园招聘会的现场。一大早我就穿着整齐、正式，手拿简历来到了招聘会现场。我在各个摊位间走走停停，物色着自己中意的公司或集团，搜寻着适合自己的工作岗位。

初到会场，我和几个同学一起怯生生地观摩了场内的景象。呵，一场“热闹”的盛宴：往来求职的同学陆续不绝，琳琅的企业招聘台，和着五彩斑斓的宣传海报，心情一下子随之紧张起来，我该从哪里开始呢？带着疑问我来到会场中。熙攘的人群让我不知所措，只好绕着场内各家企业的招聘广告一一阅读：应聘者要求、所需岗位、需招人数以及公司的发展状况，途中不时会有相关人员递上宣传单，并介绍上几句。在大体上了解之后，我选定了几家自己感兴趣的，准备开始与面试官正面交锋。以前总感觉自己专科的学历很多企业都会看不上眼，但是在我面试的过程中，很多面试官都说：高学历不等于人才，一个企业更看重的是一个人的综合素质。当然在面试过程中还有些单位是有硬性要求的，比如说他们要求英语等级考试必须过四级，对我这个连三级都没过的人，我感到有些惭愧。记得我还面试了一家服务性企业的秘书岗位，刚坐下，面试官的第一个问题就是你会写应用文吗，比如说通知请示等？我的回答是：我们开过这个课。面试官说，开过课不等于会写，随即他让我现场写一份通知，我顿时手足无措，因为好久没写过，我真的已经忘了怎么写。几经周折之后，手上的简历变成了宣传单，带着复杂的思绪离开了会场。

面对就业压力，我们要适时调整自己的计划，既然无法逃避，就做好最坏的打算，坚定自己的信念，相信总有一天会有所成就。会当凌绝顶，一览众山小。要有长远的眼光，宽阔的眼界，扎实的专业，丰富的实践，踏实的态度，务实的心态，相信拥有这些，对于工作，对于未来，我们会心想事成的。

点评：校园招聘会是广大学子谋得工作岗位的重要机会。我们每个人都应该认真对待。在应聘之前，我们应该做的，是学习期间打牢扎实的基础，在各类活动和实践中提升自己的素质和能力，这样才能从容面对各用人单位的选拔，才能在日趋激烈的环境中免于被淘汰。我们每个人都要给自己一个不灭的梦想，继而勇敢地在闯荡中积累。积累、自知、自信，坚持到最后的人，相信一定会有一个完美的人生。

11月23日　星期六　多云

谢谢你们，我最深爱的人——写在深化爱生节当天

今天是学院一年一度的深化爱生节活动日。进校三年，经历了三次爱生节和深化爱生节活动日，明年的爱生节，因在外实习，无法参与，而明年的深化爱生节活动日，我则因毕业彻底无缘参与。三年的时间如白驹过隙般匆匆溜去。马上就要离校实习去了，回首自己在金院走过的近三年的时间，我觉得我的大学生活是幸福和快乐的，以至于我都不想离开学校。今天站在这里我只想对你们说三声谢谢。

第一声谢谢：

谢谢我在大学的老师，虽然我们跟老师见面的机会只有三十分之一的机会，但是我很庆幸能遇到你们，我觉得在大学里我并没有学到很多知识，但是我从你们那里学会了怎样做人，怎样做事，怎样生活，所以谢谢你们。

第二声谢谢：

谢谢我们文秘 11(1)班的全体同学，两年来，因为有你们的支持我从干事到宣传部部长，从宣传部部长到团支书，还有大三我竞选班长的一票之差我并不遗憾，因为本人有点小懒，因为我觉得平时没有做得很好，想在大三锻炼锻炼自己，多像郑同学、褚同学那样，可能我是幸福之人，你们给了我懒人的幸福生活，这学期褚同学又是辛苦的一学期。还有平时你们也给了我很多的帮助，大家每次在一起都开开心心的，就像吴同学她们四个每次都会给我们抢座位，丽丽、大君她们会陪我聊天、逛街，谢谢你们。

第三声谢谢：

谢谢我们寝室的人，我脾气很臭，但是你们总是很包容我，谢谢大学让我们在一起了三年，三年里有过隔阂，有过吵闹，但是我觉得我们已经在每个人心里都有一个位置的存在，你们忍无可忍一定还要再忍，我们就这么走到走不动了吧！我们寝室里有最爱睡觉的娜娜，有万能的丽丽，神一样存在的艳艳，一起住了两年多，想想平时的日子都觉得和谐，所以谢谢你们。

点评：爱生在浙江金融职业学院是一种理念，是一种号召，更是一种行动。2011 年，学院将 11 月 23 日确定为深化“爱生节”活动日，寓意为爱生为本，爱生为办学的第一理念。活动日当天，全院上下会开展许多主题活动，目的只有一个，那就是最大程度展现全体教职员工对学生的关爱。我们要心怀感恩之情，体会学院老师的良苦用心，争做“诚信、明理、笃行”的金融学子。

11 月 24 日　星期日　雨

人生的一次重要契机

今天是 2013 年 11 月 24 日，星期天，突如其来的寒潮袭击了整个杭州，气温急下，窗外是细雨纷纷。闹钟响，依依不舍告别温暖被窝的我艰难爬起来，这是为何？因为寻常的星期天在今天有了特别的意义。昨天，我收到了光大银行杭州分行二面的通知，被告知今天中午要去市区分行面试。突然的消息使得我措手不及，久违的紧张感又适时宜地出现了。听说这次竞争者有五十来号人，并且面试的地方并不是我熟悉的校园，而是完全陌生的新环境，再加上班里没有同学能与我一同前往，我甚至有了退缩的念头。但胆怯只是暂时的，我清楚知道此刻的自己应该前进而不是后退。

洗漱完毕，换上象征金院风貌的正装系服，认真打上丝巾结，盘起头发，对着镜子自信地微笑，准备就绪，整装待发。九点三十分，我和邻班的两位女生共同前往目的地。刚见到时，两个都没有穿正装，而是穿了带有个人风格的便装。难道是我太过正式严谨了吗？不，我相信对一份工作的珍惜和重视也体现在个人的外在穿着上，对方一定会体会到我认真的心情。

坐上颠簸的B1，准备在这一个半小时的车程里好好整理一下自己的思绪，让自己放松心情，缓解压力，应“战”不退。11点10分，到达位于拱墅区浙商时代大厦的光大银行杭州分行。在寻找具体地址的路上，也遇到了很多我们学校的同学，一行人浩浩荡荡向光大“进发”。在细雨中寻找，好不容易到了第十一楼，却被告知来的时间过早，还不能进人。我们只得回过头，急匆匆找家小饭店吃个饭暖暖身子。12点20，再次进入会议室，终于看到了今天场地的全貌，百余张办公桌椅整齐排列在会议大厅，各位面试者按先后顺序入座后，光大银行的工作人员便告知了这次面试的第一关——笔试。一直很好奇，短短半个小时的考试时间会考些什么内容，答卷发下来，虽然只有一张小小的A4张，但内容很是丰富多样。从最基础的会计知识到银行业务人员素质，最后到处事应变能力分析，半个小时很快过去，看到自己答的满满的卷子，心里小小地安慰了一下。第一关结束，可大家都没法放松下来，因为接下来的才是重头戏，今天的重中之重——面试。工作人员按名单上的姓名排列，五人一组依次进会议室的内间面试，每组的面试平均是三十分钟，也就是说每人至少要面对面试官六分钟。第一组同学进去的时候，是我们讨论得最激烈的时候，大家都在猜测光大银行面试的特色和考点。半小时后，第一组五位同学出来，伴随他们的竟然都是纠结甚至有些垂头丧气的表情，一位女生一出来就忍不住抱怨，说里面的面试官太苛刻，出的问题太刁钻难为人。一石激起千层浪，大家一下就慌了，没想到里面的面试官们并不像我们上学期订单班面试时遇到的那些领导一样平易近人。忐忑归忐忑，我还是必须让自己冷静下来，相信自己，面试，过则过，不过也没有什么怨恨，至少自己争取过、努力过。

随着时间的推移，很不巧我正好被安排在最后一组，当排队进入会议内室时，心确实可以用狂跳来形容。一字排开，对面坐着八位女领导，让我不得不佩服起她们这一位位女强人来。轮序自我介绍完后，一位主面试官便开始有针对性地进行单独提问。当问到我时，她向我发出了两个问题：1.如果你和你的同事是同一时期进入银行的，她各方面都没有你优秀，但却比你早早地得到了提升，这时你会怎么样？2.如果让你在同一低层岗位上待上三年你会不耐烦吗？对于第一个问题，我向她们阐述了我认为的在工作中应有的竞争与合作及三省吾身思想。对于第二个问题，我向她们再次表明了自己有耐心、毅力，不浮躁的性格和决心。五分钟下来，我自认我还是比较从容的，逻辑思维并没有因为对面八位面试官而混乱，相反还意外的冷静。

面试结束后，我回来的时候已经是夜幕降临，细想自己今天一整天的表现，不能说有多出彩多完美，但对于我个人而言，我发现自己一直在进步，可能微小，但我从没松懈自己、停止脚步。

点评：身为浙金院大三的学生，无论是成功进了订单班还是未进，我们每个人都应该要为自己的未来而努力，要努力把握每一次机会，学会主动出击。成功的可能不是在原地等待伯乐的到来，而是积极主动、无所畏惧地踏上征程，直到找到你真正的伯乐。

11月25日　星期一　晴

驿动的心情

突然很想写点东西，来怀念大三的生活和同学。这个学期虽然没有取得很大的成绩，除了考取一个证件，做了一个重要的选择之外，好像其他的就是学习和生活。生活需要慢慢来品味，我很喜欢我这样的生活方式，轻松自在，不是我没有压力没有烦恼（同样的有），很多时候我是在烦恼中提升自己，所以我又会进步，又有激情去追求同一件事情。因为我一直在追求自己想要的东西。

其实，说心里话，我非常舍不得大学的这三年时光。因为这三年不同于小学、初中、高中，这三年时光可以任由我们自己去安排。经过大一、大二这两年的挥霍光阴，经过这两年的疯狂，经过这两年的锻炼，终于迎来了毕业。现实挺残酷的，我进入这所学校第一目标就是能够进入订单班，成为银行里面的一员，也因此一直努力地让自己变得更加优秀。然而，5月份的订单班面试并没有我想象的那么顺利，我被淘汰了。

订单班被淘汰后的那一段时间，我心里一直挺不开心，心情低落。不过之后自己对自己进行了一番调节，也想通了，进入银行也许并不是最好的选择，也许有更好的机会在等着我。大前天的那次校园招聘会是继订单班之后一次比较大的招聘会，我们都积极地参加了。记得那天我拿着五六份简历来到招聘会现场，单位虽多，但是很多单位招的岗位与我所学的专业并不对口。虽然我不知道有些单位把我们招进去具体干什么工作，但我那天一连投了五份简历，心想这么几家公司总会有要我的吧？在投简历的过程中，有一家公司我印象特别深，这家公司的一个招聘人员向我介绍了他们公司的大致情况，然后还向我介绍了他们公司不同岗位的工作内容，之后让我进行了一个自我介绍。后来她说周一我有空的话去他们公司面试。她让我登记下我的姓名以及联系方式，在我写的过程中她和我说了去他们公司的公交路线，于是我随手在他们的公司名片上记下了路线，她看了之后笑着对我说："你挺细心的啊，这么多人里面只有你敢在这上面写字。"一个良好的习惯相当重要，也许就因为这个良好习惯让我在她那留下了印象。

因为我的未来我预测不了，但是肯定的是要学会掌握自己的人生来给自己的路多铺点斑斓石，将来会怎样，努力吧！

点评：自己适合做什么，只有自己最清楚。我们每个人都有自己的特长和优势，就看自己该如何取舍。其实人生不可能一帆风顺，但就是这一次又一次的失败才会让我们真正成长。我们的未来掌握在自己手里，需要我们不断奋斗，相信是金子总会有发光的那一天。

11月26日　星期二　晴

成功是给有准备的人的

今天，来到钱江新城进行面试，面试单位是杭州银雁金融外包服务有限公司。一大清早，就起床准备出发去面试，我们寝室好几个人一起去，心里还算有点底，一路上说说笑笑，我们也许并没有给自己太大压力。来到公司后，看到一座座高楼大厦，心里想跟电视里还真差不多，以后在这边上班挺好的么。怀着这样的心情上楼后，工作人员让我们填写了个人的基本信息，然后工作人员对他们公司进行了介绍，让我们对此有更具体的了解。面试开始了，由于应聘单位招的是录入员，我们进行了五笔和小键盘测试。开始测试了，又进入到了紧张的气氛中，考试结束后，我们都符合他们招工的要求，所以可以进入下一个环节，谈一下自己的人生规划和对这个工作的看法，一个人一个人轮下去发表自己的意见。每个都有自己的见解，并提出一些意见。他们表示对我们都挺满意，看我们的意见，如果可以就过去实习，工资待遇也讲清楚了，我们面试回去都有了自己的想法，也知道自身存在哪些不足，也了解现在用人单位需要什么样的人，让我们往哪方面努力。成功是给有准备的人的，我们应该从现在起完善自身，如果存在不足，就加以改正，有好的继续保持。用心对待每一天，不虚度光阴，要离开学校了，其实还是挺舍不得的。

点评：投简历、面试是每一个毕业生都要面对的事情，也许你会担心害怕面试，但通过面试我们却能学到很多知识，它可以帮你撬开工作岗位的大门，也会让你对自己有一次重新审视的机会。所以，对待面试，我们要做的就是准备充分，充满自信地将真实的自己完美地展现给用人单位。

11月27日　星期三　多云

过关斩将　方显自信本色

通过上周校园招聘会投的两份简历，终于在昨天下午有了明确的面试消息。今天清晨，早早带着简历前往用人单位面试，一路上转两班公交，上车的人们，与下车的人们，都匆匆来往着，或是上班者，或是学习者，或是劳作者，映入眼帘里的画面告诉我，将来的生活也会如此忙碌着，充实着。这是寻找工作的第一步，如何走好这一步也变得至关重要。401路坐了二十几站后，转9路到达富春路市民路口，下车后周边的高楼大厦让人备感压力。我所要面试的单位在瑞晶国际大厦的20层，仰望60度，给自己默默加了一把油。

20层的高度终于抵达，踏进单位的会议室，已经有十几人在了，都在认真地做着面试准备，我寻找了一个座位坐下，填完信息表后，面试者首先通过PPT让我了解了该公司的历史以及发展前景，在播放幻灯片的同时，不忘与我们进行情感交流。

之后人事部经理拿着我们的简历走进会议室，问："你们在座的是否都是面试农行录入员职位的?"我们异口同声地回答："是的。"人事总经理笑了一笑，点了点头，然后说："首先很欢迎大家来我们公司面试，之后我会详谈我们公司实习的福利以及转正后的待遇，然后询问各位一些职业规划以及对于工作的看法，符合资格者会让你们进行下一轮测试，通过测试后，可以与你们尽快签就业协议。"

我们都互相看了一眼，然后认真听她的说明，确实该单位有很好的待遇，不管是在实习工资，还是提供住宿这块，都很吸引我们，而且录入员做得好的话，可以转为凭证审核员，会有上升空间。

面试与测试持续了一个上午，当结束后走出单位的大门时，我彻底松了一口气，总体感觉不错，希望自己好运。

点评：机会永远会垂青有准备的人。只有自己亲身经历了，才会发现，原来找工作、面试没有想象中那么难。作为学生，我们在刚进大学的时候就应该给自己做好一份规划，然后按照规划不断去充实自己、修正自己，用三年的努力换一个美好的未来，非常值得。

11月28日　星期四　晴

因为有底气　所以我从容

我打开会议室门的时候，里面已经坐了不少人了，我庆幸自己没有迟到，缓和了一下紧张的心情，找到一个空的座位就坐下了。

今天是星期四，就在昨天我收到了一家公司面试的通知，紧张而又兴奋。经过上学期订单班的失败后，我明确意识到，我的学习生涯就快要结束了，而我即将要面对的是走上社会，进入职场，开始我人生新的一页篇章。就在我胡乱想的时候，一位工作人员进来收取了我们的简历并给我们排号，我排到二十八号，觉得是个幸运的数字，而外面开始叫号，随着号码越来越近，我的心也跟着紧张起来，面试进行得很快，很快我前面的第二十七号就起身走了出去。

紧接着二十八号的数字就响了起来，"到"，我叫了一声，走了出去。带着我的是一位和我们年龄差不多的男生，他把我带到一个大会议厅外面，“你在这里等一下，里面的人出来了你就可以进去”。他温和地说着，我深呼吸一口气，平复了一下情绪，听到里面的男生很铿锵有力地进行着自我介绍，然后又回答了几个问题，就走了出来。我对他笑了一下，轻轻叩了一下门，里面传来“请进”，我大步走了进去。

偌大的会议厅中间坐了两位女士，一位是中年的样子，一位较年轻一些，我说了一声“你们好”，中年女士笑着示意我坐下，没有了先前的神经紧绷了，我觉得她们很亲切。她们让我进行自我介绍：“你们好，我叫陈某某，是来自浙江金融学院国际金融专业的毕业生，在班级中我担任学习委员，学委的工作细小而繁杂，在其中我学到了……”一个简单的自我介绍后，年轻的女士翻看着我的简历，问：“你认为自己在什么方面比别人有优势？”

“我认为在学习上并没有十分出色，但在担任社团干部和班干部期间，十分锻炼我的处理问题能力和人际交往能力，不仅如此，我还非常重视社会实践活动，具有丰富的经验，利用暑假在银行及其他企业都进行过实习。”我对自己的优势进行了透彻的分析后，语气平稳地说道。之后她们又问了几个小问题，“好的，那先这样。”中年女士写了些什么后抬头对我说。

“谢谢”，我怀着感恩的心情走出了会议厅，没有订单班面试的生涩，没有学校招聘会的手足无措，脱离了熟悉的环境，也许内心在渐渐强大，面试在我的满足与成就感中结束了。

还记得我在订单班面试中，紧张得说话都有点颤音，对问出的问题也需要思考和停顿，而在我真正进入社会的面试时，我克服了自己，完成了一次出色的面试，无论最后的结果怎样，我都在成长。

点评：人只有经历过了才会成长。对待面试也是这样，也许第一次、第二次的时候，我们因为胆小而心慌，因为缺乏经验而无法应对面试中的突发状况。但随着一次又一次的经验总结，我们定会梳理清楚自己的优点和缺点，这样，当下一次面试机会来临时，我们定会信心百倍地顺利通过。

11 月 29 日　星期五　晴

午夜随想

我的大学，很少晚上起来用电脑写小记，这也可以说是第一次吧。大学已经过去了四分之三，我们收获了什么呢？友情，知识，或许还有其他的。太多的，只有自己体验过。每个人都是一颗星星，他们各不相同。

班主任周老师教会了我们诚恳，她总是以诚相待，对待每一个学生都一样，她是一个优秀的，值得我们信赖的大学老师。如果感动也是一笔财富，那么她是富有的，从大三开学的第一天，到我们结束考试的最后一天。是她陪伴我们走过了大三上学期，在接下来的学习中，我相信她会带给我们更多的感动。同样是她告诉我们如何去上好每一节课，如何做好每一件事，更重要的是如何做人。大学其实就是一个让我们学习做人的地方。在这期间，如果你学到了这些，这将使你一生受益。

大学的生活总是那么让我忙碌，我曾经看过一个忙人的告白：

因为我们不知道究竟什么对我们最重要，所以每件事好像都很重要。

因为我们认为每件事好像都很重要，所以我们不得不每件事都做。

因为有些人看到我们每件事都做，所以他们期望我们什么都做。

因为每件事都做让我们非常忙碌，所以我们没有时间去考虑，究竟什么对我们最重要。

有学长说升本很重要，真的吗？他们说要提前做好升本的准备，提前就要有升本的决心，而现在已是大三。可有的校友说：一切都要顺其自然，慢慢来，不要急，学好了现在，升本也一样就过了，并不是像你们想的那么困难。顺其自然，好简单的一句话，可是我们能顺其自然吗？在家有你的父母问你升本吗，在学校有你的老师问你升本吗，放长假有你的亲朋好友问你升本吗？好像都没有吧。

我没有想到我的大学生活会这么快，这就是顺其自然吗？像大多的金融学生一样，我毕业了要干什么呢？升本，还是工作？答案是显而易见的，工作吧。

我是一个追求完美的人，很在乎别人的评价。希望自己是老师的好学生，是父母的好儿子，是朋友的好兄弟。所以在做事时总是考虑其他人的感受。如果我做了，别人会怎么看呢？所以我总是要求自己做好各个方面，追求完美，同时我也怕犯错误。

大三下学期，我将认真实习，做好工作中的每一个细节，让同事放心，让老师放心！

点评：给自己这么一次机会，反思自己的大学生活，其实是很有必要的，因为它可以帮我们自己整理这几年来的得失。大学期间，我们每个人的心里都应该有一份清晰的人生规划，至少我们要明白自己要追求什么，适合做什么。可能每个人都有不同的大学生活方式，但无论怎样，我们要对得起这三年的光阴。

11月30日　星期六　晴

一次受益匪浅的银行招聘笔试

11月30日，星期六，原本休息的日子，但是一早开始，我的内心就充满了激动和忐忑，因为我要去渤海银行杭州分行参加笔试，这对我来说是一个极其珍贵且难得的机会。

由于银行所在地点之前没去过，下午 1 点开始的面试，我 10 点就出发了，可是接下来的事还是在我的意料之外，周末的堵车问题依然存在，下了第一辆公交车后时间已经没剩多少了，而且找不到换乘的其他站牌，于是我毅然地选择了坐出租车，即使如此，堵车严重还是让我在考试开始前 2 分钟才匆匆赶到考场。

前奏如此惊险，我还是很平静地坐下考试，首先一个我最大的感触以及感谢渤海银行的地方是，当时参加笔试的除了我们学校的少数学生其他大部分都是研究生及以上学历，由此可以看出渤海银行并没有看不起我们的意思，他们对我们的期望是一样的，我喜欢这种平等对待的感觉，因为之前也参加过一个银行的笔试，那个银行就显得特别一点，给我们出的考题非常简单，简单得有点不可思议。

下面说说考试内容，果然是银行的笔试，不容易啊，分几大部分：从渤海银行的基本历史知识，到最近发生的重大事件，比如神舟上天以及党的十八大，这是考查我们的社会关注程度；接着是 20 道的数学推理题，我想大概是看我们的逻辑能力吧，坦白说我的数学确实是不好，但还是挠着头做下来了；接着又有推理题，就是给一篇文章，推断其中想表达的意思是什么，这也考验我们的思考能力；最后是两篇英语阅读，当然在银行工作英语也是要达到一定水平的。

两个小时的考试时间我是刚好做完了，然后走出考场，我心情很平静，并没有对自己抱多大的希望，但是我认为我尽力了，这对我而言就够了，对我来说，以现有的学历能坐在那样的考场与一群研究生同场考试，也是人生难得的经历。这一点，是真的应该感谢我的学校——浙江金融职业学院，要是没有学校的种种努力，也许渤海银行都不会见到我的简历，真诚地感谢我的金院。

就考试内容而言，我也体会到了一个人光学自己的专业是不够的，要追求多面发展，多关注社会发生的大大小小的事情，不要把以前学的东西丢掉，多动动脑筋，其实当时的数学题放在高中我们几乎都是会做的，只不过到了大学，学习的态度都松散了，这是一个普遍现象，但今后我会改的。

这次的笔试让我受益匪浅，感谢渤海银行，感谢浙江金融职业学院！

点评：学校充分利用校友资源，为广大学子提供了广阔的就业平台。能否利用好这个平台，就需要看各位同学的水平和能力了。单位组织招聘笔试，是一种选拔人才的手段，这就需要大家提前有这种意识，在学好专业课的同时，我们要广泛阅读，尽可能多涉猎其他领域的知识，开阔自己的视野，做好充分的积累，这样，无论我们的对手多么强大，我们照样可以心平气和地和他们同台竞争。

2013 年 12 月份,离校实习前的忙碌

岁月流逝,时光荏苒。不经意间,日历已经翻到了 12 月份,离校的步伐在慢慢向大三学生靠近。大学校园生活临近尾声,踏上社会的号角即将吹响。这时,有人在感叹光阴稍纵即逝,有人在细数大学生活的得与失,有人在向往即将开始的实习生活,有人还渴望着大学三年能重新来过。

然而,无论你留恋不舍还是驻足不前,离别就在眼前。相比于前几个月,12 月份的离别情怀在学生中更为明显,夹带着惆怅、焦虑和不安的情绪在大三学子间游走,而离校前的各种忙碌也不期而至。毕业考试、毕业设计选题和开题、毕业前最后一次的英语等级考试、实习单位落实、各种离别聚会接踵而来。

12 月份学校的主要安排:大三学生迎来大学的最后一场期末考试;大三学年综合测评;毕业设计的前期准备工作;大学英语等级考试;订单班的业务强化训练;学生党员毕业实习前党性教育、学生党员发展;实习单位安排;招生就业处继续发布各系各专业的就业率统计数据。

12 月温馨提醒:虽然是大学里的最后一次考试,但不能抱着侥幸心理敷衍对付,应认真做好考试准备,争取顺利结束大学的学业考核;全体大三学生应在论文导师指导下,严谨认真地做好毕业设计的选题和开题工作;大三学生还应本着对自己负责的态度,对接好实习单位,让自己的专业知识在实践中得到检验。此外特别提醒,到了年底,各类离别聚会要文明进行,不酗酒、不夜不归宿。

12 月 1 日　星期天　晴

憧憬中的未来生活

最大的怀疑总有最渺小的自己,最暗的天空总有最闪烁的星星。那个大一进来后的某一天总会到来,那就是大三。我该说感谢,还是对不起。

今天星期天,8 点起床,和室友把寝室彻底地打扫了,赤着脚丫在地砖上,无比的快乐和舒心,笑意时不时显现在脸上。寝室只有我们两个人,另外四个室友回家了。我们两个人交流着各自的梦想,不经意发现此时的我们是如此相似:开始想象在毕业后有一个属于自己的家,一个属于自己的空间,周末的时候穿着便装好好地疯狂,或许穿着睡衣放着自己喜欢的音乐,让空间到处都跳跃着音乐的符号;窝在沙发里,为自己泡一杯花茶或者咖啡抑或绿茶,拿一本书翻阅,安静而协调;为自己做午餐,下午的时候为自己做点小点心。生活啊,太美好了!

想象总是美好的,我们从大一进来就是形影不离的闺蜜,一起面试兼职,一起

练五笔，一起背英语单词，一起谈甜蜜的恋爱……如今，我们都面临着毕业实习，我们早早商量好了，我们还会继续互相陪伴、互相支持，我们要一起留杭，一起租房，一起去打拼属于我们的未来。亲爱的好友，感谢你，一直在我身边给我加油，青春的我们，积极的心态，总能带来正能量！你说你就算找了实习赚了工资，还是会继续把自己的小店搞搞好，生活如小店，天天双十一。有闯劲、懂生活的孩子最惹人爱了，加油，你和我！

到了傍晚，其他室友都陆续蹦回来了，给我带着晚饭回来了，因为星期一的生活又要开始了，享受金院最后带给我们的人生经历。

点评："同窗情是一壶上好的陈年老酒，无论何时何地开启，都会让人沉醉。"在人生的黄金年代，在浪漫的青春年华里，因为同样的梦想使我们相聚在一起。同学间一起努力、相互鼓励的经历会成为大学美好的记忆，也会为未来注入动力。同学情是平等和无价的，也不会随着时光的流逝而消减遗忘。

12 月 2 日　星期一　晴

当大学将成往昔

三年的时间，不知不觉间已走到了尽头。曾经是多么盼望着早些离开校园、离开宿舍、离开课堂、离开书本、离开学生的称呼……但到了真正不得不离开的那一刹那，才知道，自己对这片土地是多么地留恋。这里，留下了我最最美好的回忆和记忆。

初入校园，对什么都如此陌生却又好奇，于是凭着各种兴趣选择了各种生活方式，体会了各种成功和失败、辛酸和汗水、苦涩和甜美。在这里第一次登上了梦寐以求的舞台，也在不知不觉间做得很好，竟然小有名气；在这里，竟然悟到了不用怎么努力却也会有不错的成绩的方法，但最终自己却会很伤心，大学三年好像一无所获；在这里，认识了很多的人，有的成了朋友，有的只是擦肩而过，有的甚至会对彼此吝惜一个微笑；在这里，第一次体会到了爱情的滋味，欢笑和争吵、甜蜜和苦恼，还有种种无奈和叹息。始终认为自己很努力，很珍惜，但为何到最后还是觉得自己做得不够，还会有这么多的遗憾？总是回头想，这件事如果那样处理会更好，但已无济于事，上天不可能再给你一次重新来过的机会，即使真的重新来过，可能结果还是这样。生活总是这样一天天地过着，甚至在前一天还感觉是理所应当、无所谓的，但今天就要离开，突然才感到了太多的无可奈何，感叹为何不生活得更有意义。

三年，想想很长，过起来却是如此短暂，往昔依旧，眼前重复的竟然是三年前的光景，最可怕的是，记忆丝毫没有模糊。这才重新感叹，时光荏苒。

三年时间，不知不觉已到尽头，未来还有很长的路要走，带着美好的记忆迎接明天的太阳，相信自己，努力把握，永远追随太阳的脚步。

点评：面对即将毕业踏上社会的残酷现实，许多学生会有一种茫然而不知所措的浮躁情绪。调整心态很重要，面对毕业，既不蹉跎岁月，也不驻足不前，路在脚下，珍惜眼前的每一个机会，相信自己，勇于实践。

12 月 3 日　星期二　晴

一堂课引发的思考

今天上梁老师的口才拓展训练课，他给了我们一个任务，让我们准备一个毕业致辞，思考几分钟之后就开始讲，要求演讲的时间控制在 3—5 分钟之内。

梁老师布置完任务后，每个同学都进入了思考当中。我不知道其他人头脑里有过怎样的画面，我只知道在那一瞬间，我脑子里挥之不去的一个词语就是：遗憾。遗憾没有主动地去学习，遗憾没有将自己的拖延症屏除掉，遗憾没有好好锻炼身体……

但是细细一想，自己在大学里的收获也是不少的。我参加了学院里的各种活动，大大小小，获得各种奖状。自己也曾组织过一些活动，更明白了举办每个活动的不容易，背后工作人员的辛苦。我也担任了三年的班委，从最初的心理委员到最后的团支书，同学选择我是对我的信任，渐渐地增强了我的责任心。我也曾获得过院三等奖学金，优秀心理委员、优秀志愿者等称号。毕业，所有的成绩、收获、遗憾与失望都不可避免地要画上句号。但是我相信：现在自己付出的一切，终将在未来、在不经意间得到回报。

即将进入社会，我还是会有担忧。对于职场达人而言，我还是一张白纸，不懂人情世故，不懂职场规则。我也怕自己会犯错，不知道犯错的时候自己会如何面对，是会躲在角落偷偷抹眼泪，还是会……可是现在担心这些有什么用呢，不是还没发生的事情么？只要我以饱满的信心对待每一件事情，总有一天会有人发现我的好，看见我的努力与奋斗，我要做的只是静静等待，因为机会只留给时刻准备着的人。

离开这里，浙金院就变成了母校。“什么是母校？就是那个你一天骂它八遍却不许别人骂的地方。”在学校的时候，总是觉得它不够好，可是当自己真正要离开它，心里却有万分的不舍。我知道自己以后一定会想念现在的点点滴滴。因为不管过去是怎样的不堪回首，那也是我不能回到的过去。

我会努力工作，努力过上自己真正想要的生活，而不是别人期待我过的生活。

一堂课的任务，让我想到许许多多：遗憾的、美好的、收获的、未经的……但这何尝不是一种提醒，珍惜眼前的，大步面向未来的。

点评：由课堂的演讲训练，引出学生对金院生活点滴的思考，同时促成学生反思自我，该如何度过剩下的大学生活，该如何把自己打造成受社会欢迎的人才，这是一个需要我们沉思的话题。开始，永远不晚！

12月4日　星期三　晴

党旗下的宣誓

今天中午，我们系召开了“营销、电商、社管支部大会暨党的十八届三中全会精神学习专题会”，会上讨论了我们系党员发展事项。这次我们支部有3个同学转为中共党员，11个同学发展为中共预备党员。我有幸是3名转为正式党员的同学之一，心情又激动又紧张。

宣读入党志愿书环节时，我的心情还是有点激动，感觉自己的声音也微微颤抖，读到“我志愿加入中国共产党，拥护党的纲领……”时，心还有点澎湃。回顾起自己入党的历程，不禁感慨万分，从最初的提交入党申请书，到现在成长成一名真正的党员，中间经历了不少关卡。有些人会觉得入党是为了对自己未来的发展有帮助，但我们在经历了一次次的志愿者、义工活动后，早就明白入党的意义所在。“服务别人，奉献社会，也体现自身的价值。”

支部投票决议之后，支部书记正式宣布我为正式党员。这不仅仅代表着老师和同学们对我的肯定，更是一种责任，一种沉甸甸的责任。心中也暗暗发誓，今后要更加努力，以一个党员的标准来严格要求自己，用党员的标准来衡量自己，让自己做一名合格的共产党员，用自己的正能量感染身边的人。

最后支部书记王老师对全体支部成员开展了党员教育活动，要求同学们珍惜学习机会，严肃对待入党的每个环节，认真学习掌握政治理论思想，严格要求自己。入党积极分子要切实做到“讲党性、重品行、做表率”，充分发挥模范带头作用，以身作则，并督促、带动身边同学，共同营造良好的学习、考试氛围，并在将来的实习和工作中起到党员模范带头作用。

今天是我的一个重要日子，真正成为一名中共党员的日子，我会永远记住这一天。

点评：入党是一件神圣的事。同学们需要端正入党动机，在思想和行动上同时入党。在“中国梦”的美好蓝图下，要立足当下，确定人生目标，找准努力方向，用微小的行动践行理想，把所学的知识运用到实际中，为身边的人做好表率。

12月5日　星期四　晴

再一次义务献血

“热血重铸生命，再现人间真情。”当我来到浙商小广场时，采血车前已经排起了长长的队伍。登记、填表、体检……在志愿者的热情引导下，一切都进行得那么井然有序。

有的同学是第一次献血，看似有些忐忑，左顾右盼显得十分紧张，还不时地询问献完血的同学感觉如何？针扎的疼不疼？就在这个时候，守护在旁的志愿者们总会细心地安慰他们，并耐心地讲解献血时候的注意事项。一来二往，这些同学也放下了悬着已久的心，带着一份坦然走入了献血车。

我也排到了队伍里，这是我第二次义务献血了，当然会多一份淡然，看着队伍前那些颇为紧张的新手，我忍不住安慰他们两句。

对我而言，如果此时的心情是一份淡然，那么从采血车里出来心里流淌着的却是一种油然而生的自豪感。因为，此刻你献出去的也许只是 200cc 或者 400cc 的血液，它们离开了你的身体，对你而言也就只是一包可有可无的血袋。但是在某一天，它们也许会成为别人身体里流动的那份希望，使得另一个生命因此而重放光彩。这种转变给予我们的，并不是像解出一道数学题所能够带给你的那种简单而纯粹的快乐，更多的是一种欣慰与感动，也许这份特殊的快乐，也只有真正体会过的人才能够明白其中的真谛。

与其说无偿献血是国家赋予我们每个公民的义务，还不如说亦是我们每个人的责任。血液不是任何药品，是不能够用金钱来衡量的，它不分贵贱，都是一份爱的传递。身为大学生的我们，更不会忘记身上所负的社会责任感，我们会把“我为人人，人人为我”的精神传递下去，让社会充满爱。

点评：世间有爱，人间有情，大学生义务献血不仅是勇于承担社会责任的体现，也是提升自我价值的一个过程。无偿献血既是无偿亦是无价，这是青年学子的公民意识、服务意识和奉献精神的体现，也是对生命的珍视和拯救，其意义重大。

12 月 6 日　星期五　晴

毕业前的班级出游

大三在校的时间屈指可数，不少同学开始“指示”我搞一次班级集体出游。确实从大二开始，我们班还没正儿八经地搞过集体出游（消防公园的集体烧烤不算的话），不过要聚集全班同学真是不容易，以前几次策划的时候，不是这个说有事就是那个说无聊。不过，这学期是该好好策划一次了。

我找了班委们开了一次会，最后综合各种因素，定了“江南水乡”绍兴行。最令我们激动的是，这个活动得到了我们亲爱的老班赵老师的支持，他也会加入我们的队伍一起出游。随后，我和组织委员花了几天时间去网上做足攻略，然后做策划书、订门票、宣传发动同学，忙得不亦乐乎。最后的结果令我意外的是，班里除了一位同学腿伤未好没有报名，其余的 35 人都报名参加。同学和老师的热情和支持力度让我感动，也让我对这次出行更为期待。

今天一大清早我们就起来到新城客运中心乘车，等车的时候，大伙儿聚在一起还叽叽喳喳颇为激动。上了车，有的同学因为起得早进入了梦乡，有的同学戴着耳机听着歌安静地看着窗外的风景，我想大家一定都在憧憬着即将拉开帷幕的绍兴之行。

到了绍兴，赵老师主动担任起导游工作，和我们讲起绍兴古城的历史："绍兴是一座没有围墙的博物馆，在幽静的角落里，在小桥流水中，只要你用心去听，就能感受到从绍兴历史上传承下来的一脉生气还在那飘浮着，但绍兴城里最动人的风景还是那浓郁的人文气息啊！"听着赵老师的讲解，我们迫不及待地要奔赴各个景点了。

我们的第一站是鲁迅故里，这里是个充满了浓郁文化气息的地方，听着老班对这里的见解，使我们能够更好地理解先生的底蕴，当然，我们也和老班一起拍了很多搞怪的照片。下午，我们集体出发去大禹陵。听同学们说，大禹陵的山很高，因为我的腿刚好，同学们建议我就不要上去了，他们上去后我一个人坐在山下很无聊，就决定上去一睹大禹的风采。这山是真心高，爬到一半的时候已经有想要放弃的冲动，最后还是坚持爬上去了。

坚持到底，爬上山顶的感觉真好。和其中一拨同学并排站在山顶上，心情顿时激动起来，我们控制不住地高呼起来："青春万岁！"上山容易下山难，下山的时候就有点困难，一路下来我的整个腿都在抖。最后，在同学的搀扶下我下了山，期间，还有同学帮我系了鞋带，很感动！

第二天上午游完沈园，我们才带着不舍，带着留恋回到学校。

点评：活动是集体的生命，是实现集体目标的有效形式，是团结、教育学生的有力手段。班级集体出游增强了班集体的凝聚力，有效地调动了每个班级成员的积极性，加深了同学间的深厚友谊，也给毕业班学子留下了一份美好难忘的记忆。

12月7日　星期六　阴

上PPT培训课

今天又是周末，感觉时间过得好快，距离我们毕业离校的时间又近了一天，我的心情是复杂的。

早上，在七点四十分的闹钟下，我很不情愿地起床了。洗漱之后，和几个小伙伴们一起推着自行车出去学习了。买了点包子当作早餐，吃完之后，忍着寒冷慢慢地骑车前往培训基地。连续的雾霾天，让我的喉咙特别难受，而且可见度很低，这样的天气影响着每一个人。

九点十分，我们开始了今天的培训课程，今天是我们学习PS的最后一天，有时候也在自问，通过这些日子的PS的学习，自己到底掌握了多少，只有通过老师给我们的一些作业中能够体现出来哪些还存在不足吧。今天我们还看了三十多个PPT的案例，通过这些案例的讲解，好像把我这个对PPT不怎么在行的人也拉入了行，好像自己的水平也有了提升，不过多学点东西也是一种好事啊。

早上两个多小时的课程结束了，我和小伙伴们一起去食堂吃午饭，不得不说，这里的菜真心不好吃，而且口味比较重，没办法，谁让附近就这么一家吃饭地方呢。吃完饭，中午的时候大家都在午睡，为了下午的学习更有精神。

两点钟，大家都从睡梦中醒来，今天下午和以往不同，不进行学习，而是对我们这些日子来的学习进行一个知识点的巩固。所以给我们安排了几个任务，将几个文字做出不一样的立体感来。说实话，一开始一点想法也没有，对“单品车间”这四个字无从下手，也进行了修改之类的，但是始终不能找到一点灵感。就这样，在接下来的三个多小时里，也终于找到了一些感觉，通过不断地修改和创作，自己的作品也有了一定的展现。到放学前，虽然还没有完全做完，但是已经有了思路，接下来也会做得更顺。很喜欢那种创作出自己作品的感觉，就像老师说的，确实有一种成就感，不错哦。

傍晚五点半，天空黑得更快，因为雾霾的关系，视野不是很好，回去的路上也是很小心的。虽然一天的学习确实有点累，还要赶来赶去地来回跑，但是能学到知识，能在今后的社会中更好地立足，一切都是值得的。

虽然现在生活确实很紧凑，周一至周四学校要上课，周六周日培训机构上课，多亏有周五可以让我喘口气，有个缓冲过程。我会继续坚持下去，实现自己的梦想，我还会在这样平凡而充实的一天天中度过，加油！

点评：在就业压力日益增大的当今社会，为了增加就业筹码，顺利实现优质就业，有不少大学生选择校外职业技能培训。但参加校外职业技能培训，应该在学好专业课程基础上，利用业余时间结合自身发展要求，有针对性地选择，而不是盲目跟风。

12 月 8 日　星期天　阴

在技能房练习技能

进入了订单班，技能的要求也越来越高，每个月都有个技能目标，如果到月底达不到考核目标，那就得扣 10 分，学院这样的措施就是为了让我们能够勤练技能，让同学们的技能达到尖子水平。

目前自己的五笔只能达到 60 个字，但尖子的要求是 80 个字，还有一定的差距，所以对于自己来说，还是有压力的。我为自己定了个计划，每天都要练习五笔三个小时，每天进步两个字的速度，对于自己来说，也是一种小进步，在练了一个星期以后，自己打字速度提高了十个字，真的很开心。一个星期的付出没有白费，有了回报，对于自己也是一种激励，只要自己每天都这么做，那么离 80 个字就不远了。

我的传票水平目前是二级，但我们班已经有几个人达到了一级，要想达到一级也并不是件难事，就是需要勤练。如果“三天打鱼，两天晒网”，比如一个星期没有练习传票，下次再去练习的时候，就感到生疏了。传票一段时间不练，就会退化，要花更多的时间去练，才能达到平时的水平。因此，我要每天花两个小时去练习传票，才能达到一级水平。

点钞对于自己来说，真的是弱项了，没有达到老师定的要求，正确率一直不高，自己也很郁闷，为什么正确率总是不高呢，是什么原因呢？一直很烦恼，但是并没有泄气。昨天特地向我们班的技能尖子请教了这个问题，他很有自己的一套方法，还向我传授了提高正确率的一些技巧，真的很感谢他。嗯，没错，熟能生巧，相信自己多练，那么五分钟达到 9 把的要求也就不成问题了。

技能练习没有捷径可走，也没有天生能手，多练多总结，相信自己一定行的。为自己加油吧！

点评：成功源于坚持，“骐骥一跃，不能十步；驽马十驾，功在不舍”，成功的秘诀不在于一蹴而就，而在于你是否能够持之以恒。认准目标，坚持不懈地努力，成功在向我们招手。

12 月 9 日　星期一　阴

难忘的“一二·九”红歌会

12 月 9 日晚，为纪念“一二·九”运动七十五周年，抒发当代青年对革命先烈的缅怀，激发大学生爱国精神，学院在金葵花举行了纪念“一二·九”运动红歌会。

红歌会首先以视频资料的形式向同学们介绍了“一二·九”运动的背景及经过，使同学们直观感受到革命的精神。学院党总支书记亲临会场并做了关于当代大学生弘扬爱国精神的重要讲话。此次红歌会各院学生积极参与，认真准备，优秀的红色歌曲被一一唱响，同学们饱含激情的演唱赢得了在场嘉宾观众的阵阵掌声。

我们班很有幸被选为代表系部参加比赛的班集体，通过系里的一次次初选，我们最终以满腔的热忱和饱满的精神状态进入决赛。笔挺的西装，精致的妆容，我们把红歌铭记在心！

我们班第一个比赛，紧张的等待开场后，以最热情的微笑向全院的同学们展示我们新青年的风采。

比赛结束了，同学们久久不能从刚刚紧张的状态中回过神来，但总的来说这一次的比赛是一个展示我们的机会，我们也取得了很好的成绩，三等奖，当然也得到了一份奖金，这对于我们都是一个鼓励。

点评：红歌会的举办极大地提高了同学们的爱国热情，通过经典红歌的传唱表达了当代大学生对祖国的热爱和对先烈的缅怀。此次红歌会对同学们来说是一次对历史的重温，更是一次深入的学习，对大学生的思想素质与爱国情操教育有深远意义。

12 月 10 日　星期二　雨

不一样的外贸实训课

手表的秒针一圈一圈地转动着，就像配合着没有停息的心跳，显示屏右下角不断改变的数字，也不断提醒着我，我们就要毕业了。

不知道是不是由于太过于感伤，今天上课的时候，看着一起相处了三年的同学，竟有些心疼的感觉，那感觉就像是年幼时最喜爱的娃娃被大哥哥抢走时的伤心，却亦带着一丝丝的无奈。

不知不觉我们的课程已经接近了尾声，随之到来的就是说再见，于是最后的外贸课也变得让人难舍。外贸 ERP，是在我们大三的时候才接触到的真正有实践意义的课程，也许正是它的实际意义，学校才安排在我们最后的课程中吧。可能就是这样吧，最后的东西总会和之前的有所不同，在今天最后的课堂中我感受到了不一样的课堂魅力。

老师还是一如既往地准时到达教室，不一样的是并没有让我们自己在电脑上操作 POCIB 系统，而是问了我们一个可能我们很多人都没有想过的问题。“你心中的外贸是怎么样的?”同学们的自然反应就是私下叽叽喳喳地开始讨论，开始低声说出自己的想法，当然毫不意外的有玩着手机和自顾自聊天的，到了大三的我们确实渐渐失去了学习的动力，更多地关注校外的事情。在回答问题的几个同学的言语中，有讲到“外贸是很辛苦的一份工作”“外贸很麻烦，而且还要和很多部门打好关系”“要做好外贸真的很不容易啊”。老师总结了一下他们的答案，最后得出的结论就是“外贸让你们觉得很辛苦”。当然事实就是这样的，为了做成一笔单子，从找交易伙伴到最后买卖的完成，这期间是非常复杂的。

只是之后老师的一句话让我们哑口无言，她说:“辛苦是简单的垫板，就好比舒缓的前奏是高潮的铺垫。”教室突然变得安静，玩手机的孩子也抬起头奇怪着氛围的突然变化，开始探听着发生了什么。

老师继续对我们说着一些她的经验和感触，本来会显得无聊的课堂也在她的调节下活跃起来。对于即将踏上实习岗位的我们来说，这堂课给了我们很大的启发，职业道路上挑战重重，我们准备好了吗?

点评：在最好的时代出生的我们，讨厌辛苦的工作，总想着做最简单的事情。但即将走上工作岗位的我们，也要有迎着困难而上、接受挑战、不怕跌倒的勇气和信心。

12月11日　星期三　晴

磨砺银行技能，绽放辛勤之花——有感于学院“众诚杯”技能大赛

一年一度的学院“众诚杯”银行技能大赛拉开了序幕。

众诚杯技能比赛我并不陌生，大一时，我就报名参加了它的初赛，当然当时刚进校门的我，技能还并不完善，那次参赛也仅仅是一次锻炼和体验而已。大二的时候我又报名参加了一次，那一年小试牛刀，在点钞上获得了两项奖项。而此次，将是我在母校的最后一次众诚杯比赛，为了这一次比赛，我投入了很多的精力。众诚杯的技能比赛，可以说是在学院比较有分量的一次比赛，我们系部也相当重视这次大赛，在赛前做了动员，安排了紧锣密鼓的赛前集训。

我入金院的目标一直很明确，练好技能，进入银行。一直有这个目标引领着，因而对练习技能一直有着很强的动力。只要一有空，我就会去练技能，也经常报名参加各种技能比赛，在学校的几次技能比赛里也多次获得了奖项，这让我对自己充满了信心。同样地，这次的众诚杯比赛我也信心十足。

下午两点半，比赛还没有开始。当我到达比赛现场时，黑压压地已经挤满了选手和观赛学生。第一项比赛项目是电脑传票，我在后排找了一个电脑位坐下。我们一批批地登入系统，比赛正式开始了，整个教室只剩下电脑键盘的声音。我全神贯注于键盘和指尖，整个过程行云流水般。之后，依次又进行了单指单张点钞、单指多张点钞和五笔输入几个项目。

因为一直没间断过技能练习，这几个比赛项目都进行得很顺利。在最后等待比赛结果的时候，我的心情也出奇得平静，似乎成绩对于我已经不重要了，而比赛过程中自己良好的表现已经是对我平时练习的一个很好的肯定。

最后，比赛结果出来了，我拿到了两项点钞项目的第一和五笔输入的第二。心中窃喜，“付出总有回报”，平时的辛勤练习收到了良好的效果，但也提醒自己“胜不骄，败不馁”，从这次比赛中要进一步总结，看清自己进步的空间。

点评：“台上一分钟，台下十年功”，银行技能练习的每个环节要想做到游刃有余，必须勤奋练习。而练习技能在于持之以恒，当你确立好行动目标，树立信心，坚持到底，付出总有回报。

12月12日　星期四　晴

参加技术助理的面试

12月的到来意味着这个学期即将结束，我们也即将步入社会。在这最后的时刻我们都在忙碌着找工作的事情。从11月开始我就在不停地找实习单位，一直都

没找到合适的。

而今天我要去美迪软件公司面试技术助理。早早起来，我把背包检查了一遍又一遍，确保没有遗忘的东西。从坐上 B1 开始我就一直不停地替自己加油，希望能够利用好这次机会，找到合适的工作。到了站，走到了面试的公司，在门卫处说明来面试之后，我来到了面试的会议室。

这时有一个工作人员递给我一份试题让我先完成，试题上有计算机网络方面知识，也有会计方面的知识，以及自己的人生规划。当我做好题目，人力资源部经理就拿着我的简历和做好的试题让我和他到一个空办公室面谈。如同一般面试一样，我先做了自我介绍，他则介绍了公司情况。

“你知道技术助理是做什么的?”听了这个问题我暗自庆幸自己做好了功课，于是我回答他“据我了解技术助理是帮助客户解决软件安装以及应用的时候发生的问题”。我以为我的回答很正确，但经理说：“这只是一部分，技术助理要做的还不止这些……会很累，能坚持吗?”这个问题一般人都会回答会坚持，我也不例外，我说：“会坚持，哪有工作是不累人的，累点才能学到更多的知识。”“我看你参加的社会实践挺多的，那你认为最成功的是哪个，最失败的是哪个，为什么?”“技术助理需要学习很多的知识，也需要很多经验，公司需要对你们进行培训，培训的话可能不会正常时间下班，每个阶段都有考核，不过的话都要 Pass……”

这是我所经历的面试时间最长的一次，差不多一个小时。心中既高兴又有些遗憾，高兴的是面试过了，等期末考试结束就可以正式去上班了；遗憾的是有些问题可以回答得更好，当时却没想到。

点评：大三找实习工作是毕业生即将走向社会的一个标志，每个学生都有自己的特点，我们要根据自己的特长和期望来慎重地选择公司以及岗位，同时带着学习的心态进入这个可以展示自我和锻炼自我的平台。

12 月 13 日　星期五　晴

大学应该收获什么?

“不知不觉我跟了这节奏，后知后觉我跟了这节奏……”是啊，不知不觉我的大学生活即将结束了!

或许有的同学会疑惑，会不解：“时间过得这么快吗? 我的大学生活马上就过去了吗?”听起来多少有些伤感，似乎还有好多东西值得我们留恋……可事实就是这样——时间似乎对每个人都是公平的——它从我们身边不经意地溜走，就是那样无声无息!

回首两年的时光，也许同学会突然冒出类似的言语，如“原来这就是大学，这就是我度过的大学生活”! 或许后来我们会慢慢明白，大学生活才是最美好的，才应是最值得回味的，或许只有走出校园我们才会发现——再也没有人可以耐心地教给你东西了。在用人单位领导的眼中我们不会是“金子”，充其量只是“金属”。

大学里我们应收获些什么？这确实是我们每个同学应该思考的问题。有人说“我收获了专业知识”，有人说“我收获了值得我交一辈子的朋友”，还有人说“我收获了适应社会的能力”……当然这都因人而异，总之有所追求才是最好的。

大学生活即将逝去，两年后的我们又将如何，是否还能像现在这样乐观地面对友情、爱情甚至人生呢？短暂的也许总是太过美丽，美丽的也许总会让你以遗憾来形容。邂逅，相识，相知，分别，都是我们所要经历的，只想回想那些“彼此拥有”，而不想想象难舍难离的分别！再也听不到同学在放学路上的嬉笑声，再也听不到同学A给同学B起的绰号，再也听不到课上同学们的窃窃私语，再也听不到辅导员对同学的谆谆教诲，再也看不到同学间为讨论问题而争得面红耳赤……和谁都可以一起创造未来，一同把握现在，却不是和谁都能共拥一份过去，过去才是唯一！

珍惜，把握，发现身边的幸福！

突然间想起《钢铁是怎样炼成的》中的一句话：当他回首往事的时候，他不因虚度年华而悔恨，也不因碌碌无为而羞愧。如果是这样的话真的是无怨无悔了！

点评：大学应该收获什么？这既是对三年大学时光的总结，也是对未来走向社会的希冀。把握现在，就是把握未来，“不因虚度年华而悔恨，也不因碌碌无为而羞愧”。

12月14日　星期六　晴

英语六级：为伊消得人憔悴

从前，我不相信什么天长地久，但在六级这里我看到了自己的海枯石烂。我已经和英语六级有了三次亲密接触，这一次考六级就是第四次了。

考四级的时候，我超级幸运，就做了一套真题便一次通过。那次考试让我有点洋洋得意，我想乘“胜利之东风”一鼓作气拿下六级。当然，我非常清楚考六级的艰难绝非四级可比。于是，我丝毫不敢怠慢。不仅制订了详细的复习和冲刺计划，而且购买了大量的六级真题和练习题，连电脑与手机里的音乐都换成了各种听力资料，包括新闻、模拟试题听力部分与作文语音文件，这阵势都快赶上高考了。在每一次考六级的日子里，我几乎天天守在图书馆里，看着做过的卷子一天天增多，那是怎样的一种成就和光荣啊！从此，那个靠窗的位置成了我的“私人专座”，同时我也结识了不少“志同道合”的朋友。

大一下学期第一次考六级时，虽然我进行了精心准备，还是掩盖不了查分之后的震惊与失落——不只是一分两分，而是差得太多，大大出乎我的意料。而第二次、第三次，都是和及格擦肩而过，仅仅差了几分。前两次查分后，室友开我玩笑，“早知如此，当初不如跟我们天天 Happy 去，人生能有几回玩啊”。可我不甘心。

这次可能是我最后一次有充裕时间准备六级的机会了，考前虽然有点打退堂鼓，可最终我还是进了考场。进了考场，我发现我们这个考场就四五个大三学生，其余都是大一大二的学弟学妹，想想还和我一起坚持的同学们真是不容易啊！同时，我也开始钦佩起自己了，恐怕考英语六级是我整个大学里最锲而不舍的事情了，而且每一次都全心全意地投入了，从来没有退缩犹豫过。

点评：大学英语等级考试已经成为大学生学习生活的重要课题，英语等级证书也是大学生就业的重要筹码，因而也给大学生增加了压力。有必要引导学生对英语等级考试形成合理的心理态度，根据自身条件和就业需求设立英语学习目标。

12 月 15 日　星期天　晴

专升本，让梦想助跑青春

电影《致青春》中说道，“青春是用来怀念的”。的确，青春是用来怀念的，怀念我们的成长，怀念我们的爱情，怀念我们的友情，怀念我们的……很多人都很想重走一回青春，想必那些人已经不再年轻，不再青春，可是我们却正值青春，风华正茂，我想我们应该学会珍惜，不论是眼前人，还是人生机遇，我觉得我们都应该好好把握，不要让自己后悔。同样，青春也是用来追逐的，追逐心中的梦想。

就像班主任许老师说的，我要清楚地知道自己追求的目标是什么。每个人都有不同的追求，有些人想进银行，有些人想自己创业，而我的理想目标是提升自己的学历，去感受一下本科院校的学习环境，我想让自己更厚重一些，还是再多读两年书吧！我好像还是比较适合读书，适合做好学生吧！

现在的我，除了上课，大半的时间都是在图书馆度过的，不论是明媚的早上，还是温暖的午后，或是漆黑的晚上，书本是我最好的伙伴，它伴我入眠，唤我起床。当然我也不是个书呆子，看书累了，就约上几个同学去体育馆打打球，出一身汗，然后好好去吃一顿。周末也没有闲下来，在上补习班，和一群志同道合的朋友们一起追逐我们的本科梦，我知道一旦走上这条路，就不能回头，而是要往前看，往前走。很享受现在这样的生活，学习、复习、运动就是我生活的主旋律。

这个月的校园招聘会刚过，不少同学已经进入了找工作的行列，我不断告诉自己，守住内心的宁静，坚守心中的梦想。我清楚地知道，我已经选择了一条和他们不一样的路，为了实现自己的梦想，我唯有坚持到底，哪怕这条路上就只有我一个人，我也要走下去……我想这就是所谓的青春吧！下午，有些累，我借了自行车到钱塘江边转了转散散心，看了看江水，胸怀也宽广了许多，心情也放轻松。很喜欢这样的感觉，骑着单车，吹着江风，听着青春的歌……

我相信，人生因等待而优雅，因坚持而可贵，希望我的梦想早日开花！

点评：大学毕业后是就业、创业还是继续升学，每个学子的选择各有不同。做出这一重大抉择，首先需要做好理性的人生规划，理性地认识自己，理性地认识社会，理性地对待个人的人生设计和社会前景的关系。

12 月 16 日　星期一　阴

让阳光驱散雾霾

依然是早上 7 点钟的闹铃，以前按时起床的我，今天却感觉睡意朦胧，完全起不来。倒不是因为太忙而熬夜，还是像平常一样躺床上，但却丝毫没有想睡的感觉，心里想着许许多多的事情，以前的，现在的，未来的。许许多多的遗憾，许许多多的无奈，许许多多的惆怅，特别是对未来的许许多多的迷茫与不确定。

早上没有阳光，是很阴郁的雾霾天，这让我本来就觉得沉重的心情变得更加的压抑，感觉这样的空气让我难以呼吸。突然有种想哭的冲动，眼泪不自主地湿润了眼眶，抬起头眨眨眼睛，强迫泪水回流。一封封实习单位应聘简历递送出去，可目前还是石沉大海，消息全无。时间越来越紧迫，我真的不知道该怎么办？感觉一个人好无力，好无助，压力越来越大，甚至开始怀疑自己的存在。

看着自己寝室的人，每个人都有自己的长处，都得到过老师同学们的充分肯定，在这几个人的包围中，尤其突出了自己的渺小，我们就要面临毕业，我到处急着找工作，也有想过要花钱去参加培训，因为觉得自己还没有足够的能力去胜任一份工作，也是对自己的没信心，连自己肯定自己的勇气都没有。而她们，有的觉得不用急，因为相信自己有足够的能力去找到一份工作，而有的，家庭环境比较好的，也有另一条出路，所以只有我像热锅上的蚂蚁，急得团团转。我也想有人给自己这样一份信心，我也想得到别人的肯定，可是……

一个人找了一个安静的地方坐着，抬头看看天，眼神放空了。这样的雾霾天，让我的眼睛也蒙上一层雾霾。我紧紧地拥抱自己，给自己打气，抱着那一点点的期望，想给自己，给家人一个美好的未来。对，就抱着这一点期待生活下去吧，或许我可以大胆一点，多去试一试，或许就成功了呢？

点评：寻找实习机会和求职一样，并不会一帆风顺。把握机会和手握沙子一样，并不是越紧就会抓得越牢。给自己一些时间，调整好心态，机会总在脚下。

12月17日　星期二　雨

我的实习面试

今年,我作为大学毕业生的一员,也踏入了找工作的茫茫大军中。前几天,我在家乡的人才网上选了几家与自身专业相关的企业投了个人简历。第一次在网站上投简历,我以为会石沉大海,杳无音信。没想到,昨天,接到了海宁欧迅进出口有限公司有关财务工作的面试电话,这让我喜出望外。

今天,我起了个大早,从学校出发,坐上了去海宁的公交车。面试的时间定在了上午11点。因为我知道,迟到是面试的大忌。而且,从学校出发去海宁市中心的车程又远,还要转车,所以我提早了许多出门了。好在一路上都十分顺利,下车之后看了看时间,提前了将近一个小时到达目的地。一个小时,我也没有干等着,而是边参观公司边思考着面试可能会问到的问题。

到面试时间了,我被工作人员引进了经理办公室。开场,经理就让我先做了自我介绍,因为是有备而来的,所以我很流利自然地进行了自我介绍。等后来经理问我其他一些问题时,我开始紧张了,要回答的问题不难,但是我回答得并不流畅。当然,这除了紧张的原因,也有自身阅历不够丰富的原因。不过面试官也知道我还是在校大学生,并没有怎么为难我,反而还和我谈了在学校的一些生活情况,也说起现在大学生没有就业经验的一些困难。这让我紧张的心情得到了些许的平静。

整个面试过程并没有持续很久,大约十分钟,面试结束了,面试官让我等电话通知是否录取。其实,我知道这次成功的机会并不是很大。不过从中还是有学到一些面试技巧的,也知道应该怎样更好地去对待一场面试,去准备充分。这就是我的第一次单位面试,很紧张,不过更多的是锻炼。

点评:面试是毕业生的磨刀石。我们只有充分地准备,积极地努力,才有可能成功。每一次面试会帮助我们积累经验,也为下一次成功打下基础。

12月18日　星期三　阴

那些日子,我们一起奋斗过!

大学的课已经进入了倒计时阶段,我们已经开始翘首以盼老师们给我们讲划考试范围了。每周四上金融实务课都让我们挠破头皮,备感疲惫,好不容易挨到第三节课下课,却来一个“噩耗”——这门课的期末考试形式为闭卷,而且考试内容以整本书为重点,这让刚想投入到讨论中午去哪个食堂吃饭的我们又瞬间陷入了“有声的抱怨”中。到了这个时候,让我们中绝大多数已经只抱着最后一次期末考试不挂科纯真想法的同学们又要打起十二分精神准备苦战了。

今天的班会课上，几位已经进入订单班学习的校友突然深情地说了离别的赠言，让大家一时无言以对。细想，从 2011 年 9 月至今，相识已经两年多了，尽管如此，但也未日日见，大学的课程安排很多都是按照学号分 AB 班上课的，我们国贸班人数多，52 个人分在两个班中，轮到大课又是就近而坐，接触的机会就更少了。大学三年，近乎一半的时间都是与室友一起度过的，所以你会感叹，大学期间能够拥有几个随和又活泼的室友会让你的大学生活有趣很多，我们寝室亦是如此。

遇人数千，我很幸运，能于茫茫人海中认识芳仔，她的率真、认真、进取与执着让我钦佩，一起准备职业技能大赛的那段时光我们每天在机房一起苦练，同食同归，也建立了深厚的友谊。我相信，优秀的人到哪里都会发光的，芳仔，你不必谦虚。

身边很多人同我一样存着疑惑，大学里结交的朋友只是暂时的玩伴还是真挚的深交，这个问题谁也回答不了，除了时间。也许若干年后，甚至更短，一切都昭然若揭，但凡我运气差一点就不会遇到你们，任何迷茫失落的时刻都有你们可以诉说。我想，人这一生缺的是真心，而不是玩味，莫说别人没有把你放在心上，且先把真心付出。罢了，今日执笔不提昨日酸辛。

人生还有那么长的路，天下也没有不散的筵席。其实在长大的过程中我们学会了比追求更频繁的字眼——妥协，可这却也造就了我们不平淡的过往，所以想想过去，不是我们不懂事，而是太年轻，经历的事不足以看透生活的本质。但凡妥协有个所以然，我们就更要坚定，逝去的年华不可挽回，不可预测的明天还要勇敢面对。

点评：大学期间，有一两个志同道合的朋友是一笔不小的人生财富，共同的理想、共同的目标、齐心的斗志谱写下美好的青春记忆。共同的欢笑挥舞着共同奋斗的汗水，这也会成为大学美好的记忆。

12 月 19 日　星期四　晴

寝室风波

今天早上，系里通知明天进行宿舍卫生检查，要求我们保持寝室卫生整洁。

晚上，我们寝室四个人坐在一起讨论，决定明天早上 6 点钟起床打扫卫生，并且任务分配到人。寝室的三位室友一致认同，可其中一位不耐烦地说了句："那么早起来打扫卫生，我起不来的……"她的言行表现令我们错愕无语。

刹那间，寝室一片沉寂，空气中似乎充斥着火药味。我先忍不住了，把平时对她的不满全部爆发出来："你凭良心想想，我们相处了这么长时间，你有多少时间是在我们寝室跟我们相处的？你就顾着在外面忙你的活动，从来没有考虑过我们其他人的感受，你打扫过几次寝室？我们根本就见不到你人，还能指望你打扫卫生吗?”说完这话,其他室友也跟着说出她们的不满。

突然这个时候我们听到了哭泣的声音,是被我们语言“攻击”的室友,这时整个寝室都沉默了,沉默了好久……那个室友带着哭腔跟我们说:“对不起,我真的没有意识到自己的行为给你们带来这么多的麻烦,我只顾着自己的事情,忽略了我们寝室,真的对不起,请你们原谅我,从此以后,我会改的,请你们再给我一次机会,让我们好好相处好吗?”这时我的心里也不好受,感觉到自己之前说话的语气稍微重了点,我在心里想:她认识到自己的错误之后能如此勇敢地承认,并且请求我们的原谅,这何尝不是一种勇气呢?我们又何必对她如此严苛,如此不依不饶呢?

不约而同地,我们三个缓缓走到她的身旁,拉起她的手,最后四个人哭着抱在了一起。这是我们第一次的集体拥抱,那种感觉是无法形容的,但我们都能感觉心里暖暖的,心连得紧紧的。

点评:缘分让五湖四海的年轻人相聚一室,生活习惯、性格特征和兴趣爱好等的不同也容易让寝室同学间的摩擦增多,此时只有相互理解、相互包容才能化干戈为玉帛。出现寝室矛盾,也需要理性控制情绪,及时沟通,及时解决。

12月20日　星期五　晴

青春是用来奋斗的

今天是大学课程的最后一天,我照旧是在早上六点半准时起床,洗脸刷牙吃早饭,然后在七点半之前到达教室自习,准备上课。这样的生活轨迹从大学生活的最后一个暑假将一直延续到最后一个寒假的来临。

寒冷的冬季已经来临,走在熟悉的校园里,看着树叶在树上凋零,它也即将要离开大树的怀抱了吧,就像我们一样也即将要与相处三年的同学和老师分离。三年的时光如白驹过隙,刚入校时的场景都还历历在目。记得我第一次在校园中看到穿着正装的订单班的学长学姐们时,就无限感慨,感慨他们的美丽与帅气。如今的我也如愿地进入订单班学习,穿上了当年觉得帅气逼人的职业正装。但是在这四个月的学习中,我的感受是喜忧参半。

过去两年我一直忙碌于院礼仪队,在此过程中我找到了自己的兴趣,提高了对礼仪的认识,锻炼了与人交往的能力,也收获了除班级之外的友情。虽然我们的大学校园有点小,虽然我们的活动场所没有那么多,但是我的感受是只要你愿意付出,大学总会给你一个让他人认同你的机会。有可能它是某项比赛,有可能它是某个活动,也有可能它是某个学生组织或是社团。青春是短暂的,青春是要用来怀念的,但是假如我的青春除了书本之外再无其他,那么我将抱憾终生。

我想如果有人问学长学姐们,学校里技能牛人都在哪里,我想他们肯定会说是在银领学院。不错，技能尖子们几乎都能进入银领，但是能进银领的不一定都是技能优秀的人。这后者中就有我的一席之地，“世上没有后悔药”“勤能补拙”这几个字应该最能符合我的感受。虽然目前为止我的技能水平还不是很好，但是我一直在加紧练习，迎头赶上，与从前相比，也是有了比较明显的进步。现在我和以往一样，正坐在金通一楼的计算机教室里，感受着大学最后一个晚自修，写下了这样的一段话。我的青春无悔，我的大学很美！

点评：人的一生只有一次青春。现在，青春是用来奋斗的；将来，青春是用来回忆的。只有进行了激情奋斗的青春，只有进行了顽强拼搏的青春，才会留下充实、温暖、持久、无悔的青春回忆。

12 月 21 日　星期六　雨

校外职业技能培训的一天

大三对于大学的每一个人来说都非常重要，因为这是个分岔口，很多人都有了自己的打算，我也一样，即将进入社会了，我要学会适应新的环境，走上社会的我们不能像在学校里那样了。

今天是我去培训班的第三周，为了毕业后能找到好点的工作，我和另一个同学踏上了专业培训之旅，我们一天要看三到四个视频，里面的老师讲解得非常细，让我受益匪浅，短短的一个星期就讲完了我一个学期所学的内容，我觉得那里的学习效率很高，这就是我想要追求的学习环境。

今天也是倒运的一天，上午出门的时候，下起了倾盆大雨，我们来到上课教室时，身上都湿透了。没想到，等快开始上课时，我们电脑上没有更新视频让我继续学习，等到项目经理申请来视频已经过去了一个小时，这一个小时足够影响我们今天的学习进度。

当我打开第三个视频后，发现授课的老师换了，这个让我很不适应，我们之前习惯了那个老师的讲课风格，一下又变了，这样的落差有点大，上个授课老师讲得蛮好了，而且也很有风格，这个老师讲得很严肃，不知道自己能否适应他的讲课方式。以后的两个月之旅又会是什么样子呢，毕业后又会变成什么样，这是我现在的顾虑。

紧张的一天就这样过去了，我俩又冒着雨走回寝室，我们越来越疲惫，不知道自己能否坚持下来，我会尽自己最大的努力走下去，毕竟我喜欢做动态网站，我要对得起自己，一年多的自学生涯不能白费。

点评：正是因为有了追求、目标，才懂得坚持，正是因为坚持，追求才变得如此美丽。但在人生路上所追求、所坚持的必须是正确的，才可能开出灿烂之花。在就业竞争日益激烈的今天，校外技能培训机构也开始瞄准在校大学生，大学生在参加技能培训时，一定要目标明确，有针对性地选择培训，切忌“眉毛胡子一把抓”，既浪费了时间和金钱，又学不到真正实用的技能。

12月22日　星期天　晴

岁月如斯　梦想依旧前行

最近都在思考毕业之后怎么找一个好的工作，常常会忽略毕业之前大家短暂在一起的时光，每日都在忙碌着却不知道自己到底要做些什么，只有每天晚上熄灯之后的时间才真正让自己清醒，所以很多决定都是在夜里做出的。例如早点睡觉明天早起去图书馆奋斗，然而每天晚上总是不能早早入睡，因为寝室里总有个在晚上熄灯之后工作的人，深夜，他的电脑屏幕的灯光显得格外耀眼，他敲键盘的声音像打雷一样响彻整个寝室。想想明天早起，果断把头塞进被窝里，管他春夏与秋冬呢。

当清晨的第一缕阳光洒在我的脸上，我知道新的美好一天又开始了，揉了揉惺忪的睡眼，猛然发现有个人都离开寝室了，居然起得比我还早，不禁让我浮想联翩，眼泪涟涟。推开结了雾气的窗户，迎面吹来一阵刀割的溯风，还真感谢这一阵风，把我的眼角的泪风干了，昏昏沉沉的脑袋也清醒了。

我独自走在去图书馆的路上，一手拿着早餐一手拿着书籍，枫叶铺满整条道路，路上的行人不是很多这也不奇怪，像我起这么早实在是少之又少啊。早餐吃完了刚好也到了图书馆，由于出门有点匆忙，进图书馆的卡没有带，只好向保安大叔坦白，大叔也没难为我就放我通行了。

坐在七楼靠窗户边的我，透过玲珑的窗户向学校的大门望去，满满的记忆都是刚进校门的场景，但一想到现在22岁即将毕业的自己，无形的压力变得好大，到底是毕业后留在杭州自己打拼，走自己想要走的方向，还是回家听从家人的安排。其实我很不愿回去，因为我有好多愿望，即便都是关于钱的。上班的时候有自己的车，不用因为挤不上公交和地铁而迟到，假日的时候可以和家人随便去旅游，不用挑便宜的酒店，我希望我妈或者老婆有一天说需要什么，我可以立刻掏出一张卡满足她……想着这么多的梦想，虽然有点激动，但还是要回到现实中，只有不懈的努力，一直一直地坚持下去，半途而废的逃避永远到达不成最初的梦想。我们年轻人刚毕业面对竞争激烈的社会时，都会有这样那样的压力和打击，只有不断在疼痛中打磨，才会有变成凤凰的一天，梦想才会有实现的一天。

点评：梦想总是很诱人，但大部分梦想永远停留在梦想阶段。只有那些勇敢行为者，才能梦想成真。大三毕业生初入社会，会在磕绊磨砺中，学会适应与承担，获得成熟与成长。

12 月 23 日　星期一　晴

大学里的最后一次期末考试

每个学期总有一段最紧张最忙碌的日子，那就是准备期末考的前一周。

这是我们大学里最后一场期末考试，我们也不敢松懈对待，毕竟也要接好最后一棒嘛。这些天我都老老实实地待在图书馆，全心全意备战考试。也是每到这个时候，图书馆的人气就暴涨，完全是直线上升趋势，你若是早上去晚了就一整天都没有好的座位复习了，都想着不能挂红灯，谁还敢懈怠呢？

我们大三的课程要比大一大二早结束半个月，教学课时紧凑，我们的考试复习时间也少了几周。临时抱佛脚，说起来容易但做起来真没有想象中的简单。庆幸的是这个学期我们本身的课程就不多，只有五门课："国际会展实务""外贸 ERP 与网络贸易""国际货运代理实务""国际市场营销""报检与报关实务"。由于我上个学期已经参加了 POCIB 全国大学生外贸从业能力大赛并且获得省级奖项，这门实训课我得到了免修资格，我就有更多的精力去对付其他几门课程了。在所有课程中，"国际市场营销"这门课可真是最叫我头痛，厚厚的一本书，将近 200 页的纯文本，主观题范围超过 30 个，当初上这门课时就已经把我搞得七荤八素的，现在考试范围又广，真的不能随便对待了，看来得把大部分的复习时间交给它了。哎哟，这些天睁开眼睛就看书复习，就快连吃饭走路都带着手抄本，痛苦的期末考试啊，快点过去吧！

两天半的期末考试，今天终于结束了，我们大学期间的考试也就这样结束了，但对我们毕业生来说，这辈子的考试并没有结束，而且才刚开始。期末考试的结束，也意味着我们即将走上工作岗位，社会对我们的考验才刚开始呢！

点评：毕业生期末考试与每一位毕业生息息相关，期末考试的成绩也关系着奖学金、省级校级优秀毕业生和其他荣誉的评选，每一位毕业生应该如以往一般给予重视，认真复习，诚信考试，不应带有侥幸心理，随意对付。

12 月 24 日　星期二　阴

难忘的笑脸苹果，难忘的平安夜

走在校园的路上，耳边传来的轻快的 *Merry Christmas*，如潮水般涌入的祝福短信，就这样，平安夜在大家的热切期盼中姗姗而来。

我们英语两个姐妹班早早决定联合举办这个特别的平安夜联欢，早早就开始策划，还把地点安排在很有氛围的文体活动室。

我们来到场地时，女生们已经把场地装饰一新，五彩的气球，大大的雪花，圣诞树上的圣诞袜……让我们有身临其境的感觉。活动没有主持人，大家在“圣诞老人”的引导下一起尽情娱乐。整个Party气氛十分轻松活跃，笑声与掌声不断，小小的活动室坐了满满六十多人，甚是热闹。

每个人都投身其中，或许是这难得的离别前的狂欢，就连之前拘谨的、内向的几位女生也放开了许多。我们一起玩“真心话大冒险”和“杀人游戏”，鼓动一班的男神献唱*Rolling in the deep*，边听边尖叫，还轮流上台献花合影，还忽悠着两个班为数不多的班草上台学鸟叔跳起了骑马舞……

在活动结束前，“圣诞老人”给我们每人派送了礼物——一个包装精美的小礼盒。我打开我的小礼盒，是一个可爱的苹果，苹果上还画上了一个笑脸。便利贴上写着“永远开心，Merry Christmas！”我的心顿时融化了。

接下来，很长时间，都是我们好姐妹们拥抱在一起，深情地说“Merry Christmas”，道一声“六月再聚”。

这个难忘的平安夜在我们激动的歌声中、拥抱声中度过，它也会像那个苹果上的笑脸一样永远印在我的脑海里。

点评：平安夜是西方的传统节日，而平安夜送苹果寓意平平安安则是中国年轻人的独特情感表达方式。平安夜在学生手中悄悄传递着“平安果”的同时，也在传递着一份美好的祝福。在即将离校的日子里，学生们共同欢度平安夜，共同记载快乐的记忆！

12月25日　星期三　雨

圣诞夜的寝室聚餐

今天一天手机短信爆棚，有搞笑的，也有温馨的。

圣诞节又到了，虽然没有飘雪，但天下起了细雨。

再过两三天，我们寝室的几个哥们都要回老家实习去了，于是，今天晚上更得好好聚一聚。

地点还是在学校对面美食一条街的“张记”——这个我们寝室聚餐的老地方。

两年半时间里，我们寝室聚餐无数次，大都是这条街上。大一的时候，聚餐的次数还比较少，等大二的时候，我们几个都有做兼职，手头上宽裕点，轮流着请客聚餐就频繁起来。我们寝室六人，除了我和柱子是省内，其他四个人来自五湖四海，不过我们六人对于搞寝室聚餐似乎特别的熟悉和默契，就像到了饭点就要去食堂吃饭一样，隔一段时间就要出去撮一顿，然后大家平摊下来，也花不了多少钱，也算改善伙食了。

圣诞节的原因，店里人声鼎沸。柱子边招呼着老板上啤酒，边和我们商量着：“今天总要喝个尽兴吧？”“哎呀呀，先点菜，都快饿死了！”胖子眼里只有吃的，还不等我们看菜单,就熟练地点起菜来。

“圣诞快乐! 干!”隔壁桌传来热闹的碰杯声和欢笑声,看上去是大一大二的同学聚餐。我们几个也开始感叹,时光飞逝啊! 大一那年我们寝室的圣诞聚餐似乎还历历在目,可一晃之间我们就要离别了。“来来,我们也干一杯吧,不要搞得女生似的,我们毕业了都还可以聚餐呢,到时轮流请客哦!”飞哥很霸气地举起啤酒杯。

来吧,干杯,兄弟,毕业不分离,聚餐还会在一起! 我们,都要加油!

点评:毕业在即,加上圣诞和元旦这样的节日里,各类离别聚会增多。聚会是增进同学友谊的一种方式,也是纪念共度的美好时光的一种表达,但同学们也要注意文明聚餐,不酗酒、不夜不归宿。

12 月 26 日　星期四　晴

难忘的欢送会

人作为一种感性动物存在,总是特别容易感伤,尤其是碰到像今天这种欢送离别的日子。我不得不正视这个事实,由于我和其他几位大三的学长即将离校实习,也将和部门同学尤其是带领一年多的学弟学妹们说再见。

坐在位置上,一边和学弟学妹们像往常开会时一样,聊着一些可能并不十分有趣的事,一边还想着嘱咐他们些什么。可是当部门的学弟学妹们一起围绕着我,接着拥抱我时,剩下的只是满满的感动和不舍。“感谢你们,让我们实践部变得越来越强,感谢你们让我拥有家的感觉……”,说话间泪水不由自主地流下来。

小小的会议室,顿时听到的都是小声的啜泣声……

“我也怕会碰到这样的状况,怕讲不了几句话就会哭,所以我把想和你们每一个人讲的话都写在了信里,你们可以回去再看。”我一边说着一边把写着他们各自名字的信封递给学弟学妹们。可是,即便如此,眼泪还是好不听话地一直往下掉。

最后,在欢送会结束后,我们和学弟学妹们手挽手一起慢慢走回寝室,路上是小伙伴的各种吵闹嬉笑声。

只是,12 月的天好像真的有点凉……

点评:学生会是一个特殊的群体,他们来自各个系部,却因为共同的理想而团结在一起。学生会成员间在平日活动组织和管理中建立了深厚的情谊,这既是一份同学情谊,又是一份志同道合的革命情谊。老委员欢送会是学生会的传统保留活动,这既是对老委员工作业绩的肯定和感谢,也是对新委员工作的激励和督促,鼓励他们更加自觉、主动地投入到学生会的各项工作之中。

12 月 27 日　星期五　晴

参加毕业实习动员大会

今天上午，是我们系毕业实习动员大会的时间。十点，当我们走进 6323 教室时，墙上偌大的横幅提醒着我们即将毕业离开学校的事实，心情顿时激动复杂起来。

动员大会开始了，整个教室黑压压地挤满学生，系领导、班主任和辅导员都来了，这个场面瞬间让我想起当初刚入校的迎新大会，也是这样的大教室，也是这些熟悉的系领导和老师。时间匆匆，一晃之间，我们已经从懵懂的新生变成了即将踏上社会的毕业生。

会上系主任做了长长的动员讲话，平时淳厚亲和的主任今天也似乎有些激动，“同学们，大学在校的学习生活即将结束，你们实习、择业与创业实践就要开始。这对我们同学来讲，希望在前，机遇在即……”系主任讲话结束，教室里爆发出一阵阵热烈持久的掌声，这不是附和，而是就像我们的内心一样，充满了激励，充满了感动。之后辅导员和我们介绍了实习考核和鉴定、就业协议签订的注意事项以及实习期间住宿安排等具体的事宜，一切都围绕毕业实习和就业。

动员大会结束了，充满着激昂奋斗的情绪久久占据了我的心，我似乎感觉自己像一艘即将起航的帆船，积蓄力量向着心中的目的地前行。出发吧，同学们！奋斗的集结号已经吹响，青春的旋律在回荡，阳光灿烂的日子在招手，美好的未来就在我们的脚下，就在我们的手里！

点评：专业实习是课堂教育和社会实践相结合的重要形式，实习的目的是增强学生实践能力、培养学生提高分析问题和解决问题的能力以及综合应用能力的重要途径，对提升学生实践应用能力和社会适应能力，加强学生综合素质，从而达到顺利择业、就业具有重要意义。毕业实习动员大会，让同学们对毕业实习有了更深的认识，目的是让学生调整心态、摆好位置，虚心学习，充分利用实习机会，锻炼自己的职业能力，为未来的职业人生打下坚实基础。

12 月 28 日　星期六　阴

离校，收拾行装

每次考完试身体都极度虚弱，同时也骤然放松，可是心理压力却因担心考试成绩而丝毫不会放松，而且今年作为大三学生，我们心里的压力并没有减少。前路漫漫，我将何去何从？当一个人将要失去什么的时候，他才会感觉到那些是多么的美好。

一转眼，大学最惬意的时间已经离我们远去了，我们也真正意义上结束了大学的读书生涯，最后一年应该会是硝烟弥漫的一年，转战在人生的考场上，每个人都要为未来的生活在社会上挣得一席之位。现实是残酷的，回忆是美好的，在残酷的现实面前回忆更显得弥足珍贵。

回家前收拾行李，翻出很多的书，三年的时间我们的书也真是不少了。室友莉莉将一些课本搬下去卖给了书报亭的阿姨，15 斤 4.5 元。本来我是跟着下去打探行情的，可是突然有些于心不忍，难道我们三年的回忆就这样当作废纸了？我当即决定把课本留下来，它们是废纸，但是也承载了很多大学的记忆——被我们闲侃的老师，上课的情境以及书里不知何时留下的只言片语，当然还有每次都让我们痛不欲生的考试，所有的一切都是大学时代美好的回忆。

嘿嘿。回忆是美好的，我要把它深深地印刻在我的脑海里。

点评：大学校园生活即将结束，大三学子即将走上实习岗位，收拾行装也收拾好心情，载着美好的回忆继续前行。毕业实习是一场新的征程，需要你们将学习的理论知识运用于实践当中，加深对社会的认识和适应，培养自己的实践能力，缩短我们从一名大学生到一名工作人之间的思想与业务距离，为以后进一步走向社会打下坚实的基础。学子们，你们奋斗的战场还在前方，加油吧。

12 月 29 日　星期天　雪

毕业设计开题准备

早上睁开眼习惯性的第一件事就是打开手机，刷新朋友圈，从上至下全都被杭城飘雪给刷屏了。赶紧起来跑到阳台上，天空不断飘着鹅毛大雪，我也像大家一样非常激动，兴奋地给爸妈打电话告诉他们杭州下雪了，很大很美。他们叮嘱我衣服多穿点，注意保暖。看着大雪不停落下，想起了薛之谦的《认真的雪》，情不自禁轻声哼唱起来。

今天，整个寝室就只留下我一个人在欣赏这美丽的雪景，另外三个妞的毕业设计定好了方向，就迫不及待地回了家。哎呀，想到回家，对我也是相当有诱惑啊，这么算算都已经有一个学期没有回家了，好想念老妈的糖排啊！

昨天，我们的毕业设计指导老师召集了我们，给我们小组开了个会。我们组到现在还没有一个人交开题报告，杨老师真是急了，发出了最后通告：不交开题报告不许离校！这不，我就只好孤单一人留守寝室了。

关于选题，杨老师给了我们不少参考的方向，其中大学生理财这个主题还比较吸引我。记得大二的时候，我们班同学组队做挑战杯项目，那时候还做了市民理财的调研呢。这一下子，我的思路就被打开了，为何不做大学毕业工作初期理财方案的设计呢？这可是最符合我们毕业生的实际需求，也是最具备市场需要的，别的不说，调研取样都能信手拈来啊。这么一想，一下子兴奋起来。酝酿了一下思路，给老师打了电话，询问了老师的意见。老师也很支持我的这个选题，给了我不少建议。

毕业设计主题定下来了，接着就是撰写开题报告了。写文章简直是我的死穴，我这个人别看平时能说会道的，可让我动笔杆子可就难为我了。对于这个毕业设计主题，我有自己的具体想法，但要转化为专业性的文字，顿时就犯难了。这没做毕业设计前，总听学长说毕业设计并不难，我还以为把平时所学的知识单纯地总结下就是了，看来真不能麻痹大意啊！

这时候想起杨老师问的一句话"你们在校几年里，有谁用过学校的论文数据库啊"，当时我们还都不以为然地笑了。接下来，我得泡泡图书馆，搜集一下资料，好好地用这几天的时间准备我的开题报告了。

我爸常说"人无远虑，必有近忧"，这件事也给我启发，平时多积淀，才能出成绩呢！

点评：大学生毕业设计是大学期间的最后一课，是对大学三年学习情况的总结，也是检验学习效果的一种有效途径。毕业设计是在学生毕业实习期间完成，要有效安排好实习和毕业设计的时间，做到两者融合，相互促进。

12 月 30 日　星期一　阴

离校实习的伤感

现在已经是 2013 年的 12 月了，大三的我们即将离校进入社会。在感叹时光飞快、岁月流逝的我们是真的将不再拥有无忧无虑的学习生活了。每每身边的同学一起聊天，聊着聊着的话题总会转到以后工作、生活方面的话题，感伤之情不言而喻。

回想起我们刚入大学那会，一切都是新鲜的，什么都不懂。大一刚开学第一天，陪伴着自己的是家人，一想到今后要离家那么远就会很难过。对大学生活充满了兴奋之余，也是对陌生的环境和人感到担忧，融入一个新的集体也是很不容易的。同学、舍友在相互摩擦、相互碰撞中产生了革命友情，这是与在社会中所能产生的不一样的情感。两年多的大学生活，大家在不断地学习中共同进步，也在课外的生活中共同帮助，这些回忆都是珍贵而来之不易的。

现在身为大三的我们走在校园的林荫道上，看到身边经过的那些学妹学弟们——他们仿佛是充满了活力，在大学中准备好大展身手，我们就不禁会回想起自己刚进入大学那会，也是如此的意气风发，每天好像有用不完的精力，紧张的课程结束之后还会三五个小聚小逛。那时的生活，就好似在象牙塔里，没有烦恼。现在，我们脑海里想得更多的是将来的工作会是怎样、将来的生活又该是什么光景。

和他们相比,我们老自嘲地说自己真是老了,没办法和这些小年轻相比了。这些美好的岁月终将存留在我们的记忆中,挥之不去。

距我们离校的时间真的是转眼就到,就在刚才,对面那幢宿舍楼的同学们带着哭腔在大声呼喊“我们就要离校了,以后我再也见不到你们了”,我们听着,内心同样地感慨。无论如何,我们拥有了这段最美好的青春,将来老了谈起来,也是幸福的。

我们是大三,我们即将离校了,我们即将走进社会,我们会有崭新的生活。还未大三的你们,请珍惜现在的大学生活,因为它走了,就不会再回来。大学会结束,但我们的青春不毕业,梦想不散场。

点评:青春是用来创造故事和回忆的时光,时间会成为一条细线,将往事磨成珍珠串在一起,成为一段值得回忆的过去。趁现在好好珍惜,每一个今天都是我们曾经期待过的明天,也会成为我们渴望回去的昨天,许多年后或许不再记得同行者彼此的名字,但不会忘了那一段一起奋斗的日子。大学会毕业,但青春不毕业,梦想永不散场。年轻就是力量,背起行囊,实现梦想的征程才刚刚开始。

12 月 31 日　星期二　阴

再见,匆匆的 2013

时光匆匆,转眼已到了 2013 年的最后一天。回望匆匆而去的 2013 年和即将来临的 2014 年,心中有无限的感慨。

2013 年就这样匆匆而过。回首过去的一年,尽管有一些不顺,但还是充实而丰富的。当大一大二时,我还只是个任性的女孩,会一味地由着自己的性子来做事,可如今的自己开始慢慢成熟,知道自己需要承担责任,需要为自己的未来负责。大学生活可以很轻松,可以很沉重,可以很单调,也可以很丰富……而在临近毕业的这一年里,我尝到了酸甜苦辣不同的味道,也收获了很多感悟,这些都将成为我宝贵的人生财富,让我在以后的人生道路中走得更加坚定而有力。

在校园的茫茫人群中,大家看起来没有什么不同,同样地上课,同样地睡觉,但最终却又迥然不同。因为每个人思考的角度不同,努力的方向也不同,付出的辛劳各有不同。我庆幸,在这匆匆而去的岁月中,我没有白白度过。我的个性决定了我的命运,一件事情,要么不做,要做就做得最好。渐渐地,忙碌似乎变成了我的性格,也形成了我大学生活的步调。2013,更是如此!专业课程、POCIB 国际贸易从业大赛、挑战杯“创新创业”大赛,之后是马不停蹄地找工作、忙实习和最近的毕业设计。2013,像一匹疾驰而过的马驹,载着我的拼搏和理想奔向了让人憧憬的 2014。今天与 2013 告别,明天就是崭新的一年开始了。

我知道,时光的流逝无法挽留。因为时间像一条永远向前的单行线,从来不可能折返。蹉跎岁月无意，只有勇于面对将来才有人生的精彩。2014，将是我踏出校门走上社会的重要一年，也是需要我鼓足劲向前冲的一年。2013，再见！2014，来吧，我已经准备好了！

点评：日子总是在周而复始之中消磨，岁月一直在低吟浅唱之中消逝，又是一年岁月交替时。过去的一年，或许有失落、有挫折、有感动、有收获，你可以回味品尝，但不要一味蹉跎。路一直在延伸，有梦想就不会停止寻找路的方向。请与 2013 挥手告别，去与 2014 相拥吧！

2014 年 1 月份、2 月份，梦想起航

大学时代就在这眨眼间即将告别，踏上新一轮的旅程，我就和熟悉的大学校园渐行渐远。走在分岔路口，我的未来是何方？用手捂心，答案是就在脚下。抬头仰望天空，不断地告诉自己，我需要在这新的起航中，去创造我的未来，我的梦想。不论是孤独行走还是结伴同行，让每一个脚印都坚实而有力量。我们张开青春的羽翼，向着梦想扬帆起航！

1、2 月份，是大三学子朝着梦想扬帆起航的日子，他们全力以赴地寻找实习岗位、参加实习面试，继而开展毕业实习，锻炼自己的职业能力。当然在实习之余还要顺利完成毕业设计任务。这是一个既迷茫又充实的阶段，对于未落实实习岗位的学生，容易出现焦虑不安、自我怀疑和信心低落等心理，而踏上实习岗位的学生，既具有学生又具有行业学员的双重身份，容易出现工作环境适应不良等心理。

1、2 月份学校的主要安排：毕业生完成毕业设计开题报告、继续落实毕业生实习岗位、开展和专业相结合的毕业实习工作，而对于银行订单班的同学而言，也要为另一件盛事而忙碌准备，那就是为银领学院的学习和生活画上圆满句号的“银领之光”文艺晚会。

1、2 月温馨提醒：毕业生在寻找和进行毕业实习过程中，会呈现不同阶段的心理特征，对未落实实习岗位的学生，要做好引导和鼓励工作，对实习期学生，要加强岗位向社会转化的角色适应问题，同时做好实习期间安全教育和管理工作，确保学生实习安全。

1月1日　星期三　晴

新年，站在新的起跑线上

岁月的步履如此匆匆，来不及回味咀嚼即将挥手告别，新的一年又将迎面走来。2014 年的第一天，天气也出其不意地转了晴，沐浴在新年的阳光里，不禁思绪纷纷。

期末考试考完了，毕业设计的开题报告等指导老师通过，我就该离开学校，回到家乡开始我的毕业实习。想想时间真是匆匆，我已经在大学里度过了两年半的时间了。在这段时间里，我认识了一群新的朋友，经历过一些困难与挑战，有过欢笑，有过泪水，有过坚持，也有过埋怨……可是不管怎样，这段时光都如此让人留恋。

几个同学来约我晚上一起聚餐庆祝元旦。我们来到了学校附近的农家乐，吃

得也很奇怪：四川火锅、烧烤加东北水饺。那天，我的心情很低沉，想到马上要回家找实习单位，我不知道这个社会将给我怎样的磨炼；也有些迷茫，不知道我怎么学会内方外圆，去适应工作环境。几个同学感觉我的状态不对，开始想着法子喊我喝酒，也劝慰我“不要消极”。接着大家你一言我一语地谈起找工作的趣事，他们热闹的、洒脱的状态开始感染我，我也感到自己在没事找事学消沉，渐渐地，我的热情被这帮子人带出来了，我也开始和他们说笑起来。

那天晚上除了欢笑也有一种无以言表的感动，这种感动终于让我的眼泪悄悄流了下来，借着酒力我说了很多感动的话，我有些激动。在这两年半的时间里，虽然我一直默默无闻，但班里的这几个朋友给了我很多帮助，也让我学会很多东西。

新的一年开始，一切都蕴藏着新的希望，也希望踏上新的征程的我们能顺利顺心！

点评：新年的到来画出了一条新的起跑线，大三学子们即将踏上实习之路，蓄势待发，开启一段新的征程，这里会有希望也会有挑战，会有鲜花也会有汗水，但不要轻言放弃，加油！

1 月 2 日　星期四　晴

离别前的集体 K 歌

大三最后一次的期末考一结束，班里的同学都陆陆续续回家实习了。班里剩下的同学寥寥无几，于是我们几个相约一起吃饭，聊天，K 歌，挥霍最后那么一点点可以挥霍的时间，快乐最后那么一点点可以快乐的时光。

我不那么喜欢唱歌。我害怕在陌生人面前唱歌。我的声音太像快断线的风筝了，唱到高的地方，几乎要窒息。这样一路惨白地唱下来，自己都觉得自己可怜兮兮的。幸好，都是极好的朋友，大家也都不笑我。

我们四个人唱了整整五个小时，吃光了所有的零食，喝光了所有的水，说完了所有可以说的话，彼此只剩下了可贵而又尴尬的沉默。

不应该是这样的呀，该是激情澎湃，离情别绪，泪洒歌台，再相互拥抱，泣不成声。至少，应该深情款款地对望一下，说一些什么我会想你啊，我好怀念我们一起的时光啊，我们还会在一起的呀。可是什么都没有。有那么一刻，我们集体失语了。

在应该哭的时候哭，应该笑的时候笑，应该快乐的时候快乐，应该痛苦的时候痛苦，这是所谓的媚俗。的的确确，有那么一刻，我们不知道该再说些什么，该再做些什么。

最后，我们没有痛哭，没有流泪，只是就这样相互注视着，直到拥抱在一起，我们都能感受彼此的心意。我的好友们，接下来的路请各自珍重！

点评:毕业实习的离校带着淡淡感伤,同学间的分别也让人倍感不舍,但这一离别也开启着他们人生另一段旅程。同学离别,各自奔赴实习岗位,希望你们在新的实习岗位上确定自己新的起点,坚持不懈,向着自己的人生目标前进。

1月3日 星期五 晴

致我们终将逝去的青春

青春是一本太仓促的书。关于青春,有各种各样的描绘。有人说,青春是一场回不去的远行,是一场忘不掉的相逢,是一场挽不了的伤痛。关于青春,我最喜欢的描述,就是这首席慕容的《青春是一本太仓促的书》:所有的行走都是那么的仓促,所有的相逢都是转瞬即逝的事,所有的伤痛都是突如其来。青春太仓促,太珍贵,我们奢侈不起。

今年还有一部青春主题的电影《致我们终将逝去的青春》,引起了无数年轻人的感想。之前一直没时间看,今天我一个人在寝室里把这部电影看完了。即将离开校园的人看这么一部电影,心情更如打翻的五味瓶般复杂。

电影里的郑微留给我深刻印象。她执着,勇敢,洋溢着青春活力;她可以很潇洒地合上青春的上一页,对于儿时一直喜欢的林静的失踪,她哭一哭就过了;她爱林孝正,坚持不懈地追求,她可以每天追着他到不同的角落,她会为了看他吃蛋糕,固执地等两个小时,忍受着蚊虫的叮咬。我喜欢她的真实,很多女孩子在接吻时会闭上双眼,但是她一定是睁着大大的眼睛的。她说,她想牢牢地看在心里,以后好用来回忆。她就像一株热烈的红玫瑰,即使有毒辣的骄阳,也要尽情地绽放。

《致青春》里还刻画了其他一个个鲜明的形象,几乎代表了最典型的、大多数人的青春。每个人的青春都有着不同的故事,却蕴含着相似的道理启发后人。人生没有不散场的青春,《致青春》告诉我们,青春是一本仓促的书,短暂而美好。没有谁的青春里精准无误,但是我们谁也挥霍不起自己的青春。毕竟,每个人的青春都只有一次。是几页平淡无奇的文字,还是丰富多彩的插画书,全掌握在我们手中。

点评:青春是燃烧的火焰,是跳动的音符,是激荡的溪流。人的一生只有一次青春,我们应该让火焰燃烧,让音符唱响,让溪流欢淌!只有进行了激情奋斗的青春,只有进行了顽强拼搏的青春,才会留下充实、温暖、持久、无悔的青春回忆。

1月4日 星期六 晴

岁月的梭子

眼前的情景依稀还是那个一脸无知、被高考考笨的学生,抬手间稚气十足拖着行李箱跟在父亲背后进大学的场景,天真,不知天高地厚。岁月是一把杀猪刀,九把刀的比喻很贴合现实，它无情地将少男少女们身体里的稚嫩，纯真的小猪杀得精光，留下躯壳行尸走肉一般游荡在人间，目光呆滞。

大三的日子真是好过的，切切实实地体会了一番小说里主人公的生活：一般没课睡到自然醒，上课也是不带灵魂地去校园游荡一圈，偶尔走一趟图书馆也是直奔五楼去看各种各样无聊的小说，专业课什么的，在大三的眼里一切都是空的，浮云一般。秋如期地告别，冬悄然而至，中信广场两旁的行人道外的我最爱的银杏被西北风硬生生褪去了它的韶华，一地黄叶点缀贫瘠、枯荣的草地，剩下银杏光秃秃的树干迎着北风，往日的风光已然不再。

怎么看怎么觉得自己没有成熟的痕迹，而为什么那些进了订单班的人一个个都变成了自己的学长学姐一般的妆容，是自己太幼稚，还是职业催人老？抑或是自己自卑的心态在作祟。元旦一过，离校的日子屈指可数，而工作的事一直没着落，每个夜都变得漫长，失眠的夜一夜夜数不清，六人间的寝室竟在寒冷冬夜也可以静得如同荒地一般，有月亮的晚上，那光会透过破旧的没拉完整的帘子洒到脸上，一滴晶莹很炫目。偶尔有室友沉睡的呼噜声做伴，那便不再那么凄惨，附和着她的呼噜声，我进入了梦境，梦里还是工作的事，被录用了，我喜不自胜，梦里我是幸福的。每天早上醒来第一件事便是打开手机查看是否有未读的短信，期待，失望，失望，期待着，周而复始，但从没有绝望在脑海、在心头闪过，如同在冷风里的银杏一般，虽然纷纷黄叶都离去，但仍笑迎着北风，哪怕它再浸肌刺骨，也会静静地等待春的到来。

偶然听到朋友说可以将简历投到家乡的人才网上，便在无聊之时，有了打发时间的好方法，幸而互联网是强大的，投出去的简历也三三两两地得到了些许回应，陌生的号码，来电显示着“浙江嘉兴”的字样，慰藉着失了魂一般的空壳，未来的时间和远方的地点，该怎么样去把握呢？不得而知，走一步算一步吧！而现在，也只有沉浸在文字里的时间心里才是释然的，不想读得太功利，大学的最后，想给自己留一方时间净土，有这么一段日子，与世无争，浸泡在文字中的自己，恬静如蜜。

点评：面对毕业的压力、求职的拒绝、实习的无奈，有的同学焦虑，有的同学丧气，有的则怨天尤人，作为应届毕业生，要求职成功，关键是要改变心态。我们应该从自我实际情况出发，积极调适自己的就业心理，主动自觉地适应环境，与环境保持协调，客观地分析自我与现实，有效地排除心理问题，从而保持一种稳定而积极的心态，达到合理择业、顺利就业和健康成长的目的。

1 月 5 日　星期天　晴

大学里的遗憾

似乎才刚刚走进大学校园，转眼，又要离去。三年的生活就在不知不觉中从身边飞过。在这三年里，我经历了许多从未经历过的生活，得到了许多使我终身受益的经验教训，拥有了称得上“铁杆”的朋友……然而，如果有人问我：“你在大学里最遗憾的是什么事?”我将毫不犹豫地回答：“看的书太少了。”如果我的大学可以重来，我决不仅仅看这一点点书籍。

也许有人会说，在学校里整天读讲义、看课本不就是在看书吗，看书又有何用?当然，看教材、读课本也是看书，这是为了掌握基本理论知识，不可不读。而我说的看书，是认为我们大学生还是应该多补充各个领域各个方面的知识，那就得做一些课外阅读，尤其和自己专业背景相关的书籍，这对自己以后的工作也会起到很大的帮助。

如果你适应了并积极地去使自己更加优秀，当你走出校园的时候，你会由衷地感激而并不是抱怨，而那些牢骚不断的同学也自然不会适应这种环境。然而，使自己优秀的途径可能有很多条，有人天天上自习上课不听讲，有人天天忙别的而考试前加班，有人上课效率高，平时就发展自己的爱好，但最后考试的成绩都不错，而往往评奖评优都是以成绩说话，又会使很多同学发牢骚。

有人评论现在的大学生很功利，很实际。这在我们的身边确实也有例子，比如同学们都很看重课程成绩，因为这个和评奖学金直接挂钩。我们太看中结果而不重视过程，有的同学就只死记硬背，我们称其为“死学”。可我们想过吗? 这“死学”到底意义在哪里，不真正地研究自己专业的问题，不加深专业知识的储备量，工作之后毕竟是无法适应的。

所以，如果说我的大学能够重来，我肯定选择有目标性地学好自己的专业，好好多读一些专业书。想象一下，晚上踏着漫天的繁星，从自习室里出来的那份喜悦以及和知己们谈论你的新发现时的快乐，这都是别人无法体会的。这样逐渐积累，等到毕业时，你就会感到自己特别丰富，特别充实!

点评：如果大学可以重来，我们会重新设定目标，会不让韶华尽失。可大学毕竟不能重来，正是因为无法重来，所以更显悲壮与豪迈，正是由于压力与挑战并存，诱惑与机遇同在，人生才如此的波澜壮阔、多姿多彩! 大学毕竟无法重来，所以我们还是需要正视现实，规划未来，脚踏实地地扮演好现有角色。

1月6日 星期一 晴

懵懂的一次面试

今天，是我第一次面试。毕业了，真的一切不能再等了。

清晨，拉开窗帘，窗户外面，雾蒙蒙的天气略带一点冷气。用力地做了一个深呼吸，做完之后才后悔，这种雾霾天气真的不适合出现这种傻傻的行为。从柜子里拿出“沉寂”很久的正装，用力地拍打了几下才穿上。接下来，让自己安定下来，画上淡淡的妆。最后，站在镜子面前，给自己加油，然后就出门了。

“我走了，面试去了。”

“第一次，加油！不要紧张，好好表现……”室友的话还没说完，我已经跨出了寝室门。走在走廊上，还依稀听见渐远的鼓励声和笑声。

不知是太久没坐过 B1 快速公交，还是怎么的，我发现原来人可以这么多，原来车可以坐这么久，原来我还是会这么的紧张，很多想象之中最终还是变成意料之外，该来的还是来了。

到站了，我下车了，站在路牌旁，四周望望，周遭的一切都变得好紧张，车子好像走得更快了，人们的匆匆步伐好像都加快了，我的心跳同样地加速了。

朝着一幢大厦走去，尽管是雾霾天气，我还是做了一个深呼吸。在保安处签了到，走在电梯里，按上 15 楼。时间好像快又好像慢，感觉好奇怪。

安静地走进这个公司，脚步声好像很响，我刻意走得很轻，好像越是刻意就越响，算了，一切顺其自然吧。那一刻，眼前出现一个人。

“你是？”

“你好，我是来面试的，可以问一下你们面试的地点在哪里吗？”

“来吧，我是人事部的，我来帮你组织面试。”话音刚落，我一颗紧张的心，忽然平静了，心里暗暗庆幸，还算走运，没有碰到那么凶神恶煞的面试官。

最简单的基本交流之后，问题来了。

“你觉得你的作品里的理念是什么？”

瞬间我有些懵了，自己说了什么都不知道。

……

接下来面对的一系列的问题，我都这样糊里糊涂地回答了，即使自己不知道自己在干吗，但至少我都应付过来了。结束得很快，踏出办公室我还心有余悸。

面试就这样结束了！这一次的感觉很复杂，我在面试中的表现似乎从头到脚都是懵懂的。哎呀，一想到自己的傻头傻脑，就脸上麻麻的感觉。自己差劲的表现估计不会有戏的了。不过好在积累了一些经验，只希望以后的面试能够顺利些吧。

点评：就业本身就是认识和适应社会的一个过程，在求职过程中遇到困难是正常的。在就业中遇到许多心理冲突、困惑，产生一些不良情绪也是正常的。作为应届毕业生，保持积极乐观的心态有助于我们成功。当遭遇面试失败时，我们应该重新审视自己，根据目前的形势和自己求职的经验，积极总结、反思，为后面的求职机会争取成功。

1月7日 星期二 晴

伤不起的爱情

要毕业了。可我还在理想与现实之间挣扎。白天为工作拼命,到了夜深人静的时候,寂寞又开始慢慢蚕食我的心房。

这个学期初,遇到一个大一好女孩。如果我现在是大一,我会毫不犹豫地追求她。但是学会理智的我,决定放弃。不久,女孩有了男友。我也正在转身离去。仿佛,这是一个美好的故事,但是却不是结局。

我渐渐学会了享受寂寞,习惯了慢慢远去。但是还是羡慕路过的风景,总是忍不住回头张望。

和那个女孩的聊天,仿佛已经成为一个习惯。我也仿佛习惯了扮演她哥哥的角色:每天分享她成长的一些小小乐趣,分享她与同学之间的打打闹闹,分享小女孩与男友之间的苦恼,分享她为了芝麻绿豆与妈妈斗气……看着她的单纯世界,仿佛又重新过了一次大学生活,重新开始了一次我的缺心眼大一。她也渐渐对我这个哥哥产生了依赖。

我跟她闲聊,我说我毕业后就要在你身边消失了。她说那我怎么办?我说没有什么怎么办,你的生活还要继续,你要适应没有我的日子。说完这些,我眼睛湿润了。

大三的人,已经要担当自己未来生活的压力,不能再继续风花雪月。

大三的人,要学会理智,但是理智的人很少快乐。也许成长的代价就是不快乐。

大三是一个残忍又无奈的时间段,我们真的不再适合停留,也经不起任何的东西牵绊自己。爱情也要有一个确定的未来,没有未来的爱情,我宁愿放手,所以大三真的伤不起。

点评:爱情,人类永恒的话题。校园爱情也因其纯洁和美好而备受人们向往。但大学里爱情艳丽的花朵,要精心照料才会绽放得更加绚烂多彩,大学生对爱情应该持慎重的态度,不能误把友谊当爱情,也不该只重过程不重结果。

1月8日 星期三 晴

盛大的“银领之光”文艺会演

今天,学院金葵花艺术中心灯火通明,我们银领学院将在这里上演“银领之光”文艺会演。特别有意义的是,我和我们班的伙伴也将一起上台表演,从排练、初赛到决赛,我们花了很多时间和精力准备,当然也希望今晚能演出成功。

我们的节目是歌伴舞《好运来》，这是今晚的第一个节目，这多多少少让我们有些紧张。晚会开始了，我们一亮相就感受到了台下热烈的掌声，这让我们放松不少。最后，凭借着团体良好的合作和展示，我们的节目总算顺利地完成了。

回到台下观看节目的演出，真是能感受到来自各个银行订单班队伍的强大实力。如诗朗诵《我们的银领梦》展现着我们银领学子从渴望订单班，到苦练职业技能、提升职业素养，再到如今即将毕业的感恩和不舍；《舞蹈串烧》展示了同学们对美好银领生活的向往；歌曲 *When I gone* 展现了年轻的创新活力；歌伴舞《怒放的生命》和《致青春》让我们感受到了银领学习的成长正能量；小品《最美的时光·遇见最美的你》让我们充分感受到了银领学子的感恩情怀；更有人影戏《中国梦·金院梦·我的梦》带领大家一起回顾了大学三年的美好时光。整场会演的高潮是正在行业培训或实习的订单班同学们，也通过视频向现场的老师和同学表示祝福，最后会演在全体师生《超越梦想》的合唱中圆满落幕。

我们在台下随着节目的演出，或沉思，或激昂，或感动。这一场演出，是我们银领学子在银领学院一年学习、生活的汇报演出，更是我们职业素养、综合实力的集中展现。

点评：“银领之光”文艺汇演演绎了银领学子们从当初向往、憧憬银领学院，进而在银领学院期间勤奋学习专业知识、苦练职业技能、提升职业综合素质的充实生活，到如今即将告别母校踏上实习岗位的眷恋和感恩之情，这是银领学院学子展示青春活力和综合素质的一场盛会。

1 月 9 日　星期四　雨

学驾驶

身边的同学一个个都利用课余时间或寒暑假考取了驾照，马上要踏入工作岗位，我可不能落后。在与家里人进行沟通之后，决定在大学的最后一个学期报考驾照。

科目一理论考试顺利通过之后，终于等来了上车练习的新阶段。在上车练习前，我还觉得自己年纪轻轻，学起来肯定快。但后来才发现，自己动作技能真是不灵活。学一个简单的动作，虽然教练讲解起来似乎不难，但真刀真枪的自己练习时，总笨手笨脚，一会儿方向盘打错了，一会儿离合器没踩好。幸亏碰上的是一个脾气相对较好的方教练，尽管同样的错误，但他并不像其他教练指着鼻子骂，而是一遍又一遍地纠正我的错误，直到我能自觉正确判断如何能修正过来。都说碰上一个好的教练等于成功的一半，剩下的就靠自己的练习与悟性了。

对于我这种后知后觉的学员来说，要比别人练习更多次才能达到同样的水平，这个原因主要由身高差异导致，由于身高不同，每个人的视线范围也都不同，开车的手感也不同。但这个问题并非不能克服，随着练习经验的积累，感觉找对了，问题自然也迎刃而解。

这几天，已经开始练习场地考的项目了，周末的两天还要进行考前封闭训练，练习的强度越来越大，但我丝毫不会退缩，希望我能一次通过，早日拿到自己梦寐以求的驾照。

昨天晚上还做了个梦，场地考试的时候，自己居然什么都不会，于是考试挂了。早晨醒过来一身冷汗，后来想想梦与现实应该是相反的吧。恩，今天还是得多练几把，熟练了去考试才不会慌呀！

点评：社会上对大学生学驾驶的看法普遍认为"多一本证书就多一次机会，考取驾照可以为找工作添加筹码，为自身增加求职资本"。大学生学车，增加职业技能无可厚非，但要平衡好自己的时间、能力和财力，明确学车目的，不要盲目随波逐流。

1月10日　星期五　雨

不平常的一天

这是一个看似平常却又带点跌宕的日子。

上午九点，收拾书包，整理装束，带上简历，向着昨天预约面试的公司前进，面试的公司在下沙，坐公交车没几分钟就到了。

面试公司是永乐影视公司。因为之前没做了解，都还搞不清楚这家公司的业务，我猜想着这大概也是影视后期特效公司。进去面试的时候发现，这家公司是以出品为特色的公司，可惜编导、拍摄，我都不是很在行，好在这里还招聘影视后期特效制作师。

到了面试的办公室，面试官是一位年轻的女士。我坐下来，把简历递了过去，面试官接过去浏览时我就自我介绍，然后就见她在简历上跟岗位相关的信息打上了勾，然后问我在之前实习的公司有什么作品没有。我掏出随身携带的硬盘，连接上电脑，在里面寻找我之前做的东西，因为硬盘里放的材料实在太多太杂了，一下子都找不到我想找的，这时候我就有些急了，也有点慌张起来。

慌里慌张中找到一些半成品，想播放给面试官看。这时，面试官示意我稍等，她去隔壁办公室找了公司的技术主管。用这空档，我又定下心来找了找，终于找出了几个比较成熟的作品。播放完，技术主管肯定了我的创意，但是技术方面的评价是"这些都算是基础"。我对自己的作品也有认识，所以对主管的评价也表示接受。之后主管翻看了下我的简历，看到我的一张荣誉证书就定了下神，表示我还有优秀团干部的荣誉证书很不错啊。这样，我和主管的交流很快就结束了。

之后，我仍然和面试官交流了一段时间，了解了他们的入职要求和培训计划，但后来我将之前的几家公司做了对比，觉得自己还是不适合永乐，最后还是放弃了。

这次面试我认识到自己的不足，知道自己还有更大的提升空间，同时也更加确定了自己的职业方向。

点评：在大学生毕业就业时，面试是一个非常重要的过程，有些大学生在这个过程中感到不知所措，或者做得不好，使自己在求职中因小失大，达不到成功。在求职过程中要注意面试基本礼仪和语言技巧，消除过度的紧张情绪，才能达到事半功倍的效果，增强面试的有效性。

1 月 11 日　星期六　晴

家，我温暖的港湾

快放假的校园一片安静，学弟学妹们正在紧张地准备他们的期末考。可对我们大三学生来说，是没有寒假之说的。这一个月来，我一直在到处寻找我的实习单位或者说是工作岗位，可最让人失望的是，到目前为止还丝毫没有消息。现在的我一点自信都没有，家里并没有可以依靠的资源，我自己个人各方面条件也并不突出。我有前所未有的紧张，不知道如何规划自己的将来，现在的我就像一只无头苍蝇，没有方向，没有目标，甚至都不知道自己该从事什么样的工作。

大一的时候我是冲着进订单班选择了我们学校，那时的梦想是将来成为一名银行柜员，安安稳稳、简简单单地过我的小日子。可后来也怪自己，成绩并不突出，技能也不好，大二的时候无缘进入订单班。身边的同学老师都告诫我"先就业再择业"，可是我怕，就业之后再想择业会不会更加困难呢？爸爸妈妈一直和我说，"努力吧，工作的事只得靠你自己，我们都老了，也不懂，也给不了你意见"。他们虽然这样说着，可是无形的压力却一直都在呀。

拖着疲惫的身子，带着一头的烦恼回了家，只想在家安静一下，等待一下工作的消息。

妈妈看我疲惫的样子，很是心疼。中午，她给我烧了一桌好吃的，还不断地往我的饭碗里夹菜。"孩子，多吃点，最近一段时间在家好好补补"，妈妈疼惜地看着我，"家里也不能帮你什么，这时候都靠你自己努力了"。听着妈妈的话，我心里一阵感动，突然间有种温暖的力量围绕着我。家，它是如此温暖，父母的爱是那样地温暖我的心。

点评：亲情是我们一笔巨大的财产，亲情关系是人类社会中最基本的人际关系，也是支撑我们前行的强大的动力，我们要学会珍惜亲情，重视亲情，回报亲情，也要学会和父母更好地沟通交流。

1月25日　星期六　晴

参加实习公司的年会

春节将至，我实习的公司迎来了2014年度的公司年会。我作为实习生也有幸参加年会，心中充满了兴奋和喜悦。

第一次参加这样的年会，处处让我感受到新奇。公司老总也全程参加了年会，还给我们致以热情洋溢的贺词。聆听着各个部门负责人的发言，我的思绪伴着激昂的演讲声，引导着我回顾进公司实习的短短的一个月时间，这些时间我尽自己的全力让自己努力适应工作的节奏与生活，公司交给我每一样工作我都全力以赴，哪怕只是简单的扫描复印，或是做些表格。

不过今天的气氛完全不同，大家聚在一起，交流沟通，欣赏着各色精彩节目。美轮美奂，歌舞升腾，其乐融融，这是年会的独特魅力。我们还可以在酒桌上开着各自的玩笑，拎着酒瓶去其他桌车轮战，觥筹交错间，欢声笑语不断，会场上流露的是我们每个人最真实、最内在的感情。

每个部门都要出节目，今年我们部门的节目是我负责的，所以格外用心。虽然以前在学校也登过大大小小的舞台，但是在公司的第一次亮相还是会紧张，不管怎样我们还是很顺利地完成了，也赢得了同事们一致的掌声。这是我来公司第一次被别人夸奖，感觉心里美滋滋的。

年会让我感受到公司大家庭的和谐与温馨，让我感受到作为这个家庭中的一员而倍感自豪和骄傲。年会也给了我和其他同事、前辈进行零距离沟通的机会，让我有了浓浓的归属感和幸福感。

参加了公司年会，深深地感受到年会的凝聚力，我倍受鼓舞，在接下来的实习日子里，我会全力以赴，做好每一项的工作，争取早日成为公司真正的一分子。

点评：毕业实习是要学生加强理论和技能的融合，提升社会适应能力，实现由学校向社会的转变的过程，同时也是加强与人沟通交流，团队精神和合作意识培养的过程。作为一名即将毕业的实习大学生，要学会转变角色，主动融入单位，增强团队意识，尽快适应新的工作岗位。

2月12日　星期三　晴

定格的记忆

忙着找工作时，当被通知开始做毕业设计时，我才不得不接受我的大学生活即将结束了，才明白原来幼稚和无知都成了我的一种奢望。

今天我收到一家公司的面试通知，我很兴奋地准备着，我希望这是一个好的开始。说真的现在我面临的最大的困难就是找工作，本来就任性的我根本就不喜欢有人约束着我，所以毫不犹豫地选择留在杭州。我必须靠自己去证明给家人看，让他们知道我已经长大了，同时也是为了让他们放心我一个人也能过得很好。

当我进入那家公司时我是自信满满的，我觉得自己可以，而且面试的职位也和自己的专业是相符的。可是当他们问了我各种问题后，我开始有种莫名的恐惧，我开始害怕工作，我不敢相信自己这么快就要工作了。我不想去接受这一切，我害怕工作，害怕以后一个人上下班、一个人吃饭、一个人住。所有的都会开始改变，甚至我有种想要去逃避的感觉。现在仔细想想，似乎自己刚刚白天的想法有点太幼稚了，不管我怎么逃避，这一刻总是要来的。

进大学校门的那一刻似乎就在昨天，带着无尽的梦想、憧憬，等着自己在这三年里去慢慢实现。可现在梦想还在，时间已经不再了。但在大学里的收获真的很充实，至少没有让自己后悔。有老师、同学、朋友的陪伴，让我的人生多了许多色彩，感谢一直有你们。

突然想起之前当班助的时候，被学妹们叫"盈盈姐"真的是件开心的事，和这一群小家伙在一起的时光也真的很幸福。现在她们都成熟了，对学校的一切也都适应了，但见到我还是会亲切地叫我，这是最让我感动的，至少你们还记得我……记忆反复不断在播放，这些青春仿佛永远定格在相片上。

昨天，今天，明天。时间是一个周期，反反复复地上演着昨天今天明天。所以忘记了一些事情，也记住了一些事情；忘记曾经有过的烦恼，也记住大学里的美好时光。我也必须去适应真正的社会了，我现在可以做的只有为自己的未来努力。加油吧，我相信自己是可以的，因为我已经长大了。

点评：就业是大学生走向社会的第一步，是他们人生中的第一次重要选择，在严峻的就业压力下容易产生各种就业心理，其中会存在渴望竞争又缺乏勇气、就业心切又战前胆怯、漫无边际又瞎碰乱撞等心理特征，做好就业心态引导尤为重要。

2月13日　星期四　晴

面试中的收获

最近大家都在找工作，各种各样的面试使人非常的紧张和严肃。我也在网上投了一些简历。昨天接到一个电话说让我今天去面试。这是我的第一次面试。问了好多同学要穿什么衣服啊，带什么东西啊，等等。

今天，我要去面试的是萧山的一个外贸单证员工作，我听老师和同学的建议带了简历和一些作品。在车上，我也用手机搜索了一下公司的基本信息。来到面试的地方，前面有很多的人在排队等候，我看了一下他们带来的简历和作品，我的自信一下子就消失得无影无踪了。等到我面试的时候，就更紧张了，说话也是结结巴巴的。可想而知这次面试肯定是失败的。为此我总结了一下今天的经历。

自信。我觉得这点特别重要。因为自信的人才能够让别人相信你能。首先你要相信自己，人有了信心才会有神采。然后是真诚，扬长避短。真诚地对待每一次面试机会，真诚地回答每一个问题。有能力或者有基础，肯上进，这两点也非常重要。如果你能力很优秀，当然企业可能会优先录用。但是，作为应届生或者说实习生，后者尤为重要，然而我却没有注意到这一点。

虽然这次的面试是失败的，但是我觉得这同样会带给我满满的收获。通过这一次面试，我知道了该如何把自己最好的一面展现出来，如何呈现一个自信的自己，同时也为我以后能找到更好的工作做了铺垫。

点评：不经历一些挫折的人生是不完美的，所以我不害怕失败，我相信经过这许许多多的经历，我会变得更加自信，因为我找到了许多经验，也发现自己的不足，从而完善自己，我们不必害怕前方有多远，只要我们勇敢地往前走，就会走到自己想要到达的终点。

2 月 14 日　星期五　晴

想家的心情

今天是一个不一般的日子，中国的元宵节撞上了西方情人节，看了新闻中有专家解释，这样难得的日子一般需要等 19 年才能遇上。在这么一个特殊的日子里，没有男朋友的我也没有能够回家和家人团聚。

一个人也让自己好好地吃一顿吧。我走在街上，想找个店好好犒劳自己一顿。沿街走去，音乐、烟花、玫瑰这些浪漫的元素高调地呈现着，让我差点忘记了今天还是元宵节。

之前上学时，我是个不恋家的孩子，有一颗贪玩的心，总想跑出去，连节假日也大多和同学们一起疯玩。而现在开始实习上班了，休息的时间就更少了，今年过年在家也就待了一周的时间，就急着回到杭州了。都说距离离得越远，就会越想家。这样的一个特殊的节日里，我在电脑前乱翻，脑子却停不下来，爸妈在干什么，有没有想我，有没有吃汤圆。现在还能清晰地记得小时候，每当元宵节，妈妈开始在厨房忙活，我和爸爸待在客厅里看电视，一会儿的时间，妈妈从厨房端出一碗碗热气腾腾的汤圆。一种温馨而和谐的氛围感染着我们每个人，其乐融融，其情浓浓。就在这一刹那，我有点鼻子发酸的感觉，开始想家，开始思念爸爸妈妈……

我拨通了家里的电话，没等妈妈在电话里说话，我的泪水夺眶而出："妈妈，我想你们了，元宵节快乐……"

在那一刻，我终于明白，年轻的我可以背着行囊远离家乡、远离家人，可我始终离不开父母的心，走不出父母的期待的眼神。

点评：家是我们温馨的港湾，是我们情感寄托和真情流露的地方。大千世界，芸芸众生，每一个人都有一个属于自己的家。这个家，总让远方的游子，历尽千难万险后，仍然念念不忘回家的路。我们走得再远，也有父母、亲人牵挂的眼神相随。

2月15日　星期六　晴

不同的选择：我的专升本之路

时间飞逝，我已从一名初出茅庐、初入大学的新生变成了学妹学弟口中的素未谋面、让人敬而远之的大三学姐，从最初的青涩到多了几分老练成熟，这让我欣喜也让我失落，欣喜的是成长带给我的蜕变，失落的是即将毕业踏上新的征程。

"曾经有一份不错的就业机会摆在我的面前，我没有去珍惜，直到失去的时候才追悔莫及……"，有人这样拿我开着玩笑。因为三年里大大小小的荣誉和各种奖学金，让我有好几次不错的就业机会。可我最后还是放弃了工作，决定继续求学，完成本科阶段的学习。

专升本没有想象的那么简单，毕竟是从浙江省的所有高职院校中选拔毕业生，与数万个优秀的毕业生竞争，是一件难事。而且我梦寐以求的英语专业，也是竞争激烈，并且我下定决心专升本的时间比较迟，当其他同学已经开始复习，甚至去参加补习班时，我才开始我的复习计划。这就决定我要花更多的时间，迎头赶上。

我报考的是文科，就需要考语文，语文复习也是一件很头痛的事，需要背诵的基础知识、名篇、文学常识繁多，根据我的学习计划，每天要完成的学习量很大，对于很久没有再为学习这么上心的人来说是个严峻的挑战。至于专业课英语，更是一个需要花时间与精力去攻克的科目。好在我现在融入了我们学校的专升本复习团队，同样带着升学梦想的伙伴们，聚集在一起，共同复习，共同讨论，互相支持。

相信在将来的日子里，已经慢慢适应这种学习状态的我一定能够打开新的人生大门。路漫漫其修远兮，吾将上下而求索。

点评：在大学的最后一年里，有部分大三学生选择了专升本的道路，于是他们坚定地和同伴们一起树立信心，追逐理想，朝着心灵的圣地前行。有坚定的奋斗目标并能为此坚持到底，这是一种让人心生敬佩的精神。同时，有共同理想和奋斗目标的同伴是自己行动的推动力，也会让自己收获不一样的友情。

2月16日　星期天　晴

入职前的素质拓展训练

正式开始实习前，我收到了支行的通知，去参加为期一天的素质拓展训练。这一天的经历，对于我的职业生涯，确实是受益匪浅的开端，不可或缺的一笔。

第一个活动，是“奇兵寻宝”游戏。为了寻得宝物这个共同的目标，我们团队成员积极商讨方案，寻找线索，四处奔跑，不辞辛劳，在寻得所有线索但没有突破的时候，大家一起讨论，集思广益，头脑风暴。在发现可能藏宝的地点之后，积极动手去挖，四处寻找，终于实现目标，寻得宝物。在这一过程中，有我们队员无数的思考，无数的倾听，有为了达成目标不辞劳累的奔波，为的是同一个目标。

“穿越电网”，我想的是，即使这真正是一堵高压电网墙，通过则意味着生存，而触网意味着死亡，但面对死亡，我们队员表现出的不是自私，更多的是为了实现目标所表现出的无私。把好过的、能通过的机会让给别人，自己选择小的通过，要知道，没有通过意味着死亡。这就是团队精神，在大目标前，人人都无私奉献于团队，牺牲小我，成就大家。

在“背摔”活动中，我则感受到了信任的力量，在团队中更应该是互相信任的。这就是团队的最高境界，一个团队，为了共同的目标，彼此信任，目标、方案形成之前，集思广益，一旦目标、方案形成，就需要在互相信任的环境里开展工作。

“盲人方正”则是一个方案的设计和解决的活动。有的时候，我们团队会遇到一些预想不到的问题，或者是障碍。遇到障碍时，作为团队，该做的是积极寻求解决方案，而不是坐以待毙。在这个游戏中，我们紧闭双眼，没有方位，但是在我们积极寻找方法后，硬是通过人作为尺子，做到最接近正方形的方正。

通过这次拓展活动，我对于团队和团队精神有了更深的了解，我和同事的距离更近了，也有了更强的单位归属感。

点评：素质拓展训练是一种以提高心理素质为主要目的，兼具体能和实践的综合素质教育。它能使学生激发个人潜能，培养乐观的心态和坚强的意志，提高沟通交流的主动性和技巧性，树立相互配合、相互支持的团队精神，从而达到提高学生心理素质的目的。因此，这种培训方式成为学生学习生活经验，体验社会教育，形成正确的人际、情感和社会性价值观等教育目标的一个重要途径。大学毕业生新入职场，要转变个人单打独斗的观念，增强与人沟通交流的能力，学会团队分享和合作，才能获得事半功倍的回报。

2月17日 星期一 晴

实习的第一天

今天是周一，这是我实习的第一天。本以为自己内心平静，也已经做好了一切准备，但是一切的发展并不那么顺利。

“起床了！”表姐叫道。

“嗯，才七点！”

“迟到了，迟到了！”自己开始嘟囔起来。便开始匆忙地做起内务，紧接着破门而出。

即使这样，我还是迟到了，等到了单位已是九点十七分了，早已经过了正式打卡的时间。可笑的是，我竟然忘记了指纹采集用的是哪根手指，以致打卡的时候将十根手指全用上了。

可笑的事情还不仅如此。我今天第一次被人挤下车，且是五次；第一次愿意让自己饿着肚子，只是为了上班不迟到；第一次愿意像风一样踩着高跟鞋拼命地奔跑。总之，我想说，来到新的环境，一切事情的可预见性太低了。

还没等我缓过神儿来，就听到经理对我说：“小赵，十点钟要开例会，你准备一下！”话音刚落，便领着我提前进入会议室了，还未等我准备好，一切便已经开始了。在经理的示意下，我站起来做了自我介绍。

会后，经理请了一位同事带我熟悉公司环境。接待我的是林小姐，她带着我熟悉了场地，并为我做企业文化的讲解，我了解了企业文化的核心——荣誉、善勇、智勤。

之前在公司进行二轮面试后，我已经初步了解了公司的运作模式和人员构成，觉得这份工作还是不错的，能够给人带来成就感。但通过与周边的同事交谈后，发现自己还有许多要改进和提升的地方。公司员工的平均年龄在28岁以上，经过今天的会议，我发现自己是唯一的一名应届毕业生，这莫名地给了我压力，同时在某种程度上也给了我喜悦之感。

实习的第一天是每个求职者需要面对的，而在这个过程中，我们经常会遇到一些突发事件，如何去应对并处理好它，是我们需要学习的。职场的第一天给了我很多宝贵的经验，我想这一天我会回味很久。

点评：应届毕业生离校实习，对工作环境不适应、职场规则不熟悉、工作业务不熟练，在实习初期犯一些小错误在所难免，我们不应为此缩手缩脚，而是应当诚实地面对这些错误，从错误中汲取知识，从错误中总结经验，让自己更好地融入工作环境中。

2月18日　星期二　晴

与班主任的一次交流:择业 or 就业

班级的QQ群里,同学们正聊得热火朝天,有的在吐着苦水说老板抠门,也有的报告着新的工作岗位的趣闻。而此时像我这样还没有实习单位的,算是另类了。

当我正查看着群里的就业信息,一个熟悉的QQ头像闪动起来,“梦回”,这是我们班主任徐老师的网名。“赵新,你现在的实习单位有办法落实吗?”我迟疑着,不知道怎么回答。自从银行订单班失利以后,我还一直在等待银行招聘的机会,但是目前对我来说,进银行的机会太难太难了。徐老师了解了我的情况后,和我讨论了我目前的择业问题。

“先就业”还是“先择业”? 这个问题或许老生常谈了,但确实是我目前需要去面对的一个问题。徐老师指出我的问题,眼界太高,择业不顾及现实条件,一味无意义地等待,就怕反而失去很多机遇。

对于刚毕业的学生来说,如果对希望从事的岗位没有清晰的概念,对自己的职业生涯没有一个详细规划的话,还是可以先通过就业,慢慢沉淀,慢慢积累社会经验,在工作中挖掘自己真正的兴趣所在,明白自己想要做什么了,也就明确了择业的方向,这样求职就比较有目标性了。因此,大可以把这段就业经历当成一个过渡期或是勤工俭学阶段,利用这段时间进一步充实自己,缺什么补什么,做好充分的准备,这样才能使择业变得更加顺利。

与徐老师的交流,给了我很多触动,我也重新审视了自己,我需要对自己好好做一次职业规划,放低眼光,从离目标最近的工作岗位开始,一边积累经验一边寻找自己最佳的职业发展。

点评:当前大学生“就业难”的问题日益突出,就业难已经成为当今社会的热点与难点,其中就业观念陈旧被认为是大学生就业难的一个重要原因。因此,毕业生寻找实习岗位时,要转变就业观念,拓宽择业面。在面临就业难的问题时,要调整好就业心态,降低就业期望值和求职标准,结合自身情况,先就业,再择业。

2月19日　星期三　晴

班级就业委员的一天

时间总是在不经意间悄然流逝,我们在忙碌中欢笑,在欢笑中实习,在实习中品味着酸甜苦辣。

到了大三,我们学校有个特殊的班委,叫就业委员,其实具体地说叫就业信息委员,主要职责是协助学校发布各种就业信息,同时也把班级同学的就业情况包括就业困难反馈给老师，基本算是学校、老师和班级同学之间的纽带吧。我在上个学期初就被同学们选为就业信息委员。带着同学和老师的信任，我也一直在努力做好这个工作。

学校的各项就业信息都会在就业网里发布，当我看到和我们专业相关的就业信息，我就公布到班级群里。每天晚上登录一次学校的就业网，查看和我们相关的就业信息，然后一条不落地转发到班级群里，这已经变成了我每天的习惯。每次我在群里说话，我们班的群就开始热闹起来。

我是我们班较早定下来实习单位的同学，这让我有了更多的精力去协助班主任了解班级同学的就业情况，包括同学的就业想法、就业情绪等等。因此我就成了班主任联系最多的一位学生，就像班主任和同学们之间的桥梁一样。担任就业委员之后，我和同学们的距离也更亲近了，而我也成了他们信任的人，他们会把找工作中的烦恼和担忧，或实习中的想法和不解都告诉我。

这个工作其实很累，也很花费时间，但我却从这个工作中锻炼了很多的能力，而更重要的是帮助了班级的同学，为亲爱的同学们的就业贡献了一份力量，也获得了老师和同学们莫大的信任和支持。

点评：班级就业委员的职责是配合学院和老师收集、发布就业信息，宣传就业政策和面试技巧，了解和帮助班级同学解决就业过程中遇到的困惑等，起到了联系同学、学校和社会之间的纽带作用。他们的工作既对锻炼自我、服务同学，也对促进学校的就业工作起到了重要作用。

2月20日　星期四　晴

挤公交实习的日子

实习前，我还有点羡慕上班族朝九晚六的状态，可现在一天来回两个多小时的现状就着实让我心生无奈。我在杭州市区找到了一个不错的实习机会，为了节约实习成本，我依旧选择住在学校宿舍。可这意味着我要开始过挤公交上班实习的日子。

从学校到我实习的单位坐快速公交也需要一个小时，每天上下班高峰期，在“偌大”的公交车上能安稳地“站住脚跟”也算是一种本事了。每每这种时候，我便会庆幸自己上车的站点是起始站，这样至少早晨出门时能够安心地就座，当然这是在我七点钟准时出门的情况下才能享有的福利。众所周知，下沙的公交是出了名的挤，尤其是这个阶段，各大高校的毕业生都和我一样，赶着早晚到市区实习，公交车上就挤得更加厉害。

自从1月份实习至今，我已经每天乘坐B1来回总共不下一百趟了，晴朗天、暴雨天、骤雪天、浓雾天、冰雹天都已经见识了个遍，杭州的天气像淘气的少女叫人捉摸不定，白天也能暗得像黑夜。一天之中最矛盾的莫过于下班前半个小时，高兴是终于能下班回寝室好好休息，悲伤是一想到漫长的车程、嘈杂的车厢、污浊的空气，就增添了我的疲惫。六点下班，打完卡，便得匆匆去赶公交。有好几次，在挤得前胸贴后背的车上，因为一天的忙碌让我有点眩晕无力，那时真想有个座位坐下，或哪怕能有个地方靠一靠。但这么长的时间，我也都坚持着，忙碌而充实的工作生活，是每个人必经的考验吧。

我时常告诉自己：别怕，现在吃的苦并不算什么，对生活我们得有足够的耐心。

点评：实习是学生从课堂走向社会的第一步。借助实习，学生可以初步完成从理想到现实的心理转换和从学生到职员的角色转换。顺利的心理转换可以减轻学生初入职场将要经历的现实冲击，完整的角色转换能为他们将来尽快适应新的工作岗位打下良好的基础。然而，大学生在实习期间具有学生和劳动者的双重身份，遭遇着工作环境和角色身份等方面的多重考验，这期间难免经历各种困难和挑战，需要做好充足的心理准备。

2 月 21 日　星期五　晴

当爱情遭遇毕业

今天，我们吵架了。其实，都说不清楚吵架的原因。但我能感觉到，这段时间我和他心中都有顾虑的事。不知道毕业了我们能不能将爱情进行到底？都说毕业是分手魔咒，不知道我们俩会不会应验？这都是让人头痛的问题。都说爱情禁不起毕业的考验。一毕业，整理行李各奔东西，读书的继续升学读书，工作的也各奔前程，尤其是两地的，往往难再续情缘。

爸爸前几天打电话过来，很兴奋地告诉我有个很好的实习机会，可我一点儿都高兴不起来，只是告诉了老爸我想留在杭州。老爸尝试说服我，最后两人都不吭声了。我能感觉到爸妈都不能理解我，觉得不可思议。可这是我目前唯一可做的，和他一起留在杭州，一起找工作，一起奋斗。虽然我知道这很不容易，或许会碰不少壁。可是这是我们的约定，不能改变。

毕业是感情的一个坎，两个人的事不确定的因素太多了，何况我们来自两个城市，工作的选择尚不知能不能压过父母软磨硬泡，更何况我们都还没将恋爱的事让家人知道。之前听了太多毕业失恋版本的故事，所以关于我们俩的未来，我自己都不是很确定会如何。

有一次，他问我："就这么决定了，不回家乡？和我一起在杭州打拼会不会后悔？"他也知道选择留杭完全是为了他，如果我回到家乡，有家人的帮助，日子会过得安稳轻松，而留在杭州，就注定会辛苦奔波。"我不留在杭州，你可怎么办？"当时的我一笑置之，其实在内心，根本不敢去想象未来的困难。

身边有很多对我们这样的情侣,有些和我们一样选择在一起努力,有些各自寻找工作,未来如何都不置可否。我们的爱情会走多远,说实话我也不知道,但好在我们一起在努力了,虽然磕磕绊绊。未来如何,只要努力了,就不会有太多的遗憾和惋惜了!

点评:校园爱情是纯真而甜蜜的,但如今很多的校园爱情遭受着毕业的大考验。爱情和事业能否两全这是校园爱情面临的现实问题。如何做出抉择,这需要恋爱双方都做出认真的思考,这既是对对方的负责也是对自己未来的交代。

2月22日　星期六　晴

租房

又是一年毕业季,作为这就业大军中的一员,我既体会了找工作的不易,又尝到了实习租房的艰难。

正月之后,我就要正式开始实习了。由于家在外地,公司离学校又远,于是我开始了搭伴租房的日子。

有人说毕业生找工作不容易,而对于我来说,租房的难度几乎不比找工作小。找到一个经济实惠又合心意的房子,真是太不容易了。在上个学期末,我就在班级群、学校社团群和老乡群里开始寻找租房伙伴。终于有同个系的也在杭州滨江实习的女生和我一起拼租了。于是,我们两个女孩就开始找房产中介寻房。不看不要紧,看了才吓了一大跳。我们两个女生没有社会经验,真是不知道租房会这么贵,就连地段近市郊房子很老旧的也要一千五以上,而且通过中介租房,还得交给中介一个月房费的费用,这一切根本不是我们穷学生承担得起的。

于是,我们的租房方案完全推翻重来。中介租房贵,那么我们俩开始潜在58同城、网络社区里寻租;商品房价高,我们就去找附近的农民房;两个人平摊房价还是吃不消,我们又扩散消息,寻找第三个女生合租。就这样花费心思、四处寻找,我们总算租到了还满意的房子,一个套间,一大一小的房子,我和一个女生住一个大房间,另一个女生住小间。

搬家的那天,我们三个女生都没有请人来帮忙扛行李,大包小包转了地铁又转公交,等放下行李的那一刻,我们仨相视苦笑:"我们真是仨女汉子啊!"

点评:毕业生离开校园开始实习,开始了迈向社会的第一步,这是其人生的一大转折。学校与社会是两种不同的环境,学生和职场人是两种不同的角色。在不同环境和角色间转换的毕业生,更能理解现实和理想间的差距。其中,租房是他们进入社会后面临的第一个难题。在租房过程中,要有安全意识,学会自我保护。

2月23日　星期天　晴

再回寝室

实习以后第一次回到寝室，来到这个我生活三年的大学寝室，有种很温馨很熟悉的感觉，这是我在杭州的家。

我们寝室四人，除了我的实习单位太远而租了房子，其余三个妞还都住在学校。今天周末，我难得休息回到了寝室。见到了“八卦女王”，而“大姐”和“琴子”（室友的专属昵称）都不在。她很惊讶我回来了，也很开心。我们聊着近来的生活，未来的打算，各种的烦恼和困惑都相互倾诉。同时不得不感叹白驹过隙，转眼间，我们已经各奔东西了。有太多的不舍，回想起我们四个奇葩人物的寝室生活，我俩眼含泪水地笑了。我们曾一起享受在寝室乱炖的美味；也经历过查寝室时的手足无措；耳濡目染中也会相互学习各自的方言；在外总是人模人样，在彼此面前就原形毕露；每一个不想上课的早晨，总有你们帮我善后；偶尔会有小摩擦，但更多的是包容和和睦；考前通宵的学习；互相怂恿叫的夜宵；每一次的深夜卧谈会，畅谈着一些不切实际的事情。这一切的一切仿佛发生在昨天，如此真实。

他们说六月份的大学是伤感的。学长学姐们毕业的那天，他们喝得烂醉如泥，当时的我竟然傻傻地笑他们太感性。曾经的我告诉自己，天下无不散之筵席，分离没什么可伤心的。但是，当我回到空无一人的寝室，看着三个空荡荡的床铺，一种莫名的感伤涌上了心头，这种情感很复杂，现在的我完全能体会学姐学长的心情了。

仍然记得，22号楼324，当推开门的那一刻，遇见了你们，我最亲爱的室友们。如果人生是一场旅行，那你们就是这一站最美的风景。

点评：大学宿舍生活是美好的，亲情、友情、兄弟姐妹情，宿舍生活又是现实的，磕磕碰碰。宿舍记录着我们青春的印记，抑或长发飘飘，抑或裙摆飞扬，记载着我们的深厚友情，记载着我们酸、甜、苦、辣的成长片段，记载着我们抑或疯狂抑或忧郁的点点滴滴。我们同在一个屋檐下，朝夕相伴、喜忧与共，在一起时也许并不珍惜，但毕业后会成为一段最美好的回忆，也会带来一份最真的友情！

2月24日　星期一　晴

省优秀毕业生感言

时光飞逝，岁月如梭。青春行走在时间的彼岸，渐行渐远。毕业的步伐亦已逼近，白驹过隙，弹指一挥间，我们三年的大学生活即将落幕，但我们学习的步伐永远不会停息。半年来，我们一边忙于毕业实习工作，一边继续着我的毕业论文，蓦然回首这三年的学习生活，点滴感慨涌上心头。

今天，收到了班主任的通知，我获得了今年的省级优秀毕业生的推荐名额，需要提交一些申报材料，做好个人总结。能在毕业之际被推荐为省级优秀毕业生，心情当然是颇为激动的。回想这三年的时光，自己努力着，坚持着，奋进着。当身边的同学在玩游戏的时候，我把自己浸泡在图书馆，沐浴知识的阳光；当身边的同学逛街约会时，我带着我的学习团队讨论着我们的挑战杯计划；当身边的同学还在享受周末的懒觉时，我已经在校园里朗读我的英语……这三年，有过欢笑，也有过泪水，但始终坚信：所有的喜怒哀乐都会化为自己成长的养料，激励着我前进，见证着我成长。

庆幸自己大学的三年一直沿着自己的理想，走得很执着。大学期间其实每个人只要定下目标，持之以恒就一定能学有所成。知识固然要学，更多的应该是学习一种方法经验，形成一种正确的思维方式，这在当前变化多姿的社会环境中，往往比知识本身更为重要。

今天，省级优秀毕业生这个荣誉是对我这三年学习的肯定，也更是一种鞭策。荣誉就好比是圆形的跑道，既是终点，又是起点。不管曾经取得过怎样的成绩，都只代表着过去。不能因为一时取得好的成绩而骄傲，也不能因为成绩一时不理想而气馁。大学毕业，就意味着完成了人生的一个阶段，而要走向社会开始人生新的里程。我要带着更高的追求和谦逊的态度，从零开始，继续前行。

点评：评奖评优工作对于广大学生积极向上、立志成才、勤奋学习、全面发展起着重要的引导和激励作用，对学生的健康成长发挥着积极而深远的影响。大三学生的评奖评优工作是对毕业生在校期间学习表现的认可，也对其未来就业和升学有重要影响。

2 月 25 日　星期二　晴

毕业设计的收获

实习的日子转眼快两个多月了，这两个月里，我一边完成实习单位的各项工作，一边争分夺秒完成我的毕业设计。做毕业设计的时候，一开始真是碰到了许多的难题，一度不知道如何入手。现在终于做完了，有种如释重负的感觉，心中不免舒了一口气。

在没有做毕业设计以前觉得毕业设计只是对这几年来所学知识的单纯总结，但是通过这次做毕业设计发现自己的看法有点太片面。毕业设计不仅是对前面所学知识的一种检验，而且也是对自己能力的一种提高。通过这次毕业设计，我明白了自己原来知识还比较欠缺，自己要学习的东西还太多。以前老是觉得自己什么东西都会，什么东西都懂，有点眼高手低。通过这次毕业设计，我才明白学习是一个长期积累的过程，在以后的工作、生活中都应该不断地学习，努力提高自己的知识水平和综合素质。

在这个过程中,很感谢我的指导老师王老师的悉心指导和帮助。在我碰到难题的时候,老师耐心地和我商讨问题,提供给我一些思路,也引导我去思考问题,教我解决问题的方法。在这期间,让我学到了思考问题、解决问题的方式。

这次毕业设计也使我的同学关系更进了一步,同学之间互相协助,同一个小组的同学,合作共赢,相互帮助。我的毕业设计是关于地方金融的调研,在完成调研过程中,我深刻地感受到了同学间的情谊。设计调查问卷、发放调查表以及回收问卷,所有环节都受到了同学们的帮助,这些都让我非常感动。

在完成毕业论文过程中,我懂得了许多东西,也培养了我独立工作的能力,树立了对自己工作能力的信心,相信会对今后的学习、工作、生活有非常重要的影响。毕业设计也大大提高了我动手的能力,使我充分体会到了在创造过程中探索的艰难和成功时的喜悦。虽然现在这个设计还仅仅是个初稿,还有很多需要完善和修正的地方,但是在设计过程中所学到的东西是这次毕业设计的最大收获和财富,使我终身受益。

此外,我还得出一个结论:知识必须通过应用才能实现其价值。有些东西以为学会了,但真正到用的时候才发现是两回事,所以我认为只有到真正会用的时候才是真的学会了。

点评:毕业设计是大学教学过程的最后阶段采用的一种总结性的实践教学环节。通过毕业设计,能使学生综合应用所学的各种理论知识和技能,进行全面、系统、严格的技术及基本能力的练习。这是大学生三年学习中的最后一课,也是非常重要的一课。它是学生对三年学习情况的一个总结,也是检验大学学习效果的一种有效途径。

2月26日　星期三　晴

阅读的享受

或许是出于女生的天性,或许是从小的性格使然,很喜欢一些唯美的、富有诗意的东西,特别是好的文章,也不知是从什么时候开始,很喜欢把一些美好的句子摘录下来,以供日后慢慢回味、欣赏。

喜欢白落梅,是因为她的那本《你若安好,便是晴天:林徽因传》深深地打动了我,一个人,一本书,一杯茶,一帘梦。有时候,寂寞是这样叫人心动,也只有此刻,世事才会如此波澜不惊。凉风吹起书页,这烟雨让尘封在书卷里的辞章和故事弥漫着潮湿的气息。独椅幽窗,看转角处的青石小巷,一柄久违的油纸伞,遮住了低过屋檐的光阴。用一颗玲珑剔透的心承载下细水长流的故事,她笔下的林徽因,是一个如莲般美好的女子,任何美丽的词汇在她面前都黯然失色,像徽因这样的奇女子就该有几段不同寻常或是轰轰烈烈的爱情，在她的生命中，三个男子给了她三段不一样的回忆。其中最著名的应属雨雾之都的康桥之恋——轻轻的我走了，正如我轻轻的来，我挥一挥衣袖，不带走一片云彩……除却徐志摩深情的等待一场旧梦可以归来，梁思成与她携手走过千山万水，为完成使命而相约白头。金岳霖为她终身不娶，痴心不改地守候一世。但是林徽因懂得人生的飘忽不定，也懂得世俗的随遇而安，所以，当爱情接踵而至的时候，她会做短暂的停留，又义无反顾地离开。

终于明白，有些路，只能一个人走。那些邀约好同行的人，一起相伴雨季，走过年华，但有一天终究会在某个渡口离散。红尘陌上，独自行走，绿萝拂过衣襟，青云打湿诺言。山和水可以两两相忘，日与月可以毫无瓜葛。那时候，只一个人的浮世清欢，一个人的细水长流。

喜欢看书，喜欢一些唯美的、富有诗意的东西，喜欢待在安安静静的地方，这就是我。每天都会看一点书，记下一些唯美的文字，偶尔拿出来回味一下，很享受。

点评：阅读意味着你能够与遥隔千载的先人们进行超越时空的精神对话，意味着你的心灵之翼可以自由自在地在另一个想象的世界里翱翔，意味着你能够体验你今生无缘亲历的许许多多浪漫奇异、惊心动魄的生活……而对于一个审美观、道德观、人生观都正处在形成时期的青年，阅读的作用尤其重要。同时，在面对毕业实习、工作落实和毕业设计等一堆事情席卷而来时，也需要调节心情，学会放松自己，阅读就是一种很好的方式。

2 月 27 日　星期四　晴

谢谢你，我的“师傅”

现在大三的我们，即将面临择业和就业的问题，当我们选择一份适合自己的工作岗位的时候，你会发现自己在大学里学的并不是很多，甚至可以说，你的知识依然是薄弱的，临近毕业的我在家所在的县城里找了一份与会计相关的工作。

实习期间让我感触颇多。我所实习的地方在长兴水口一家纺织厂里，在这里他们记录一天所有进账和出账，都是用一个比用友软件简单的管家婆软件。记得第一天来到这里的时候，我才知道不同的丝做成的布是不一样的，如果做成一匹上好的布料子必须经过多次加工才能形成。

教我学习的会计比我大几岁，在厂里我喊她“师傅”，私下里我们像是无话不谈的好朋友。她给我看了厂里一些原始凭证和做账过程，教我熟悉并掌握会计流程的各个步骤及其具体操作——包括了解账户的内容和基本结构，了解借贷账户法的记账规则，掌握开设和登记账户以及编制会计分录的操作、原始凭证填制和审核的操作以及根据原始凭证判填制记账凭证的方法。这使我对会计有更深的理性认识并掌握了会计基本操作技能。

她说，会计本来就是烦琐的工作，做账要仔细认真。

在实习期间，我曾为整天要对着那枯燥无味的账目和数字而心生烦闷、厌倦，以致登账登得错漏百出。愈错愈烦，愈烦愈错，这只会导致“雪上加霜”。我的“师傅”总能在一边给我鼓励，告诉我：只要你用心地做，反而会左右逢源，越做越觉乐趣，越做越起劲。

这也让我想起梁启超的话：凡职业都具有趣味的，只要你肯干下去，趣味自然会发生。因此，做账切忌粗心大意，马虎了事，心浮气躁。做任何事都一样，需要有恒心、细心和毅力，那才会到达成功的彼岸！

有个良师益友在我职业的初期给我鼓励，带着我成长，这是一种多大的福气啊！我很想和我的小“师傅”道一声——感谢你，感谢你在职业路上给我的帮助！

点评：不管怎样最好都主动点帮忙做事，因为作为实习生刚去，都不会有什么太重要的事情分配给你，你就要自己积极点，一方面显得你工作态度好，另一方面就是能积累点人际关系。虽然事情可能不多，或者说不是太大的事情，但也要认真对待，有机会的话要和前辈虚心地学习。总结起来，还是个人态度最重要。

2月28日　星期五　晴

与客户电话沟通

这周我还是在会计柜台跟着师傅学习，主要负责整理客户资料，并与资料不全或资料过期的客户进行联系，提示他们补充或重新提供。当我准备给客户打电话时，心里十分紧张，因为我不知道对方将会以何种态度来对待我。犹豫再三，我终于决定以最饱满的精神、最温柔的态度联系客户。

“您好，这里是浙商银行……”我拨通了第一个电话，听起来是位50来岁的阿姨，于是我放慢语速，一一告知。阿姨态度挺好，最后还跟我说谢谢。正是这一声谢谢，让我鼓足勇气，接着打第二个、第三个……

不知是第几个女客户，可能当时心情也不大好。当我告诉她，需要她有空时提供下她的二代身份证复印件时，她气愤地说：“我刚上午来你们行里的时候怎么没跟我说？”“你是骗子，我知道的。”我还没来得及解释，她早已挂断电话。这让我深刻体会到客服的无奈。

通过这件事，我明白了职场的道理：作为银行职员，我们要以负责、诚信、学习、专业、沟通、创新的精神，体谅客户的心情，包容客户的脾气，全心全意为他人服务。就算客户的心是冰的，我们也要用我们的热情去融化它，温暖它。

点评：与客户沟通是金融行业必不可少的工作。建议给自己准备一个小本子，将每天的所见所闻和相关的知识点都记录下来，并且能够铭记于心，下次再遇到同样的问题，可以很从容地解决，同时不断积累工作经验。

2014 年 3 月份，逐渐向职业人、社会人转变

本学期的毕业实习，是同学们从学生向“职业人”“社会人”转变的关键时期，能否实现成功转型，直接关系到未来的职业发展。初入职场，遇到困难、挫折乃至失误、差错，都是情理之中的事情，重要的是要学会用积极向上的心态去面对，用谦虚谨慎的态度去求教，用踏实主动的行为去实践，在经验中成长、在教训中进步，不自暴自弃、不怨天尤人，展现阳光、进取的自我。

3 月份学校的主要安排：除个别班级的少数同学还没有到岗实习外，绝大部分同学都在单位实习或进行岗前培训。同学们整体上思想稳定，精神状态良好，向单位展示了优良的职业化素质。由于刚踏上工作岗位，部分同学也遇到了困难和挫折，发生了工作差错，出现了情绪波动，但在实习单位领导、实习指导老师和班主任的帮助下，都能够很好地进行总结、反省，及时调整心态，并以更加成熟、稳健的状态开展工作。

3 月份的温馨提示：初入职场，同学们首先要对自己有清晰的心理定位，既不甘于平庸，也不好高骛远；其次，要谦和低调地做人，时时归零地自省；第三，永远如初的热情和尝试错误的勇气；第四，专业敬业的素质，忠诚如一的责任心和协调合作的团队精神；第五，永远清醒的危机意识和永不停顿的学习进取姿态。

3 月 1 日　星期六　小雨

实习第一周

顶岗实习的第一周，学到很多关于具体工作的相关内容，虽然在校期间，我们进行过专业技能和理论知识的培训，但是当我们去实践操作的时候，难免会出现应接不暇的感觉。作为南都物业订单班的一员，客服实习工作的第一周，我所做的就是熟悉项目周围环境，了解公司领导、同事的人名、职务，背诵记忆有关项目的应知应会内容，观看老客服的日常处理问题的方法、步骤和技巧，明确客服工作的职责，虚心向主管、前辈学习，不明白的地方向他们请教，翻阅日常工作档案。总的来说，第一周是充满期待而又紧张不安的一周。

点评：我们离开了校园，进入了一个新的环境，我们要学会适应新环境，处理好与领导、同事之间的关系，做一个礼数周全而又具有职业素养的新人。

3月2日 星期日 多云

初入职场

渐渐地从师傅那里要了一些客户的需要来做，突然觉得师傅需要做的东西好多，而且又杂，包括给打火机包装的贴纸做设计，还有学生的课外辅助教材封面设计，古诗词的内页设计，还有各种盒子的包装等。今天要来了打火机的贴纸，师傅要先量出贴纸所需的尺寸，再打印出来试着贴一贴，大小如果合适了，就开始设计贴纸的图案。光是尺寸，我就试了好久好久，不是多一毫米就是曲线不对，浪费了好多纸。师傅给了我以前他做过的贴纸供我参考，然后我就去素材库里找寻素材，修改素材，选取需要的部分，之后按照师傅要求，制作了辅助线，再按照想法把素材结合起来，把广告词放在贴纸正面显眼的位置，做出想要的效果，最后把客户公司的 LOGO 和信息放在同一页面。

点评：初入职场，要想在职业乃至社会中顺风顺水，最重要的就是先要有个自我定位。如果自己不知道自己是谁，要什么，几个转转下来，东南西北都分不清，世界不抛弃你，自己也会沉沦。

3月3日 星期一 阴

实践出真知

经过母校两年半的培养，我踏上了工作岗位，实习的第一个星期，实际算是适应期。我主要了解公司的背景、产品、发展方向和前景等。第二天，我就打起了电话，虽然遇到了非常大的困难，但尝试着跟同事多沟通、多听，从交谈中也能够学到不少东西。同事们都很热心，很照顾我，经常在我碰到困难的时候主动伸出援助之手，令我非常感动。同事通常也不催促，都把任务安排好，然后便交给我自己去处理，同时还不时提供一些帮助。等慢慢熟悉起来，做起事情也越来越顺手了。

实习进行得还是比较顺利的，通常每天都要接受好多个语音交流，语音通常都较短，只需要简单地做一些相关的介绍即可，当然也有些客户或合作伙伴需要更详细的信息，于是我需要对全局都做一番描述，力图让对方更深入地了解我们的产品，最重要的是让他们觉得我们的产品是非常出色的。工作都是辛苦的，特别是周末，语音特别多，等到假期的时候也不可以安心地休息。认识的朋友一多就容易乱，幸好有同事在旁边提示，更多的时候他们帮我，有时候我也帮他们，大家互相帮助也使问题容易解决得多了。

经过两个礼拜的锻炼，发现自己进步还挺快的，即使是之前从来没有接触过这个岗位，也对组织销售这一行有了更深的认识，由于自己向来比较内敛的缘故，与客户面谈显得比较紧张，也不大顺利，不过有了数十次经历之后，进步不少，再加上合作伙伴的鼓励与帮助，自己尝试大胆地去应付，慢慢地好了许多。

人往往都是这样，没有经历过的话，永远都不知道事情到底是怎么一个样子，是真的那么难，还是并非如此。所以，不管怎么样，即使是自己完全陌生的事情，只要有机会，都一定要去尝试，努力去做好。

来这里以后慢慢地适应了这里的生活，也可以说是在挫折中学会了生活，确实如老师所说到了单位就没有学校的纯真简单的气氛了，在这里只有弥漫着“利益”的气氛。要想继续下去，只有不断地充实自己，完善自己，让自己尽快适应这里的一切，做好一名实习生应尽的义务。

现在的我，基本上可以独立完成岗位上的任务——每天五百个电话的量。可我要学的还有很多很多，无法灵活地运用师傅交给我的东西，无法从传统的被动受学转变为主动求学，无法从死记硬背的模式中脱离出来，转变为在实践中学习，并增强领悟、创新和推断的能力。既然这是不可不上的一课，那么就把这一课上好，为今后步入社会做出最坚实的铺垫，再苦、再累、再委屈也要坚持，让实习单位认同自己，看重自己。我想只要摆正心态，一切问题都会迎刃而解的。

为此我非常感谢母校的培养，在母校打下了扎实的基本功，学会做人，积累了经验。

点评：实习中，要多看、多问、多观察、多思考、多动手，要拓展自主思考问题的能力，在碰到问题的时候，先试着去独立解决，这样对于不会的地方就能够有一个更深刻的了解和认识。

3 月 4 日　星期二　多云

选择

从上学期末，我就来到这家创业型公司实习，而不是选择在家中虚度光阴，所以屈指算来这应该已经是第五周了。在这五周里，我学到了很多学校里、课本上、老师那都没有学到的知识，虽然还是这不懂那不懂的，但我却未曾感到厌烦疲倦，反而是兴致浓厚。我想，这应该就是实践与理论的区别吧。公司人事部在询问过我本人的意见后将我安排在项目部做事，主要就是拜访客户、写策划、执行项目等工作，让我跟着项目经理好好学习。虽然公司没有那么大，环境不是特别好，但我坚信公司在慢慢地壮大，我也想与它一起成长，也让自己从学生转化成职业人。不管之前在学校里是否有接触过现在所要做的东西，我对自己都很有信心，机会面前人人均等，就看自己能不能把握得住。

点评：同学们，今天的生活是你三年前的选择所决定的，你今天的选择决定你三年后的生活。成功不在于你是否在努力，而在于你努力的方向是否正确。

3月5日　星期三　雨夹雪

用心服务　用心成长

转眼一个月的实习生活就快要到了，这段日子过得很充实，每一天都过得很忙碌，有许多工作等着我。今天是学雷锋日，我们福明信用社为了宣扬雷锋精神也举办了一些活动。虽然外面寒风凛冽，但是福明的员工们一大早就到了社区进行摆摊宣传。在每个摆摊点，我们都架起海报，放上了宣传单，我们以给社区居民免费洗、修老花眼镜为切入点，再向居民们宣传我们的一卡通业务，居民的反应很热烈。本次活动，对于刚刚进入社会的我来说，在沟通技巧方面有了很大的帮助，让我增强了耐心、细心、信心。耐心是指对于老年人的问题我们要进行比普通人更加耐心的解说。细心是指普惠金融的推广比较烦琐，我要更加细心地去了解业务相关的优惠政策、办理方式。信心是指当我向他人推广业务的时候，我一定要充满信心，以身为市区联社的一员而自豪。

点评：什么是幸福？帮助别人，奉献社会，成长自己！让我们一起，拒绝空虚，告别颓废，确立目标，激发动力，释放潜能，发展爱好特长，奉献社会，感觉充实与满足，实现“幸福成长”！

3月6日　星期四　小雨

有的放矢　勇往直前

我们五个同学分配到了渤海银行拱墅支行去实习，拱墅支行是今年2月19号试营业的新开支行。我们面对的是一个全新的环境，不熟悉交通，不熟悉工作环境，不熟悉那一张张新面孔。第一天我早早就来到了目的地，前天晚上就开始思索着怎么在一个新环境快速成长，让同事和领导都欣赏自己，我们暂时没有安排工作岗位，无法自主地去做事，那么怎么样在做事前让自己发光发热呢？我给自己的答案是：做事先做人！在没有真正开始做事之前，自己先把人做好，于是我便向值班的阿姨借了烧开水的水壶，先把水烧开灌好，然后给上班的同事拿一次性或他们自己的水杯打好开水，最后时刻留意领导什么时候来办公室。等到快9点的时候领导果然来了，我便敲门走进他的办公室对领导说：“领导早上好，您的水杯在哪，我帮您泡杯茶。”领导很客气地说：“谢谢你！”其实我们表现的机会很多，都在日常的细节当中，做事先做人一直记在我脑海里，使我不断地得到同事和领导的认同和赏识，让我工作充满激情和动力，为以后的职业生涯积累了很多的人脉和机会。

点评：做人做事是一门艺术，更是一门学问。我们要学会做人、做事，才能站得稳、走得远，才能创造骄人的业绩。

3月7日　星期五　小雨

知错能改　改则不犯

那天,有个客户过来存款,当时他是拿着40张100元和100张5元的纸币,由于粗心,我把100张5元的纸币记成了1000元,多给这个客户存了500元,那时师傅也不在我边上,客户拿了存折之后也没看就走了。直到晚上轧账的时候,发现少了500元,我实在想不起来哪个环节出了问题,所以我们调看了监控,就一直在那里看了将近两个小时,也发现不了问题所在,当时我很紧张,也感到很自责,很无助。后来,领导说帮我们看看,当她看到监控里我在数5元纸币的时候,她说可能这里你把钱弄错了,然后我回想了一下,好像是有不对,于是师傅就带着我去了那个客户的店里,还好那个客户很好说话,他说他存4500元,然后我向他解释说我给他多存了500元,他看了一下存折确实多存了500元。我向他道歉之后,他说他第二天把钱拿来。第二天,他来的时候,告诉我,以后一定要仔细,不能再出错。这次事情之后,我更加深刻理解这份工作是要我十分认真对待的,以后我一定要养成谨慎、仔细的态度来做业务。

点评:人非圣贤,孰能无过,知错能改,善莫大焉。银行柜台人员犯错是常有的事情,但如何通过错误来总结经验,从而让自己不再犯同样的错误,将错误率降到最低才是最重要的。

3月8日　星期六　多云

积极心态　快乐工作

在这段实习的时间里面,我印象最深刻的就是第一次被客户给骂哭了。进入工作以来,尽管有的时候工作生活过得真的很不容易,很艰难,但我一直都在坚持着,从未落过一滴眼泪,这是第一次在工作中委屈地掉眼泪,被客户骂,尽管这是一次不愉快的经历,但也很有意义,我会牢牢地记住,生活酸甜苦辣,我们要试着体会,试着感悟。

其实事情是这样的,那天早上,来了一个客户,也上了一点年纪,他要求我帮他还贷款的利息,我看了一下,他卡中余额不足,要求他存钱进来。他给了我四百块钱,要求我只存利息的钱,多余的钱取给他,事实我的确是这么做了,但可能由于我表述得不太清楚,造成了误会,他拒绝签字,还一个劲地埋怨我,我当时就觉得很委屈,眼泪就流了下来,同事也在不停安慰我。哭过之后觉得轻松,事后也觉得没什么,在工作中受点小委屈是常有的事,更重要的是,我们要学会调节心情,不能让心情影响了我们的生活。时刻学会放松自己,没有什么是过不去的。

另外,今天也光荣地过了一个节日——三八妇女节,这是工作中过的第一个节日,挺有纪念意义的。单位送了我们每个人一束玫瑰花,当上完一天的班,疲惫不堪时,看到美丽的玫瑰花,突然觉得眼睛一亮,很感动,觉得单位很人性化。第一个节日,我会牢牢地记住。

点评:服务行业,面对的是形形色色的客户,有让我们感动的,也有让我们伤心委屈的。但我们要时刻记得自己的岗位职责,多一点耐心,多一分宽容,学会心态的调整,既利于工作的开展,也利于我们自己的身心健康。

3月9日　星期日　晴

实习期间的党员思想汇报

敬爱的党组织:

我的实习期已快两个月了,在这段时间里,我全力以赴地投身于岗位实践中,收获了诸多的工作感想和体会,特此向组织汇报。

我实习的公司位于杭州市区,每天早上7点我就开始从宿舍出发,挤着公交去实习。每天,我都会注意到一些年轻而略熟悉的面孔,他们和我一样都有着共同的特征,那就是为着理想、为着未来在打拼。从他们的脸上,我一样能读到自己的内心,信心满满,充满战斗力。

之前就听大学的老师说,“大学是一个实践的地方,因此你在大学犯错是被允许的,能被原谅的”。确实,在学校里犯了错似乎没有那么严重,但是在公司里,根本就不敢犯什么错了,或许是刚步入社会的胆怯心理吧,万事都想有个好的开头,所以做什么事情都希望顺顺利利的。可现实并不是这样,一个人不犯错是不可能的,就看我们怎么面对我们的错误了。

公司是一个团队,一个团队中,每个人都有各自的职责,有些时候还会混淆起来。当在某个项目出现了小错误时,负责这一块的人就应该勇敢地站出来,而不能为了躲避错误而逃之夭夭,甚至狡辩,这样会让人不再信任你。所以,在工作包括平时生活中,知错能改也是一种勇气,体现了一个人的诚信和正直,当然,承认错误不是最后的结局,关键在于认清错误,尽早修正。

还有一点体会是要学会虚心求教。之前我在学校的时候,很爱面子,总不愿让人发现自己不懂的事情。到了工作岗位,一开始我还是碍于面子,羞于张口,后来才领悟到正事不可逞能的道理。刚刚步入社会,懂的东西未必马上用到,但是运用到的东西我们未必掌握了,而且工作之后才会发现,工作中要学习的东西实在太多,我们只有不断学习,不断虚心请教别人,才能跟得上团队的节奏。

在工作中,人的身份一下子变了,变得有些不习惯。现在老想在学校的日子有多惬意，所以现在总会回忆校园的美好日子，想念学校的同学和老师们，毕业总有忧伤，但是这就是成长。在未来的日子里，我们会有我们新的生活，新的朋友，只是，现在的我需要尽早地适应工作的日子。

总之，刚刚步入社会，不管有多累、有多迷茫，我一定会坚持下来。因为我们年轻，奋斗的日子也会充满激情。

此致

敬礼！

点评：这段充满欢笑、充满浪漫、充满豪情壮志，也充满酸涩与淡淡忧郁的学生时代即将告别，同时大学生活的结束也是人生另一个新阶段的开始。不过既然是思想汇报，还是要以汇报自己的思想认识、存在的困惑、思想转变的过程以及对党员先进性的认识等为主。

3月10日　星期一　晴

以心为本　尽职尽责

上次叫号叫到一个老爷爷，他过来取款，我帮他刷了一下存折，里面只到了一笔居保金，只有90块。当时整个人有点混乱，动作有点慢，但他不但没有埋怨我，反而一直很慈祥地看着我，用不太标准的普通话对我说，“我不急，小姑娘你慢慢来啊”。说实话，当时的我非常感动，工作的时候，能遇到几个理解支持我们的人非常不容易，更何况是一个年迈、排半天的队只为拿九十块的老爷爷呢。另外一件事就是叫号子的时候叫到了1314号，1314寓意一生一世的意思。所以，那位阿姨很开心地走到我的窗前，对我说，我的1314被你叫到了，然后还故意向我展示了一下她手中的号子。整个办业务的过程，她一直很开心，我也很开心。当然也有很尴尬的时候，上次，一个客户过来存钱，他存18万，我验钞的时候发现一张假币，结果，他非常不理解我们的工作，一直强烈要求换一张，假钞进了柜台是不能再流通出去的，我们跟他说了好久，结果他就在外面大骂，把主管他们都叫了过来，旁边围观的客户也不少。最后他还是拒绝签字，还一直在埋怨我们。第一次遭遇这种情况，确实有想哭的心情。生活来之不易，有感动有心酸，每一天都有变化，都有进步。无论怎样，我们能做的就是感恩生活，感恩身边的人，每天坚持不懈地努力，永不放弃。

点评：该同学上岗有一段时间了，根据班主任跟实习单位的沟通和了解，领导对你的工作很满意。同时，也希望在以后的实习中，能一如既往地做到耐心、细致、勤奋，细节决定成败，银行工作岗位更是如此。

3月11日　星期二　小雨

认真做工作　找到突破口

这段时间依旧在做着展会推广，这其实是一个会展公司的销售部分，后来在办公室的相处中才慢慢了解到自己的部门和工作的内容，一开始只会抱怨工作的无趣与枯燥，后来才知道自己手下的工作其实是会展工作开展的很重要的前期部分。展会的成功开展与展位的顺利销售基本都是靠我们在网络以及其他很多方面的宣传来完成的。我们每天上网查看、推广、收集到的消息对于公司的展会销售和搭建服务的开展都是十分重要的。在了解到工作的重要性之后，我发现我对自己的工作有了更强的责任心，对于工作更有针对性，更注重工作的效率性和及时性。

我承认我已经被现实的锤子狠狠地敲了一棒，整个人很混沌，只是觉得自己做的事情无聊，自己不想做，但是要硬着头皮去做。其实在这个混沌的过程中身边的人常常会一语击中我的要害。经理说你们还是孩子还很稚嫩，根本还没考虑好自己要做什么，所以现在只能慢慢地找自己能做什么，做好它。班主任也在QQ群鼓励大家：工作首先是为了生存，其次是为了更好地生活，最后才是为了实现最初的或者最美好的梦想。从生存到实现梦想，不是一步两步就能达到的，需要努力、耐心、付出，还有时间。作为一个实习生，在工作岗位上屁股都没坐热，实践能力还不足，对公司也没足够的"付出"和"贡献"，手上既没资本也没资源又无人脉，就想被委以"重任"，就想做管理做策划，奔着实现自己的梦想而去，未免有点太性急。每每在自己失落、迷茫的时候看到来自这些过来人的告诫和鼓励，都会觉得很幸运，那是一道光，会让我重新焕发活力。

感谢一路关心和鼓励我的人，谢谢你们。无论怎样，我会做好我自己。路是慢慢走出来的，我会一路不言放弃。每天踏实地工作，寻找到工作的突破点，提高自己的工作效率和工作能力，我相信会在接下来的工作中学到更多的东西，我会多向师傅请教，认真提高自己的工作能力。

点评：会展推广是会展公司最重要的工作之一，任何细微的失误都可能引起不必要的麻烦，甚至会影响单位的声誉，所以在实际工作中，我们要本着一颗认真的心并养成良好的习惯，才能胜任这份工作。

3月12日　星期三　多云

因为专注　所以专业

在嘉行已经实习了一段时间，发现平时业务量较多的是定期存单的支取。这周四发生了一件让我有点难过的事情。我们将 70 万元的现金，通过清钞机进行清分，在移交时进行了卡大数清点。清出的新钱以每捆 2 万元捆扎，旧钱以每捆 1 万元捆扎。在清钞的过程中，发生了两个情况。一是点钞机偶尔卡纸，其中一次清点中数出了 201 张，经过反复点钞还是 201 张，于是我们取出了 1 张，重新放入清钞机中进行清分。二是在进行最后 1 万元的捆扎中在地上发现了一张 100 元，于是将它放入了剩下未捆扎的现金中，所有的钱都刚好 100 张一捆，不多不少。在对 ATM 进行加钞清点时，发现 2 万元一捆的钱中，其中一捆缺了一张。当时我就惊呆了。于是我们将捆扎好的现金全部重新清点，结果还是那捆少了 100 元。我们又查看了点钞机，搜寻了现金区的各个角落还是没有发现 100 元的踪迹。当时的心情非常的沉重，清分时那些钱有经过我的手却没看好。很懊恼自己没仔细看清点钞机上的数字，整晚都没睡好。迄今为止，我们依旧没找到那张遗失的 100 元，也无从知晓它是否在移交前就不存在于那 70 万元中。这件事给了我深刻的教训：无论多忙都要核对经手的现金，我们有责任为它们负责。这张失踪的 100 元将成为我心中的不解之谜，我也将永远不会忘记这次经历。

点评：我们应该做的是在最短的时间内做到“从入行到入流，从专注到专业”。如何入行？通过在银行工作的切身体会，每天感同身受，通过实践积累经验。通过经验，从入行，然后要开始入流，所谓入流，不是随波逐流，而是要成为中流砥柱。如何入流？干一行，爱一行；做一事，成一事；从专注，到专业。

3 月 13 日　星期四　晴

脚踏实地　树立实干作风

一周的时间飘忽已逝，学习的节奏也随之加紧。时间就像海绵里的水，只要挤，总会有的。因此本周在技能方面加紧训练，以从容应对周五分行进行的技能水平测试，技能一是靠自己勤学苦练，二是要持之以恒，方可有长足的进步。通过一周的考前强化，在周五的技能测试中我取得了良好的成绩。业务知识的学习虽说有趣，但是也会有较多的困惑，询问师傅，查阅资料，从不会到会逐步转变，以促进自身的全面发展。本周也学习了从人行网站上核对企业资料，如何用行内系统收发电子邮件，如何将一篇报道写得更有可看性，等等。积极进取、有拼搏精神，方能在实习期间收获更多。

点评：我们一提到青年，就会联想到朝气蓬勃、富有活力等字眼。是的，在任何一个时代，青年都被看作社会上最富有朝气，最富有创造性，最富有生命力的群体。作为朝气蓬勃的银领学子，如何充分展现准员工的精神风貌，提升订单单位的整体形象，在本职岗位中发挥好主力作用，是我们应该未雨绸缪的。

3月14日 星期五 晴

做,然后知不足

这是我进入邮储银行以来第一次自己上柜台来办业务,感觉到自己的知识还是远远不足的,或者说仅仅停留在理论知识的部分,但是这对自己而言还是迈出了很大的一步,是很有收获的。

当自己在办业务的时候,和在后面看别人做业务的感觉完全不一样,很多业务的选择项,只有当自己坐在那里的时候才会感觉到,站在后面时感觉自己肯定会,而自己亲自动手的时候才发现原来不是自己想得那么简单。很多业务我只停留在概念上,只停留在理论知识的部分,上手以后会发现很多部分实践很重要,绝不是自己想得那么简单。而对于我而言,我自己感觉到还远远不够,离一名能够独立办理业务的柜员还远远不够,我需要做的还有很多很多。我感觉到自己在办理业务的时候,遇到的问题太多了,很多时候也显得不是很自信,有些东西要问过以后才能放心地去做,所以我经常问问题。然而我的网点客户实在太多,很多时候旁边根本顾及不到,因此有时候问题问得我也挺不好意思的。但是,我感觉问题是要解决的,多问才能解决问题,我还是多多地问多多地做,这样才能有更大的进步。

这一周可以说收获蛮多的,不仅仅是实践能力得到了提升,还学会了很多未曾接触过的业务,让我受益匪浅。希望接下来的时间里,我可以独当一面,完成得更好。

点评:“书山有路勤为径,学海无涯苦作舟”,学习是一辈子的事情,活到老,学到老。只有通过不断的学习,才能不断进步。作为新员工,更是应当做好勤学苦练的准备,具有吃苦耐劳的精神!

3月15日 星期六 多云

积极进取 增强责任意识

今天,我超过30笔业务了!

前些天,一直在办公室整理一些资料,因为我实习的地方是支行,所以下属分理处的资料都上交到我行,工作量也就相应地增加了不少,我们几个实习生就一直待在办公室进行资料的整理、打孔装订、打码以及装档案盒。每天下来,手上都会增加好几个细小的伤口,但是能够为支行贡献我们的一些力量,我们还是感到非常开心,更何况了解一些日常资料的整理工作,也是一个领域的学习。利用办公室空闲的工夫,能够到柜台待小半天,师傅也会在客户不是非常多的时候让我多上岗。总行开会的时候,要求我们在实习期间至少做满30笔业务,因此刚开始师傅也是非常抓紧时间让我多上岗的。今天我接触到了一直认为非常难的网上银行与支付宝开通业务，平时看着师傅做，觉得有些复杂，但是自己亲自接触了之后就能立刻发现，虽然表现上有些难的业务，也并不是如此的复杂，只要明白了业务的流程，清楚地明白客户的要求，按照客户的要求来办事，那并没有什么特别难处理的事情。

当然，在自己办理的业务中，师傅也发现了我的一些坏习惯，比如在做完一笔业务后，还没有把收入的现金放入库中，就已经接下了新的业务，这样就容易出现一些纠纷与事故。因此，我必须时刻提醒自己，相信随着业务的日渐熟练，我也会做得越来越好。

点评：时代的发展已使银行业由一个最平稳的行业变成一个变化最为迅速、最富挑战性的行业，学习对于银行业人员来说，比以往任何时候更为重要，更为迫切。只有不断学习，开阔视野，才能跟得上业务发展的需要。

3 月 16 日　星期日　多云

功夫不负有心人

外面的世界很精彩，外面的世界也到处充满了艰辛和无奈。但是没有付出哪有收获呢？跨出的每一步都是在为登上顶峰做铺垫。今天休息，在睡够懒觉之后，傻傻地回忆起了实习生活。

在汉嘉实习已经有一个半月的时间了，总体一个感觉是很累，但是也很充实、很有收获。我进入的是一个新项目，所以这一个月以来，我从这个项目的前期开始，一直都和整个团队一起参与其中，从来没有实战经验的我，从最基本的压马路开始，熟悉项目周边的路况交通、整个环境、周边配套等等，回来自己画成地图，记在脑海里。其次就是了解我们项目的竞品，全面分析我们项目的优劣势，知己知彼，百战百胜。当然很重要的就是深入了解我们自己的楼盘项目了，一个优秀的置业顾问就是客户不论问什么问题都能回答，让客户感到满意。我作为一名新人，首先要做好的就是要把项目的全部资料熟记，并且灵活运用。经过几次考核之后，我终于上岗了，毕竟经过那么长的时间，心里还是感到很开心的。

3 月我们一直都在外面蓄客，我丝毫不敢懈怠，认真接待每一位客户，一直到 3 月 13 日我们售楼中心和样板房开放的那一天，我把前期蓄到的客户邀约过来看样板房，并且促使其认筹。付出总有收获的，前段时间的辛苦让我在售楼中心开放当天的认筹量，达到了整个案场最多，得到了领导的好评，为此我也感到很欣慰。

这段时间在外的经验是课本上学不到的，只有真正地去体验了才知道其中的酸甜苦辣，毕竟书本上的知识是死的，我们需要自己去实践才能得到更多。这段时间的外拓也培养了我吃苦耐劳的精神，让我更能直面挫折和艰难。

点评：不论在哪个岗位，我们都应在工作中少一份懈怠，多一份勤奋；少一份碌禄，多一份追求；少一份索取，多一份奉献。兢兢业业，用心做好每一件事，用我们的满腔热情为单位的发展添砖加瓦，为我们共同的事业努力奋斗。

3月17日　星期一　阴

过程胜于结果

本周还是一如既往地背说辞，包括项目裱版、具体的项目。我现在已大致对文化村有了一个更深层次的了解，通过去文一、文二、西田城、城西银泰等各处巡展，现如今我对我们项目周边的交通了然于胸。这也为我给客户讲述我们项目的交通配套奠定了基础。虽然我现在对我们的项目已然是很清楚，但熟悉程度还是不够，因此在最近的一次考核中我失利了。考官给的评价就是回答的问题都对，但不能快速、流利地答出来，不予以通过。于是，我抓住老业务员在谈客户的机会在旁边“偷学”，试着记下，并且记录客户所提出的问题，思考着换成是我应该做何答复。

最近受城北降价风波的影响，公司高层让我们团队内部人员分为正反方就“此时买房是否是最佳时机?”展开辩论，我是反方，虽然最后是以正方胜出而告终，但在整个辩论的过程中，我以一新人的身份却也吸引了不少同事及领导的关注。我更享受的是过程，而不是结果！

点评：同学们思维活跃，接受新生事物快，理解能力强，更应加强学习，不仅要加强自己的专业理论学习和相关业务技术的学习，提高自己的业务技能，还要有针对性地加强相关法律和规章制度的学习，使我们的业务能力在最大限度控制风险的前提下得到快速发展。

3月18日　星期二　多云

只争朝夕　提高办事效率

又是美好的星期一，一大早刚开始营业，信贷部的小赵哥拿着一袋子钱来柜台办理储蓄业务，由于忙着开会，把钱塞进窗口就匆匆去信贷部开会了。柜员小唐就顺手接过钱放在了柜台里的一张凳子上，也没当面清点具体数目。过了许久，信贷员小赵哥来办理业务了，小唐把钱拿出来，当面用点钞机清点具体数目，对小赵哥说这里一共是12万3千元，小赵哥说不对啊，我一共拿了15万给你，这下子大家都愣住了，还差2万7千元，这可是一笔不小的数目，马会计过来了解了详细情况说，小唐，当时拿到钱的时候你没有卡大数么，小唐说当时太急了，没点。这下糟了，小唐也吓得不知道该怎么办。最后通过小赵哥电话联系他的几个朋友，才知道那里面有些钱不是整捆的100张，有些是散钱，最后事情才水落石出。这也给了我们柜员一个教训，不管情况多么紧急，该有的程序是一个都不能少的，这都是前人的经验，每一步都有它必然存在的价值，勿忘在收到客户存款的同时及时与客户唱对数目。

星期二的中午，当地财经学校的一位学生拿着一袋子硬币来存钱，说是学生们的捐款，需要银行帮忙清点，我是第一次见到这么多的硬币，于是过来帮忙，师傅教我如何用硬币清点盒来清点硬币，然后每清点完 50 个同面值的硬币要把它用纸包成一筒，再把 10 筒同面值的硬币扎成一捆，最后出了个小插曲，师傅忘记在包装纸上写硬币的面额了，导致分不清哪些是 1 角硬币，哪些是 5 角硬币，最后在大头针的帮助下挑破包装纸才算完成了任务。这次给我的教训是细节决定成败，在银行工作，一定要有严谨的工作态度。

点评：柜员是银行最辛苦的工种之一。银行业务流量大，工作中又不能出丝毫的差错，所以工作一天下来，人会非常的疲惫。有时候碰到与客户产生分歧时，更是感觉不被理解。很多时候，并不是柜员态度不够好，而是在这个行业中为了降低风险而制定的规定和要求，一些顾客对此非常的不理解，甚至不理会柜员的解释。因为受了委屈，一些柜员甚至会偷偷地掉眼泪。生活在现实中，每个人都会遇到烦心事，也很容易被对方的情绪感染，这时我们必须努力做到不把自己的情绪带到工作中来，要时刻微笑着为大家办理业务，当我们带着微笑为客户服务时，总会使人不由自主地心生好感。

3 月 19 日　星期三　中雨

开拓创新　改进工作方法

一转眼的时间，我们在银行里面正式实习已经有两周了。从一开始的不习惯、不适应到现在的从容、淡定，这可能就是我们一直挂在嘴边的从学生的身份慢慢向社会人的身份在转变了吧！我很庆幸，因为一开始就把我安排在银行的大堂经理职位，这个职位要从上班站到下班，虽然不是很适应穿着皮鞋站一天，脚很累很酸，但确实蛮锻炼人。每天做得最多的就是向客户问好，询问客户需要办理什么业务。每天我会遇到不一样的人来办理业务，接触的人多了，自然会发现，人就像树上的叶子，外形相似，实际却千差万别。记得有一天遇到一个大妈来咨询银行理财产品的业务，见她穿着简朴，鞋子还是缝补过的，头发也很凌乱，但她却笑盈盈走过来对我说："小伙子，你们银行有什么理财产品？"在我的潜意识里，不敢肯定她会买，觉得她可能买不起，即使买得起也不多，因为银行理财产品起步就是 5 万。但我没有敷衍她，还很客气地给她沏了杯茶水，耐心地介绍理财产品。在最后，令我吃惊的是，这位其貌不扬的大妈，居然认购了价值 40 万的理财产品。

人不可貌相，海水不可斗量，更加不能以客户的外表来判断一个人的优劣。工作是一种态度，更是一种责任，我想我通过不断跟不一样的客户打交道，会更加成熟，更加稳健！

点评：什么是优质服务？优质的服务并非卑躬屈膝，而是以细心、耐心、热心为基础，以客户为中心，时刻让客户感受到优越感和被尊重感，而且贵在“深入人心”，既要将服务的理念牢固树立在自己的内心深处，又要深入到客户内心世界中，真正把握客户的需求，而不是仅做表面文章。

3月20日　星期四　多云

学以致用

这一周可以说是我进步最大的一周。

我们主管因个人原因将于三月底离职，我和小组成员都在积极学习新工作，准备好交接。对于老同事来说只是交接，但对于我来说却像挑大梁一样沉重，因为师傅的离去就意味着以后要独立接手一部分工作，做好是应该的，做不好产生失误也要自己承担。这也使我真正意义上明白做好一个操作其实不比做好一个销售简单多少。

在我之前的意识里，操作很简单死板，只是面对单子和数据。其实不然，这一个礼拜中，作为操作的我身兼数职：一会儿是 BOOKING，联系国内客户；一会儿是单证，处理单据；一会儿又要订舱放舱；一会儿又要联系车队拖箱报关；一会儿又做起了客服联系国外。一条业务线下来，去接触每个环节的每个人，必须做得及时妥善，每个环节都是绷紧神经在操作。即使是这样，已经很仔细了，还是会有很多问题会被我遗漏掉。尤其是面对铺天盖地的邮件和电话，各种问题都会有，我发现在学校所学的根本不够用，很多问题不明白人家在问什么，也不敢随便凭自己所知去回复，甚至碰到电放的单子都要去和师傅确认后才敢放心操作。但是现在我做起事情来思路更清晰了。

点评：工作中，我们不仅要自己学习，还要带动其他同志一起学，形成良好的学习氛围，不断提高自身素质，成为遵守制度、精通业务的骨干，成为领导信任、同事信服的技术型人才。

3月21日　星期五　晴

业精于勤荒于嬉

我从 1 月 13 日上午 9 点准时来到总行金融市场部报到，和师傅做了简单的交流之后，就开始了实习。我的实习岗位是债券承销与分销。债券承销与分销是指在银行间债券市场上，我行根据申请人需求在债券发行人规定时间代为进行投标，中标后向客户分销该债券的交易。老师先是很耐心地讲授了国债承分销的基础理论，之后开始简单的中债平台和 WIND 终端的操作。下午老师们做了很多的交易单，其中包括质押式正、逆回购，债券承销单等，我试着录入了几份，并且来回找主管、风险、领导等签字。实习期间我每天都会参与部门 8:30 到 9:00 的早会，早会中每个同事都会分享近两日的金融动态，因为身为交易员的老师们必须敏感、准确地掌握市场动态，以便项目成功交易。2014 年 2 月 17 日结束了金融市场部的实习，和部门的所有老师们经历了最为忙碌的年前年后。我发挥了女汉子精神，修得了打印机，换得了墨盒，跑得了东南西北送文件，学会了债券分析、整理数据，建立债券信息和交易数据库，使用模型对市场定价。

点评：“业精于勤而荒于嬉”，把每一项工作当成锻炼的机会，通过多看、多学、多练、多思来不断提高自己的各项业务技能和工作水平。

3 月 22 日　星期六　晴

脚踏实地　仰望星空

这周的培训，我们主要对柜面业务中的支付系统概念和操作，进行了讲解与实践。支付系统里面分门别类，有着很多的模块，我刚刚接触后，发现要熟练运用还需要不断地应用，因为里面的代码相似的比较多，但各有区别，离要报出一项业务立即反应出来，还有一段距离。因此，我会好好地理解各个业务所对应的代码，熟记在心。在这周五的时候，我们进行了业务的上机考试，老师报出一项业务需求，我们就要马上给出代码，办理业务。最终，我取得了 92 分的良好成绩，这也要归功于平时我遇到不懂的问题就去咨询老师而打下的扎实的基础，但我的成绩并不是最好的，所以我需要努力的地方还有很多，况且这也只是练习，我们还要面对真正的实战。

点评：每一天、每一刻我们都在做这样那样的决定，我们可以漫不经心，也可以多花些心思，成千上万的决定累积起来，就决定了最终我们是个什么样的人。我们刚踏上工作岗位，有太多的不懂，有太多需要学习的东西，但我们坚信，只要我们拥有目标，只要我们能看到自己的不足，就不会停下前进的步伐，认认真真学习，踏踏实实做事，就一定能够成长为栋梁之材。

3 月 23 日　星期日　多云

实习有感

周末回忆实习以来的工作，有很多心得。也许在实习的这些天中，我也在逐渐地成长，在逐渐地成熟。经过实习，我认识到了待人要真诚，要能够把自己融于团队，要不断更新观念，不断学习。在团队合作中，项目经理与技术经理起了很大作用。团队离不开统一的指挥，只有统一指挥才能保证团队的顺利运作和工作成绩的取得，这就是团队精神的巨大作用。还有一点值得大家重视的就是，凝聚人心鼓舞士气。实习中，我更好地明白了团队合作的精神与凝聚力的重要性。

点评：刚走上工作岗位，要抱着“空杯心态”，不断锻炼自己的胆识和毅力，提高自己分析问题、解决问题的能力，并在工作过程中慢慢克服急躁情绪，积极、热情、细致地对待每一项工作，我们才能够更快、更好地成长。

3 月 24 日　星期一　阴

实习的点点滴滴

顶岗实习一个多月了，与第一周相比，没有了刚来时的小心翼翼，步入了正常的生活工作轨道，也认识了不同部门的不同员工，老员工见到你的时候，会问你哪个学校的，家是哪的？没有了刚来时的陌生，我向他们请教问题的时候，他们很乐意帮助我这个新人，给我介绍工作的点点滴滴，公司的福利待遇，什么时候发工资，等等。其实这周我更多地接触了实际工作的具体内容，实习的物业项目为网新双城国际大厦的 1 号楼和 4 号楼。4 号楼整幢都是浙大网新集团的，上市企业公司管理比较严，是我们的大业主，也是我们主要的服务对象；1 号楼有 50 多个不同的公司，按专业术语说我们的项目属于写字楼综合区域。如果有业主打电话维修，我们派发服务单找工程人员维修；每天要早晚迎送，巡查整幢大厦的消防安全设施、园区公共卫生环境；分发报纸快递；解决投诉问题；装修监管；各类文档整理。这些都是我们日常工作的基本内容，公司有 ISO9000 管理规范制度，我们严格按此执行，做到殷勤服务，规范管理。

点评：实习中，首先必须有责任心，责任心是指对事情能敢于负责、主动负责的态度。如果你拥有责任心，你就会无形中给自己一个枷锁，让自己在工作上更专心，细节处理上更细心，在学习上更加虚心，在开展业务时更加有信心，对待客户会更热心，解答问题时更有耐心，对待同事更关心，让领导更放心。

3 月 25 日　星期二　阵雨

青春飞扬　携手共进

实习四周以来，每天都是能够在五点二十分左右准时结束的。这周，有个“意外”，但是我感谢这个“意外”，增加了我学习的机会。这个“意外”是——由于客户经理没有提前打招呼，在柜员们即将关电脑以及安邦护卫马上就要到的情况下，把拉来的客户急匆匆地带了进来。这个时候，客户、客户经理、柜员，三者其实都处于一种很急切的状态，只要有一方不在状态的话，就很有可能出现“口角纠纷”。而我看到的情况事实是:柜员们秉持良好的工作状态、服务态度,在客户埋怨不断的情况下,还是依然保持微笑、耐心服务。我特别感谢前辈们给我上了一堂真实的课程——在服务客户时,始终保持微笑。这是一种态度,一种对工作的高度责任感及使命感。

点评:有80%的人成功是因为情商而不是智商,如果你对于某件事情感到愤怒或者不能控制自己的情绪,那么你要改变的不是做法,而是想法。对于我们大多数人来说,贪婪、懒惰、怯懦、放纵、虚荣、不愿承担责任……这些是正常状态,而向上、努力、宽容、克制、勇于承担责任……这些是激发态,所谓激发态就是需要很大能量的状态。

3月26日 星期三 多云

抱朴守拙 安于平凡

上一周一直在银行柜台上实习,感受颇多,正巧碰上了22号和26号,这些天一直在忙信用卡的还款,很多人都是一笔钱还多张信用卡,弄得真的挺混乱的,大家都很忙,导师也没有顾得上。就在昨天上柜的时候,一位客户来办理凭证解挂,在我放出评价之后,他并没有及时按评价,评价器超时,系统就默认为一般了,对我们来说,一般比不满意更加可怕,要再多做几百笔业务才能拉平满意度,真的让我一下子不知所措,过了好久才缓过来。然而我也真心觉得作为一个新人,刚步入社会也的确是很不容易,每天在支行下班后主动打扫卫生,扫地拖地倒垃圾,说话要甜,真的是每一步都要小心,也知道了有些话不能多问多讲,虽然有时候想想也有点难过,但是要想着谁不都是从一个新人做起的,认真做好每一件事,总有一天是会有收获的!

点评:实习期间的工作是忙碌的,也是充实的。生活的空间,须因清理修减而留出;心灵的空间,则经思考领悟而扩展。当我们转身面向阳光时,发现天空云卷云舒,我很快乐。

3月27日 星期四 多云

感恩于心 感动于行

这周前两天一直是阴雨的天气,所以办业务的人比平时少了不少,所以我就多了在空闲的时候跟老员工交流的机会,在一起吃饭以及休息的交流中,我充分地体会到他们的工作氛围还是很好的,大家都相互帮忙,相互学习指导,日常生活中也关系和谐。我的组长顾师傅也对我很照顾,渐渐地我可以融入他们这个大集体,在我独立上柜的时候有不懂的地方,他们都会一字一句地教我,告诉我哪些错误,一定要注意不能犯的，我的师傅告诉我一定要养成良好的工作习惯，这样以后自己可以少出错。在我闲的时候，我主动帮助师傅以及大家完成例如清分、复印、捆钞之类的工作。总之他们对我也是印象挺好，这点我十分开心。昨天我告诉他们，我要回学校培训一段时间再回来实习，他们都表示很期待我下次再来。哈哈，一定要加油！

点评：实习的时候，很多同学都深刻地感受到自己的幸运：其他毕业生还在为就业奔波的时候，我们已经在别人羡慕的眼光中实习、上岗；在实习期间，遇到了好的领导、好的师傅、好的同事，他们耐心、细致地辅导、帮助我们成长。在感动的同时，我们更加要懂得珍惜与感恩，感恩母校提供的就业平台，感恩单位给予的就业机会，感恩单位同事给予的关心、照顾，要用工作的热忱、成长的激情，用积极的态度、扎实的工作，来回报母校、回报单位、回报同事，做一个对社会有贡献的职业人。

3 月 28 日　星期五　阵雨

我实习我成长

我很庆幸自己来到了杭州汉嘉房地产咨询有限公司，来到一个很温暖的部门，有领导的关爱，有同事的爱护，感受到这种集体的氛围。来公司我体会很多，也学到很多，让自己成长了很多。说到实习，更应该感谢母校，给我们提供了这个实习平台，才让我们能够找到合适的实习单位。作为一名实习生，我刚开始要掌管两个案场，的确很累很辛苦，我就一直抱怨，认为公司是把我们实习生当免费劳动力了，但事后想想也是给我们锻炼的机会。我知道岗位的重要性，销售内勤是一个承上启下，需要沟通、协调、多方面联系的重要岗位，为销售业务人员做好保障。这工作要求也很高，需要很耐心和细心。数据分析、报表等各项工作都需要认真地去做，面对繁多的日常事务，要有头有尾，有安排有跟踪，这些都增强了我的协调能力。工作中，我力求自己做到让公司、领导满意，同时我也认识到自己身上存在的缺点和不足，我在一点点地改进，自我完善。

点评：实习中我们要掌握做人、做事的五个黄金法则：嘴巴甜点，行动快点；脑筋活点，效率高点；脾气小点，说话轻点；微笑露点，肚量大点；理由少点，做事多点。其实，这五条做人的黄金法则，我们每个人都应在生活中、工作中总结实践，从中领悟做人做事的重要性。

3 月 29 日　星期六　阵雨

德才兼备以双赢

人生中我第一次正式踏上了工作岗位，为自己在社会中占有一席之地而努力奋斗。实习一开始我就制订了相应的实习计划。注重在实习阶段对所学的理论知识进行进一步的巩固和提高，以期达到根据理论知识指导日常工作实践的目的。

文秘人员除了需要具备一般工作人员的基本条件外，还应有自己特殊的知识修养、技能修养、品德修养、作风修养。因此，文秘人员要自觉、全面地加强这四个方面的修养，努力把自己造就成为德才兼备，既合格又称职的工作人员，并注重掌握以下原则。

一是要有充分的政策依据和事实依据。秘书人员办文办事，绝大部分都是针对现实状况的，或是为了解决某个问题，或是指导某项工作。因此，必须以党和国家的政策和客观事实为依据，坚持实事求是的原则。实事求是是我党的思想路线和传统作风，是秘书部门一切工作的准则，也是秘书人员必须具备的品质。

二是要有准确性。准确，是对工作质量的要求。文秘管理的准确性是指正确体现政策，正确表达领导意图，正确地办文办事，言行有分寸，文字能达意。它在一定程度上保证领导工作的准确性。文秘管理的准确性，涉及的方面很多，简要地说，就是：办文要准，办事要稳，情况要实，主意要慎。而要做到这些，必须态度认真，作风严谨，不能疏忽大意，不能马虎潦草。

虽然我现在还处于学习状态，但是我时刻要求自己努力地向一个合格的文职人员靠拢。在工作之余我也会不断地去提升自己的文化修养，让自己更加符合现在的岗位。

点评：一份好的工作，必然是一份员工和单位双赢的工作，任何一方的利益受损，必然导致工作的不愉快。如果要员工和单位双赢，那么员工也必须考虑一下单位需要什么，要知道单位并不欠我们一份工作，只有我们的产出大于单位付的薪水，单位才会乐意雇用我们。所以我们最需要考虑的一个问题就是，我有什么价值？这个问题对于我们应届毕业生来说，尤其重要。

3 月 30 日　星期日　多云

心平气和　从容淡定

时间过得好快，在这一周里师傅让我上柜做了几笔业务，其中有现金支票的支取、交水电费，还有取款等业务，师傅在后面看我办理业务，有做得不对的地方就指导我。我感觉在银行工作要特别细心。我们支行有一个新来不久的员工做错了一笔业务，输入工资单的时候把前后两位员工的工资给调换了，后来查看最后总金额没错就以为业务办好了，随后客户就离开了。后来发现出差错了，就再打电话把客户叫来，客户是来了，可是很不情愿，最后客户到省联社去投诉了，然后总行打来电话，我们支行被批评了。我要引以为鉴，以后做任何一笔业务都要非常细心谨慎，银行是跟钱打交道的地方，千万不能出错了。在这周的实习过程中，我在想尽一切办法记交易码，中午休息的时候就练习技能，在技能方面也有了一定的提升，再接再厉，继续加油，我想我可以做得更好，不懂多问问，相信自己能行。我的缺点就是不太爱讲话，嘴巴不够甜，在以后的日子里我要克服这个缺点。

点评：毕业实习是一个过渡期，它很好地将我们在校学习的理论知识与社会实践联系在了一起，为我们以后踏入社会奠定了良好的基础，尽快完成由学生向社会人、职业人的转变，在这期间，我们要学的除了业务知识和操作规程外，还有思想观念、工作态度、处事方法、人际交往、应变能力等等，要全方位提升自己。

3月31日　星期一　阵雨

转变心态

以前在学校读书的时候，每天都想着我什么时候才能毕业，什么时候才能出去工作。那个时候特别向往工作，就像小学的时候向往初中，初中的时候向往高中，高中的时候又向往大学一样。可是真的到了工作那天，却不是这样想了。去实习的第一天，早上还充满斗志，但一天工作下来斗志也消磨完了，第一天下班回家，甚至还没到下班时间的时候我就想不工作了，还是在学校好，不累。带我的师傅似乎察觉到了什么，找我去谈话。他说，我们做销售的就是这样的，就是很累，但是做得好的话我们可以拿别人好几倍的工资，做不好的话也会很惨，这就要看我们用什么样的心态去对待这份工作了。决定做这份工作了你就要喜欢这份工作，要学会从中寻找快乐，以这样的心态来工作，就不会觉得工作有这么累、这么苦了，而且业绩会在不经意间有所提高。

我认真想了想师傅说的这番话，的确也是那么一回事，我们就应该干一行爱一行。自从改变了心态，真的不觉得这份工作有那么累了，而且随着对这份工作的了解不断加深，也渐渐找到一些客户了，争取到客户就是对我莫大的鼓励。当然，取得这些进步的一个很重要的原因也是在学校学到了扎实的营销相关专业知识，在这里我除了要感谢我的师傅之外，还要感谢学校，感谢每一位给我上过课和给过我帮助、教导过我的老师，是他们把专业知识传授给我，是他们让我成长为一名合格的毕业生，是他们让我拥有社会生存能力，感谢每一位老师！

如今我已喜欢上这份工作，并能从工作中得到快乐，今后我将继续努力奋斗，争取取得更优秀的业绩。

点评：态度决定很多事情，我们可以悲观地看待事情，然后用悲观的做法，把自己的悲观带给别人，也可以乐观地看待事情，用乐观的做法让别人也乐观起来。我们必须相信，我们周围的人和环境，既不是特别好，也不是特别差。成功的人，大多是乐观的。所以，让我们乐观面对生活吧！

2014 年 4 月份，实习渐入佳境

经过一段时间的实习，同学们不管是思想上、心态上，还是业务能力、交往能力上，都取得了明显的进步，变得更加成熟与自信。很多同学都能够深刻地认识到，自己的言行举止，不仅仅代表自己：在顾客眼里，代表的是实习单位；在订单单位眼里，代表的是学校。通过实习，同学们也体会到了工作的不易，更加懂得了珍惜与感恩。面对困难，同学们能够认识到自己的不足和差距，绝大多数同学能用积极的态度去面对，更多的是自我反省、自我勉励，很少有牢骚、抱怨，充满了积极上进的正能量。

4 月份学校的主要安排：同学们都投入了行业培训和实习中，部分订单班的同学在校参加行业培训。同学们整体上思想稳定，精神状态良好。很多同学在实习日志中都表示，自己能够在繁忙的工作和学习中感觉到自己在快速成长，在思想观念、业务能力、人际交往水平等各方面都获得了大幅度的提升，这是一种非常美好的幸福体验。

4 月份的温馨提示：同学们已经基本适应了实习环境，和同事之间关系融洽，工作中能努力从每一件事情上进行总结，把握方法，不断提高工作效率和工作质量，能够做到虚心向前辈们学习，汲取他们的优点，反思自己的不足。越来越多的同学开始独立工作，说明同学们的业务能力和工作水平有了质的提高，得到了实习单位的认可，同时也意味着同学们开始独立承担压力和责任。

4 月 1 日　星期二　阴

学无止境　孜孜不倦

随着实习时间越来越久，自己对于嘉兴银行的了解也越来越多，而现在的我要像一块海绵，孜孜不倦地去学习，无论是师傅们平时做业务时的操作流程，还是怎样数钱会更快，抑或是对顾客们的一个招呼。都说成功与否一个细节都能体现出来。叶行长说，嘉兴银行并不是大银行，怎样把大银行的客户吸引到我们银行来，这里面充满学问，够我们学习很久。我们没有大银行所给予普通大众的安全感，我们所要做的，就是加快业务处理的速度，以及服务态度的优质化。我们每一个笑容的绽放，都希望收到顾客对于嘉兴银行的肯定，我们努力用我们的微笑去感染每一个走进嘉兴银行文昌支行的人！

原以为只要离开学校，离开课堂，就不会有各种各样的考证和考试，不用再像以前在学校那般学习了。但是，现在我了解到，嘉兴银行里面也有很多考核，会根

据不同的阶段、不同的工龄有不同的考核，像柜员会分为初级、中级和高级，银行内部人员也分为不同的等级，要一步步地进行考核才能得到提升。银行也会组织内部证书考试，平时也会有技能测试。柜员要写自己的学习计划，定期完成学习内容，每月要上交学习笔记，也会有试卷的测试等。所以，在以后的人生中还是要无时无刻地学习，这个学习不再仅仅局限于课本上的知识，还有人际关系、沟通技巧、为人处世、自我管理控制等方面。其实，进入社会发现自己真的有很多不足，却又不知道从哪些方面去改变，才能让别人接纳自己，也许这就是从学生到职场人的一种转变，不能再像以前那么任性和孩子气，要考虑很多，学习很多。因此，更深一层理解了什么叫“活到老，学到老”！

点评：“学会学习、终生学习”是联合国教科文组织提出的学习理念。金融业作为快速发展的行业，新理念、新知识、新业务不断涌现，不学习就不能跟上时代的发展。在工作实践中我们还要学会观察，学会学习。观察别人如何做、怎么做，怎么操作业务、怎么待人待物、怎么说话、怎么沟通，学习他们身上的优点和长处，当自己面临同样的情况时，应该如何应对。

4月2日　星期三　阴

变换实习单位

时间回到一周前，接到人力资源部通知，一大早冒着寒风去往位于市区的总行，从经理手中接过实习介绍信后，又匆匆赶往我的实习所在地——平湖农村合作银行广陈支行。一路上的心情可以用又期待又怕受伤害来形容。一方面对既陌生而又即将到来的工作环境感到憧憬，另一方面也就是对这个憧憬已久的工作岗位怕自己做不好，顾虑颇多。

当我急匆匆地赶到支行时已是上午十点多，踏进大门一双双好奇而又似乎在议论我的眼睛齐刷刷地冲我看过来。“您好，请问朱行长办公室怎么走?”这是我踏入支行说的第一句话。“右边楼梯上去三楼。你是不是新来的同事?”有位热情的前辈招呼我说。“对，没错，我是，您好，我第一天来报到，以后就在这实习了。”说完我冲大厅里所有的前辈们笑了笑、点了点头就赶紧上楼了。然后我如约见到了朱行长，他热情地给我泡了杯暖手茶，并询问了我大体的情况，与朱行长的交谈中我没有感觉到距离感，一方面朱行长待人和蔼、亲切，另一方面我在大学里也早对与领导沟通做了充分的准备。

坐了一会朱行长就把我带到师傅面前，师傅五十岁左右，听其他前辈们说我的师傅是本支行的业务最强手，很多年轻的前辈也都是他带出去的，听了这些我心里甚是有底。上午的时间光用在认识前辈上了，我发现大家虽然年龄相差很大，但是每个人都有一颗年轻的心。常说保持一个年轻的心态可以让生活变得更美好。

吃过中饭，下午开始我坐在师傅旁边，先看他办业务，终于有一天我也可以坐在玻璃后面给别人数钞票了。我对每一笔业务都很好奇，每一步我都看得非常仔细，因为做银行的，必须细心细心再细心，一步都不能错。就这样伴随着我这个初学者的无尽提问以及和前辈们的闲时聊天结束了第一天的工作。

往后的几天，我的进步是很明显的，第三天我就开始自己办业务了，当然师傅一直得在边上盯着。就这样慢慢地慢慢地，我的实习之路开始走上正轨，对于这个工作氛围我十分满意，很轻松。不知道订单班的其他同学们是否也顺利呢。祝愿大家的明天越来越美好！

点评：实习就是将学校学习的书本知识运用于实际工作之中。这期间认真跟着师傅学是尽快适应工作的捷径之一，抓住机会，尽快提升自我。

4月3日　星期四　阴

坚持不懈　持之以恒

实习期间的感悟很多，有几件事特别有印象：一是办业务一定要仔细。有一个客户，正好是贷款客户，在对公柜放好了30万贷款，到现金柜提取现金，按道理贷款客户提取现金必须携带提款申请书，由柜员审核其上面的信息是否填写齐全，而且贷款额必须一次性取完。但当时客户没有拿提款申请书，而我在办理业务时没有仔细看客户存折，没有发现他存折上的第一栏是贷款30万，就按一般取款办理，依照客户的要求取了29万。到中午轧账的时候，检查传票才发现问题，师傅也紧张了，第一次遇到这种情况，而且金额也比较大，有点不知所措，立马打电话给事后监督员询问，事后监督员当时琢磨了一下说，那也没办法了，钱是一定要先取出的，只能要客户再跑一回把剩下的一万取走。师傅挂了电话就直接查询客户信息，给刚才的客户打电话，麻烦他再来一回，幸好客户比较好说话，很爽快就答应了，也没有抱怨。直到下午客户把钱取走才放心，事情才算解决。这个事情让我很担心，更感觉对不住师傅，对我今后办理业务也提了个醒，做事一定要细心，任何资料都要好好审核。二是不能把情绪带到工作上。只要上了柜台，不管自己情绪如何，都要微笑待客户，就算客户虐我千百遍，我对客户依旧如初恋。三是要学会了解客户。一次客户在取完钱的时候，当时我给了一个黑色袋子，而客户还想要一个，但她没说话，只是眼睛一直盯着黑袋子。而我就想不明白了，为什么业务办好了，客户还不离开，师傅就在后面提醒我说，客户还要一个袋子。果真当我又给了一个袋子后，客户微笑地走了，当时我回头看一下师傅，给了个崇拜的眼神，觉得师傅好厉害，这也能看出来。师傅说，不用惊讶，经过的事情多了，自然就知道了。

点评：一个有责任心的人在任何岗位上都可以做得很好，一个没有责任心的人做任何事情都不可能那么一帆风顺。作为实习生，我们一定记住要学会承担责任。在今后的工作中，我们要一如既往地积极学习业务知识，锻炼业务技能，不懂的地方虚心向师傅和领导请教，多学多练，多做多想，争取做一名合格的职业人！

4月4日　星期五　晴

从心开始

从学校走到社会这个过程是难忘的，也是残酷的。这是我实习期间感悟最深的一句话。在实习期间我经历了一次辞职，再找工作，本来我是联华订单班的一员，由于一些个人原因，我在三月底辞掉了工作。在我做出选择的这个过程中，我犹豫、彷徨，不知道该怎么前行，联华这份工作是该放弃还是继续，真心地难倒我了。这条路我该怎么走？

书上有一段话说："我们从人生的起点到终点，一路上自然会有很多感悟，但其中的大部分收获并不是从教室或图书馆中得来的，而是在人生的实验室里学到的。"在社会这个大舞台上，走过了多多少少都会有点体会。在学校与学校外的学习，有一个共同点，我们都在学习如何做人。而不同点是，前者被动，后者主动。社会是残酷的，不去自觉地学习，会被淘汰的。但是很庆幸的一件事是，我们已经在学校里慢慢打好基础，如何与人相处，如何更有效地学习。学校里面学习，是在潜移默化地传教于我们一些基础知识，以便进入社会，能更好地适应与学习。

学校是简单的，社会是复杂的。当初走出学校，对外面的世界充满美好的幻想，可出来后，发现社会却是如此的现实，一切美好的幻想都破灭了。姐妹聚餐，工资到手就去潇洒，可还没有到月底，工资已经花得差不多了，还要问父母拿，这往往并不是我们最初想要的结果。然后我们就会想着去赚更多的钱，但凡事不可能一步登天，都是要慢慢来，积累经验，沉淀自己，真正长大、成熟。

点评：我们学着从工作中寻找快乐。工作时一定要坚守自己的职业道德和努力提高自己的职业素养，正所谓做一行就要懂一行的规矩，努力学习业务知识，为了更美好的明天而做出自己最大的努力。

4月5日　星期六　晴

教学相长

转眼间，我已经工作近一个月了，过去在学校的好奇心貌似要在这个社会中消磨殆尽了，说实话，我有点担心我的好奇心会丢失。我的工作说起来简单，的确，备课、教学、准备习题，这些我去年暑假有在其他的教育机构做过，所以都习以为常。工作中，我除了英语教学任务，还有教务工作，相当于班主任，我带的这些都是小学生，每天都会有家长护送，所以，必然地要和家长沟通孩子的学习、心理情况。每个孩子都存在着各式各样的问题，在这近一个月的相处中，也分析了孩子不想学习的主要原因，大致有五点：一是不是我不想学，而是我看不到学习的希望；二是我不知道为什么而学习；三是我不会学；四是我学不会；五是我没法学。慢慢地，我也正在找出与之对应的办法，如何解决这些孩子所存在的问题，是我日后需要重点关注的。

点评：一个人命运中最大的幸运，莫过于在他的人生中途，即在他年富力强的时候，发现了自己生活的使命——保证我们的职业小舟沿着既定的航线，快速安全地前进。

4 月 6 日　星期日　多云

博观约取　厚积薄发

时间如梭，我们到金华银行实习已经快一个月了，这一个月的实习使我感受颇多。在这一个月里，我收获颇多，不但把以前所干的事情干得越来越好，越来越熟练，和同事之间的关系也相处得越来越融洽了，另外，我还实践了去银行开立账户。刚好老师在课堂上教过我们填写开立银行基本账户的资料和办理程序，但这次经过自己的亲身实践，我掌握得更好、理解得更深刻了。但是心中的感慨与感激还是无法用语言清晰地表达出来，看到别的同学发状态说这一个月最大的感受就是“心态的转变”，我本人也十分赞同他的观点，自己从最初的失望、放弃到现在的坚持、乐观，也经历了一个从压抑到释放、从释放到平和、从平和到现在的生机活力的心理过程，在这个过程中有过不甘、有过不满，也有过开心、有过快乐。总之，我们大家都坚持过来了，而且也越来越喜欢在这个大家庭里生活，真希望我们的实习不要结束得太早。

点评：“纸上得来终觉浅，绝知此事要躬行。”在这一学期的实习后，我们不仅会真正明白它的意义，更会深切体会到它的内涵。社会和单位是最好的大学，在实习单位里的每一个人都是我们的老师，我们要学习的实在太多太多，不仅是专业技能，还有社会经验和职业精神，这些都能成为我们以后很好地胜任工作的基础，也是我们能在激烈的竞争中脱颖而出的最重的砝码。

4 月 7 日　星期一　阴

飞扬青春　幸福成长

暂时和实习生活告一段落，对于实习生活，我总结出三点。一是要学会适应职场生活，从一个学生蜕变成一个职业人。二是要学会领悟职场和校园的区别，要做好充分的职场准备，以一个准员工的身份去对待职场生活。三是要学会适应职场这个环境。正如自己切身体会，原本在大学，我是一个很外向的妹子，但到了单位，我发现身边的师傅基本都是妹子的外表，女汉子的内心，在我看来她们特别能干，会修打印机，会修机器，抬得动很重的钞票箱子等，私下里她们大大咧咧，面对客户瞬间很温声细语。作为一个新的实习生，我决定改变自己，我决定做一个安静的女汉子，学会多倾听，学会多观察，学会多办事，学会多反思，学会多总结，努力让自己也变成客户心目中的形象人，自己心中的女神，让自己变成更强更 man 的女孩子，还要学会控制自身情绪。都说成熟的人能控制情绪是第一步。在工作中，师傅们难免会遇到不顺心或是心情不好的时候，他们或许很难受很委屈，但他们都不把情绪带入工作中，记得有一次师傅遇到了小小不如意，那天他很闷，没怎么说话。不一会儿，客户来了。他连忙面带微笑起立，热情地迎接客户，好像什么也没发生一样。办完业务，柜台的电话响了，他依然用很温柔的声音接起电话说："喂，您好！……"这一天，给了我很深的印象，我开始佩服师傅，感觉到了做柜台工作的不容易，学会控制情绪的重要性，学会微笑面对每一件事才是成功的开始，同样也是成熟的表现。除此之外，在实习期间，我也很欣赏师傅他们，觉得我应该以他们为榜样，不断强化自己。最后就是要学会不断充实自己。接下来，我应该好好珍惜有限的大学生活，在最后的阶段冲刺我的技能，在接下来的生活中，不断强化自己各方面的水平，争取做一个在职场也不落后的"新潮人"。不管明天怎样，我都要以年轻人的态度去面对新的一天，在这个世界上没有谁是谁的谁，只有自己真正强大才是最大的力量。

点评：每个人都有梦想，都渴望成功，然而眼高手低、志大才疏往往是阻碍年轻人成功的最大的障碍。很多时候，我们看到的只是成功人士功成名就时的辉煌，却往往忽略了他们在此之前所付出的艰苦卓绝的努力。事实上，没有人能一蹴而就，成功需要积累，让我们将复杂的事简单做，简单的事重复做，重复的事快乐做，快乐的事用心做，享受从量变到质变的过程。

4月8日　星期二　阴

向目标直行

又是一个月过去了，这星期老板找我谈了会儿话，综合分析了我现在工作上的情况。其实我挺喜欢这种谈话的，因为有时候其实对自己工作上的一些状况，或者说自己做得好坏并不是很清楚。通过这样的谈话，我可以了解自己在哪里需要提升，哪些方面又应该继续保持。

根据老板跟我谈话的主要内容，我总结了一下：一是在设计方面，我还应该加强一下，依照现状来看，我其实没有把实力完全展现出来，根据我的能力，我可以做得更好。其实我也觉得我可以做得更好，但是不知道该如何做才能把自己的实力完全地展现出来。我想了一下，也许应该多看一些好的作品，仔细研究，从中多多学习。二是软件运用，软件的运用我已经基本都掌握了，只是技巧上还是欠缺了一点，导致做东西效率不高，时间花得多。三是工作态度上，他觉得我的工作态度他挺喜欢的，只不过，有时候不要埋头苦干，有些事情可以让别人帮忙做的就分别人一点，不要所有事情都自己做。四是组织管理方面的问题，组织能力太差，工作上的事情没办法很好地分配到个人。其实我也发现了这个问题，只是从小养成了这个习惯，什么都自己来。老板建议我下班回家多看看管理方面的书和教程，我觉得这个应该还蛮有用的。

这样总结下来，好像还真有蛮多地方需要改进和提升的，这种感觉还蛮好的，有前进的动力，知道自己该往哪些方面努力，忽然觉得明朗了很多，希望自己可以越来越棒。

点评：实习中，当看到别人的不足，当别人犯错误时，也要想到自己，吸取教训，防止自己以后也会犯同样的错误。生活中，学习无处不在，我们现在要做的就是：学会学习，学会接受，学会改变，学会成长，学会自强不息，不断地完善自己！

4 月 9 日　星期三　多云

彰显优势　快速成长

泰隆学院的日子即将结束了，感叹这一个月的时间过得好快，类似魔鬼般的训练已经告一段落，下星期就要下网点实习了，内心充满期待，还有一丝胆怯。在泰隆学院，我不仅和订单班的同学一起学习，还认识了好多分行来的朋友，他们认为，我们订单班的人特别幸福，因为还没有毕业，就已经踏上工作岗位，更重要的是优质就业，如果努力，还有着可观的薪酬。对于像我这样底子比较一般的人来说，还不用花很多时间练习技能，因为学校已经给我们三年的时间去接触，现在拿起钞券我就能点，看到数字我就过目不忘，泰隆银行对于五笔不是很强调，所以我又能打拼音又能打五笔。在这方面，我特别自信，这种感觉好棒。我所分配的网点是萧山金城路支行 2 部。主场作战，至少心里踏实很多。在自己的家乡，我了解这里的价值观，说着共同的语言，相比外省的同学，心理负担会小很多。他们一切都是从零开始。不过也不能因此就放松对自己的要求。不管是什么事，都得拿出十二分的努力和诚意，泰隆的客户经理岗更是如此，老师说了，我们提供的得是“保姆式的服务”，我一听，心里还一下子有点发怵呢。不过想想，服务行业、推销岗应该大都如此吧。最后看的就是谁能坚持。其实，说实话，并不是这个班里所有的人都适合客户经理这个岗位，我也不确定我自己适不适合。不过一份工作，不坚持一两年，怎么知道到底能不能干出一番天地？现在不是打退堂鼓的时候，多听多学多做，努力先把实践任务完成。

点评：动手能力强、上手快、技能水平高，是我们银领学院订单人才培养的外在优势，可以帮助我们尽快适应工作岗位，先于别人起跑至少半年；重视职业形象、强调职业能力、突出职业素质，是我们银领学院订单人才培养的内在优势，可以帮助我们实现可持续的职业发展。

4月10日　星期四　晴

心定则事成

通过面试，我进入了杭州银行金华支行实习，虽然实习的时间不长，我却在这宝贵的时间里学到了很多东西，丰富并实践了大学的理论知识，同时也深感自己知识面的匮乏，更坚定了我积极学习的信念。在工作中，工作态度的转变是我学到的重要财富。“技术水平只能让你达到一定的层次，而为人处世的态度及对工作认真负责的态度才是提升你的真正法宝。”这是我在实习中真正体会到的。

在学校里，我关心的只是学业问题：对理论知识的掌握、对实用技能的练习。而真正走向社会、走向岗位，要求的就不仅仅是个人的技术水平，同时要保证综合能力。就比如在服务中的态度、处理客户问题的能力、良好的心态等等。

刚进入实习期间，感觉身心都很疲惫，自己就像一个会微笑的流水线工具，不断忙碌，每天重复着相同的工作。但随着一天天过去，工作虽然挺累，可同事、前辈会毫不保留地传授着他们的经验，相处下来，感觉也很快乐。要做到熟练地办理客户提出的业务，专业的回答，灵活的指法，快速的办理，还有良好的心态，都是我学习的目标。

同时因为有了在学校的专业课程学习，有一定的技能基础，了解银行工作的流程，才让我比其他人更轻松地进入了工作状态。

点评：即使不成功，也不至于成为空白。可以在工作中寻找快乐，在工作中积累经验，这也可以为以后的工作奠定积极的心态。每个人都可以做得更好，只要你相信，未来是值得期待的！

4月11日　星期五　阵雨

放飞梦想　扬帆起航

经过一个月的银行实习，我和一群伙伴们怀着满腔的热情回到了学校，回到这一个熟悉而又陌生的环境。回到学校，老师们从仪容礼仪、银行系统前台操作、各种金融专业知识、行内规章制度等方面对我们进行了从头到脚的彻底打造。我从中学到很多知识，以及很多将来工作中需要用到的技能。通过培训，我们了解了什么是职业化、什么是价值观，以及很多为人做事的原则与方法，从而和之前的自己进行对照，认识到自己的不足，及时改进，这些对以后工作的开展以及个人的发展都是非常有好处的。

点评：杭州联合银行订单班、联合村镇银行订单班结束了第一阶段实习，回到学校进行行业集中培训。从大家的交流和实习日志反馈来看，通过集中培训，同学们对毕业实习的热情更高了，理解也更深刻了。书本上的知识与实际中的应用还是有一定差距的，仅仅掌握好书本知识是远远不够的。除了专业知识和操作技能，我们更加要强调积极上进的思想、正确的价值观、谦虚好学的态度、勤奋踏实的行为、宽容友爱的人际交往、自我反省自我鞭策的习惯等的学习与培养。

4 月 12 日　星期六　中雨

用心服务　主动营销

在海宁支援已经有两个月，从项目开盘前期到开盘签约，我学习到很多，同时，在学校里学习的房地产相关知识也让我在实际操作中得心应手，比起完全不知道房地产的人来说，我们的起跑要比他们更快一些。

这两个月里做了很多工作，开盘前主要是外拓和电 call 两个方面的工作，外拓时我需要管理 5—7 个派单人员，这时候不仅仅是要得到有效的客户资源，也要学会如何管理他们。而电 call 教会我最多的是耐心，开盘前期每天要打几百个电话，而且不能确保每一个电话都是有效的，一开始还好，越到后面耐心就越缺失，语气也会有所变化，所以我在这么多天的工作中，学会了调节自己的心情，遇到一些没有礼貌的客户也不会将其放在心上，而是认认真真地完成工作。在开盘时，我看到了整个摇号选房的流程，跑单，贴销控，签单……有很多客户会在这个时候问很多专业问题，还有些客户会临时改变主意不要了或者犹豫不决，在整个过程中要涉及很多的销售策略。

经过这么多天的实习，我发现了房地产专业知识的重要性，不管是做什么岗位都要对房地产有所了解，这样在工作的时候才能更快学习上岗。所以也非常感谢学校对我们的培养教育，在学校时就注重让我们形成理论结合实际的学习方式，而且方方面面都有涉及，例如房地产策划、估计和投融资分析等。而且在学校时老师经常会让我们做销售模拟，进行对抗演练，这让我们在现在的实习中接待客户时一点都不会感到陌生和恐惧，能够大方地完成整个接待流程。

点评：上课时老师经常提出要“用心服务”，讲的就是我们要贴近客户的思想，正确地理解客户的需求，客户没想到的我们要提前想到，用真心实意换取客户长期的理解和信任。

4月13日　星期日　阴

耐心细致　诚信规范

时间过得很快，现在的我已经独立上柜半个月了。这半个月，真的感触特别深。刚开始实习的时候，有师傅在旁边看着，而且做错的话，还有师傅帮你改正，而现在，所有的差错都是算自己的，师傅也不会在旁边看着你怎么做，而且现在师傅也不帮你改正错误。师傅成了你的同事，不过有时候还是得要自己去问，不然你真的不会做。作为一名柜员，要细心，这才是主要的，柜员每天接触的都是钱，所以必须得要细心、仔细。记得上周二的时候，不知道怎么的，可能是下午感觉有点疲惫了，有一个客户来取钱，当给钱的时候，我多给了三百，当时的我还没有反应过来，幸好这个客户是位老客户，而且客户当场重新点了一遍，发现多了三百，当场就问我给了他多少，当时我一看，发现自己错了，顿时就很不好意思，也很感谢客户的细心，也为自己的粗心很是后悔，我要引以为戒，告诫自己不要再犯这样的错误。

柜员每办一笔业务时，都要进行电脑扫描，进行授权处理，若少了哪一个步骤，这笔业务就会被退回，并被记差错处理。有一次，会计主管让我对卖理财时填写的风险评估评分表进行核实，结果发现少算了一个项目，少加了 6 分，把总和 25 分算成 19 分，并且因此客户所属的风险类型也错误了，这样要进行系统修改就会很麻烦，也因此受到了主管的批评。还有一次，师傅让我到楼上放贷中心去签订一份给会计师事务所的询证函，没想到在出具意见栏里把资产两亿元人民币写成了两千万元人民币，导致前后不符，幸好师傅发现了这个问题，并及时进行改正，否则后果不堪设想。带领我的师傅，也曾经在办理业务时，发现单位盖的公章与银行预留的印鉴章不一致，就不能按正常程序办理业务，要联系客户经理和客户，看单位是否换过公章等情况；也曾经遇见过某单位开立基本户，因为柜员把组织机构代码证输入错误，而让该单位在其他银行无法开立一般账户。

点评：现在的人基本上都形成了一个共识：企业和领导都喜欢聪明的下属，懂得灵活变通。这个说法自然有其道理，但是并不是在所有地方都适用，比如说银行。在银行工作，最重视的是那种脚踏实地的员工，勤勤恳恳、仔仔细细地做事情。很多业务，例如办理零售住房或者公积金贷款，大部分的时间都是重复着简单的程序，但是却对员工的耐心和细致度有很高的要求，一个轻微的笔误都会带来重大损失。作为实习生，遇到不确定的地方千万不能自作聪明，哪怕再简单也要去问，因为很多细节不是像我们想当然的那样，它们都有着各自的严格规定，存在着各种各样的可能性。上面的种种，也都是因为我们粗心大意，不够细心谨慎才会出现差错，所以这就要求我们一定要按规定处理业务，不可自己随意创新，也许一个小小的错误都会产生不可估量的严重后果。我们要时刻提醒自己要小心仔细，从现在开始养成好习惯！

4月14日 星期一 多云

持一颗平常心

结束新店面的帮忙之后，我就又回到原来的门店实习了。因为春节已经过去很久了，顾客没有那么多，所以我也不在卖场里面收银了，终于回到楼上办公室学习。标价签我已经会打了，现在又要学习新的内容，就是打单。第一天开始学习的时候，我自己没有操作，先是看师傅操作。看了一天，了解了一天工作流程是怎么样的，初步有个印象。当然我也在时时刻刻记笔记。因为这种学习不像在学校那样的，他们不会说什么概念之类的。直接教你的就是怎么做，不管你懂不懂，你只要知道它的操作过程就行。因此，笔记就成为必不可少的一部分。等到我自己独立打单的时候，犯错是不可避免的。令我记忆犹新的是，我订货的时候少订几个商品，引起了客诉。我的师傅就告诉我要被罚款20块钱。当我知道的时候，心想完了，这回要闯大祸了，怎么办呢？心里真是很慌。还有一个犯的错是有供应商的退货单没有经过审核就打印出来了，这个错误也被他们说了一顿。从这些错误中，我知道在做打单的时候，无论什么单子都要经过审核的，不然接下来的工作就没法展开。

我觉得最欣慰的是，我犯的错虽然很多，但也因为这些错误，我深深地记得它们给我带来了什么，因此我会牢记这些错误，以后就绝对不会再犯了。

点评：实习后，我们不能懈怠，既要清醒地认识到自己存在的不足，不断激励自己、完善自己，又要充满自信，持续强化自己的优势，使自己尽快成长为业务骨干，展示金院学子的风采。

4月15日 星期二 晴

学无止境 用心成长

这周继续在杭州银行总部培训，印象最深的就是星期五上午的新老员工交流大会。会上学姐们分享了一些工作经验，我们作为新员工，首先要爱自己的岗位，我也深刻懂得工作就应该干一行爱一行。还有一点，因为经常和现金及重要凭证打交道，所以诚信很重要，这是对我们最基本的考验。最后就是要终身学习，永远不断补充新知识，提升自己。晚上进行了实习动员大会，会议讲述了一些基本情况，强调了对我们的一些要求，夏总对实习做了总结，杨总对实习提出了具体的要求，我们也认真记录，力求积极落实这些要求，尽快进入工作状态。

虽然培训期间时间安排得很满，但是面对着来自行内、来自周边同学的竞争压力，我不得不鼓着一口气，每天激励自己练习业务、练习技能，而我的付出也是有回报的。刚开始培训的摸底考试，我仅仅排在20多位，这在班里算是靠后的，但是经过这一个月，我不仅让各项成绩都达到了标准，更是有了显著的进步，最后排名在第6位。当然，这不是最重要的，接下来还有对我们最重要的上岗资质考试，虽然我在最后的结业考试中通过了理论考试，但是我不敢保证我还能在下次考试中继续通过，所以接下来的这一个月还是要好好奋斗上岗资质考试，化压力为动力。

个人觉得在培训期间多给予一点压力是一件好事，虽然可能会有抱怨，但是往往这样才能促使着我们往更好的方向前进，尤其是像我这样的，如果没有鞭策，没有压力，我很难自觉地去学习或者练习。在家期间每当想到要考试，我都会很自觉地收起玩闹的心，沉下心来看书或者练习技能，而且在压力下也能锻炼我们的抗压能力，能够更快地发展。

点评：拥有学习的意识，培养学习的习惯，再掌握给自己适当施加压力、持续激励自己、鞭策自己的方法，我们就能持续不断地进步。走向工作岗位后，学习更加需要自觉、主动，学习的内涵也更加丰富、宽广，学习的形式、方法也更加多样。通过岗前培训，同学们提升了业务能力；通过实习，同学们收获了为人处世的方法。坚持学习、坚持成长，加油！

4月16日　星期三　阵雨

明确目标　端正态度

这个礼拜，我开始正式实习了。周一的时候厚着脸皮去支行报到了，挺尴尬的，因为大家都不知道我会到来。主任带我去见了行长、副行长、主管。然后下午开始，我就跟着主管开始了漫漫实习路。第一天跟着会计岗的前辈们学习，主要任务是了解我行的设施。第二天，我就去了高柜，跟着前辈们学习。我们行里有学姐和学长，他们对我比较好，所以我一开始就跟着他们学习了，学长说，主管安排组长当我师父。我是个小辈，在这样的事情前，我不敢说什么，也不知道说什么好，真的挺尴尬的。我以为我之后的日子会很煎熬了，但事实并非如此，大家对我都挺好的，为什么这么说呢？因为我想起来一句话，别人对你不好是本分，对你好是情分。对于他们偶尔的教导，我很感激，也很感动。我认真学习每一个前辈的优势，因为主管告诉我，在学习的路上，一定要有自己的判断能力，虽然事情大家都会做，但并不是每个人的做法都是对的，都是最正确的，所以我要学习每个人的长处，取其精华。学了两天，我就上柜了，第一天有点慌，第二天就非常自然了。下周继续努力！

点评：我们不管做什么事，都要明确自己的目标，就像我们到实习单位工作以后，要知道自己能否胜任这份工作，关键是看你自己对待工作的态度，态度对了，即使自己以前没学过的知识也可以在工作中逐渐地掌握。

4 月 17 日　星期四　阵雨

无苦何来乐

新的一周又开始了，现在时间比较空闲，是写日记的好时机，正好可以把自己经历的心理变化写出来，等到 6 月份毕业的时候可以拿出来读一读，做一下比较，比较一下我有没有成长，所以我写的都是真实的感受，我不会管别人怎么看和怎么说的，我是写给自己看的，这样我就不会忘记一个实习生的感受，等我以后有工作经验的时候，就不会无视实习生，因为我经历过，我才有发言权。我不知道别人的实习历程是怎么样的，我只知道自己现在经历着一段艰难的时期，因为在这个时期里，我什么都不会做，也几乎没有什么任务交给我。我是一个闲不下来的人，在学校里我会积极地去找各种事情做，在公司里我也想积极地去找各种事情做，但是她们会说这个你还不会做，那我还能做什么啊？

章老师说过，每一个实习生都要经历一段非常的时期，这段时期确实非常难啊，我常常被遗忘在一个大大办公室的角落里，自己承受着自己心理的各种变化，我知道自己现在需要适应、需要忍耐，但是被无视的感觉真的很不爽。不爽的感受会让我心情低落，但是在公司里又必须保持微笑，不能让别人看出来你内心真正的想法。所以这段时间我是这样鼓励自己的，我确实什么都不会，就算我们部门同时进来 3 个实习生又怎么样，同时被一个人带又怎么样，其余的都是有工作经验的又怎么样，与我有什么关系，我什么都没有，什么都不会，一定要脚踏实地，一步一个脚印，每天能学到一点点就是好的，每一天都要有进步。也许习惯了在学校里被重视的感觉，就自以为自己了不起，正好这段时间可以好好磨磨我的心性，让我不那么心高气傲，让我能真正地成长。是金子总会发光，所以我要坚持下来，向学院提交一份好的答卷，向系里提交一份好的答卷，向老师提交一份好的答卷，给自己一个肯定，我不是那种很容易被打败的人，我相信自己可以的。

点评：实习中，要树立正确的目标，在实现目标的过程中一定要多看别人怎样做，多听别人怎样说，多想自己应该怎样做，然后自己亲自动手去多做。只有这样我们才能把工作做得更好。相信你，一定能行的！

4 月 18 日　星期五　阴

珍惜拥有　心怀感恩

这一周又是新的开始，因为我们 37 个小伙伴要分散到各个支行网点去实习。

我和嘉宾被一起分到了城北支行，面对未知的一切，我们怀着憧憬踏进了城北支行的大门。主管晶晶姐姐非常亲切地欢迎我们，并为我们简单介绍行内柜台窗口的情况，然后带我们去见了章行长，章行长也表达了对我们的要求与期待，我们的实习生活就此展开了。一开始总会忧虑，怕分配到的师傅不好相处或者自己太笨被师傅嫌弃，但是幸运的是，我分到了一个好师傅，她在自己做的同时还一边给我讲解。在我不懂的时候，她耐心教导我，为了让我尽快熟悉业务，她会让我做一些简单的业务，自己在我身后监督我。在我对待客户用语不规范的时候，她也会及时指出，力求让我学习标准的服务。虽然做业务过程中师傅也说了交易码不用特别去记，做多了就会熟练，但我还是为了不麻烦师傅、每次问她，自己就留心记忆了一下。目前这个月都是不能上柜的状态，只能在师傅后面跟着看看，但真的自己操作是绝对不一样的，在师傅身后看看她做业务真的很简单，但自己上手了就会发现脑子突然一片空白，要做什么，打印什么凭证，打几张，盖什么章都很迷茫。所以只有自己做过一遍才能更好地记忆每一笔业务的操作流程。当我在做业务的时候，因为是新手难免会比较生疏，速度自然也比较慢。有些能理解的客户只是微微一笑说没事，不赶时间；但有些急躁的顾客，就会耐不住性子，碎碎念几句，我能做的也就是对他们微笑，尽可能加快速度。眼前最大的任务是提前到 4 月 28 号的资质考试，这次考试要通过才能正式上柜，时间真的不够用，不仅白天要掌握操作方面的知识，晚上也要复习储蓄和会计的业务知识，还要抽空练习三项技能，我现在只想一步一个脚印，用自己的努力，顺利通过眼前的资质考试。

点评：珍惜实习的机会，珍惜就业的岗位，感恩母校和单位的培养，不仅要体现在思想上，而且要落实在行动上。走上工作岗位，压力更大、任务更重，接触的人和事更加复杂，每个人都有这样一个熟悉、适应的成长过程。我们要用积极的态度去面对挑战，用一颗感恩的心去面对他人，相信自己、相信未来。

4 月 19 日　星期六　中雨

欲速则不达

在实习报到的那天，我们被分配到了绍兴柯桥的保利湖畔林语的项目实习，这真的出乎我的意料之外。我带着陌生感来到了这个城市。

在这段工作时间里，我学习到了很多很多。客户不是很多，对我们每个业务员，包括案场里的每一个人来说压力都是非常大的，我们实习生也不例外，大家都非常拼命。案场里周末会推出许多的活动用来吸引客户，例如摄影活动、垂钓活动、亲子活动、放风筝活动……可以说是应有尽有，给我们增加了许多的客户。

从考核到上岗，我一步一步地在进步，现在我也有了许多属于自己的客户，一有活动就给他们打电话、发短信，通知他们前来，从而激发他们的购买欲望，进而可以促成交易。其中一个星期我又被派到杭州的中天西城纪支援，在那里我又学到了很多，交房是最后的一个环节，前期的开盘都是为了最后的交房，过程极其复杂，流程非常多，而我被分配到了签到组，后来又被分配到了财务组，不管在哪里，都有我学不完的东西。虽然每天都很累，交房过程中还有很多的突发状况，但是只要大家齐心协力，认真努力地去克服，就没有解决不了的事情。

在保利湖畔林语有我成长的足迹，我除了学置业顾问的知识和工作以外，还兼任了女专的工作，学到了很多，女专不在就是我做报表，真的收获了许多。其中主要实践工作内容如下。

一是了解保利湖畔林语各个楼盘的区域位置、户型、价格等市场信息。了解与其他楼盘相比较的优势和劣势，组织销售说辞。自己也利用闲暇之余了解建筑及风水方面的相关知识，提高自身专业性，以便日后与客户深入洽谈。

二是客户来访接待与来电登记。这是平日里销售部最重要的工作，无论成交与否，我会认真做好客户信息的登记与记录，并会定期整理客户资料。来电登记也是我平日的重要工作，对于每一组来电我都会询问清楚客户获知信息的渠道，向其简单介绍楼盘优势并邀约客户来现场看房同时做好客户信息登记，并获取客户的购房意向，不管客户买与不买，我都将把客户看成是潜在客户，因为房子他总有一天会买的。

三是站岗值班。无论进来的客户是做什么的，我都以微笑去面对，这样会给客户一个舒适感，让客户觉得有种亲和力。迎接客户时要以礼相待，在客户进门的那一刹那关注客户的衣着打扮，对相应的客户进行定位，区分客户群。

四是与同事相处融洽。在平时工作中，我与同事关系很好，我们是一个团队，是战场上的战友，团结就是力量。在生活中，我们更是好朋友，一起玩，一起做饭、吃饭，虽然每天的工作很累，但是我们累并快乐着，每天都是嘻嘻哈哈的，心情都很愉快。

通过这段时间的实习，我深深体会到案场那些置业顾问，他们的工作是非常不容易的，首先一定要对自己所推销的产品深刻了解，对资源的掌握要了然于心。更重要的是要有强大的沟通能力、技巧，对客户的各种不同需求要及时准确地做出应对，同时还要站在客户的角度来思考，切身感受他们的消费心理与需求，最大化地为客户考虑。只有这样才能拉拢住客户的心，达成销售目的。耐心、信心、专业，是成为一个成功销售者必不可少的自身条件。

通过这次实习，我切身体验了工作中的艰辛、快乐，明确了我以后社会生活的方向，在工作中不断地学习和充实自己。感谢学校能给我们这样一个平台实习，让我学到了很多。我认为一个优秀的置业顾问，并不只是把房子卖出去那么简单，而是要掌握更多的专业知识和提高自身的整体素质。在师傅的培养以及同事的帮助下，我认真学习、努力工作，专业知识和业务能力都有了很大的提高，但我离一个优秀的置业顾问标准和要求还有一定的距离，我会用谦虚的态度和饱满的热情投入到工作中，尽自己最大的努力为公司创造财富，体现自身的价值。

点评：青春因经历而绚丽多彩，我们已是职场的主力军，实习生的加入给行业注入了新鲜的血液，青春美丽的一页在行业翻开，青春灵动的一面因携手行业而倍显灿烂，行走在岁月的年轮里，在行业实习的经历被加上了书签，记在脑海深处，多年后的某一天回想起这段岁月，也会甜蜜地一笑，感叹那飞扬的青春。

4月20日　星期日　阴

积极心态　主动挑战自我

每一个阶段的实习，都是一种新的启发。在储蓄柜台上实习的每一天，都有不一样的感觉。前几个礼拜的柜台工作中，我觉得自己总是紧绷着神经在做每一笔业务，也没有太多地去挖掘窗口的潜在客户，经过几个礼拜的适应，现在我明显觉得自己迈出了这一步，学会主动把自己推出去，进行窗口营销。每当我看到有客户过来存钱或是取钱的时候，我都会留意一下客户的信息，会主动递上我的个人名片，让客户也能更快记住我。也许这一点看起来是那么的微小，但是我总想着付出总会有回报的，只有去尝试了，才不会让自己后悔。在业务方面，我每天都在学习巩固，回到家，我会翻一翻自己的笔记本，把不会做的业务一遍一遍再牢记一下，每天给自己“充电”。休息天时，我会抽时间去走访、去挖掘更多的客户，无论在存款余额，还是保险理财产品上，我都在努力，不为别的，就为自己一路走过来所付出的努力以及每一个帮助过我的人，这就是我奋斗下去的支撑力量，虽然每一天的进步都是那么的微小，但我始终在努力，从未放弃。我相信这将成为我人生旅途中一笔珍贵的财富。

点评：态度决定一切。你的态度，决定了你做事的结果。所以事无大小，凡事都要认真对待，保持良好积极的心态，才能够在激烈的竞争中得以脱颖而出。面对难题，拥有足够的信心和勇气的人不会退缩。勤奋的人最值得尊重。只有比别人更加努力、更加勤奋，才能比别人走得更远，成功得更快。

4月21日　星期一　中雨

接待客户理财

今天遇到了一个特殊的客户，是前来购买理财产品的，但是买的产品不同于其他产品，客户是要用存在中信银行的澳元，来我们银行买澳币理财。也是因为新开支行业务不熟悉的原因，中信银行说中午 12:40 左右到账，后来一查，原来是因为涉及外汇理财，外汇直接转账的业务只有中信银行将客户的回单拿到人民银行，然后再由我们银行的人去人民银行取回回单，钱才会入我们银行的账，等我们分行受理业务，自己的支行接受业务受理，客户账户才会有钱到账。但是这笔理财一定要在今天下午 5:00 之前买进，在加催了以后，双方加紧步伐又让客户弄了一天，最后才在下午 4:45 分买进了这笔理财。

新开支行，因为人少，所以给了我很多的机会，虽然大家都很忙，没有时间教我，但是像王书记在会上说的那样，在做中学，学中做。自己慢慢琢磨，不懂就记下来问师傅。

点评：做中学，学中做，学而思，不断提升自我，服务他人，积极适应工作，并在适应中提高工作质量和水平。

4月22日　星期二　阵雨

任劳任怨　坚持不懈

又是一个星期过去了，与前几个星期不同的是，这个星期在大堂实习。作为一名大堂经理助理，学习的东西真的有很多。就像师傅说的，大堂经理这个职位不一定每个方面都要学精，但是至少都要懂一些。我们不能预料客户会问什么，但是大堂经理是银行的门面，客户最先接触到的必然是大堂经理，那有什么问题的话必然会先咨询大堂经理，所以，大堂经理就得什么都懂一点，像一些柜台上要填的单子，理财方面的信息，等等。当然，大堂经理最重要的就是态度，笑相迎，恭相送。在实习过程中，我体会到你的一个微笑换来客户的微笑是多么开心的一件事，你的真诚服务换来客户的一句谢谢是多么安慰的一件事。另外，这一周，我还做了一件类似于话务员的工作，就是打电话通知各单位到银行盖章，虽然这看起来是一件很简单的事，但是打通第一个电话的时候还是紧张，把话讲得吞吞吐吐的。不过几次过后就顺理成章了，真的是万事开头难。几周实习下来，我觉得我经历了好多的第一次，在这里的每一次都让我记忆深刻。虽然在工作中，不管是在柜台，还是大堂，多多少少都会遇到一些不顺心的事，但是我想工作中遇到这类事情再正常不过了。没有不遇挫折的工作，也没有克服不了的挫折，我会继续努力的。

点评：一个人的知识和能力只有在实践中才能发挥作用，才能得到丰富、完善和发展。毕业实习，就是要勤于实践，将所学的理论知识与实践相结合一起，在实践中继续学习，不断总结，逐步完善，有所创新，并在实践中提高自己各方面的知识、能力、技术等因素融合成的综合素质和能力，为自己将来事业的成功打下扎实的基础。

4月23日 星期三 多云

感恩金院

来到公司已经将近3个月了,二月份之前在公司一直做的是企划助理,现在终于实现了我的目标,做上了康师傅(杭州)饮品有限公司的企划了。我一直坚信只要付出努力就一定能实现我的目标。目前还没有拿到毕业证,身份是实习生,但已经定岗,我非常感谢自己的努力,同时更要感谢我亲爱的母校——浙江金融职业学院。

我很爱我的母校,对学校组织的每一次活动,我都积极参加,因为那是社会实践锻炼的好机会。我在读书期间参加的各种社会活动比较多。任职过部长、班委,这些都大大提升了我的组织协调能力,同时也在不断提升我的人际沟通能力。在大学期间我利用课余时间就已经在康师傅任职促销员,半年后我被提升为康师傅的督导,又过了3个月我被康师傅聘任为企划助理,现在终于做上了企划。在这段时间我深刻地体会到:艰苦的生活磨炼有助于培养自己克服困难的精神和吃苦耐劳的品质,在工作中遇到困难时就能勇敢地面对,努力地去做好工作。我已经为自己定好下一个目标——华东企划组长,希望通过自己的努力能实现我的目标。

在学校,老师常常教导我们认真学习,细心聆听,加强自我思想意志品质的修养和艰苦奋斗、刻苦耐劳的实践锻炼,增强集体观念,打好思想基础,以便将来参加工作时,能很快地融入社会,能很好地适应紧张的工作和生活。是老师的谆谆教导,是母校的悉心呵护,让我们变得越来越优秀,感谢您,我最亲爱的母校!

点评:曾经的我们生活在城堡中,有着美丽的外壳,受到多重保护,如今,当卸下层层保护伞,我们开始真正体会生活的酸甜苦辣,学着独立处理问题,慢慢地成长。在实习的日子里,有着太多美丽的故事,有着太多难忘的瞬间,都仿佛定格在相机里,镌刻成最美丽的回忆。

4月24日 星期四 阴

学会主动学习

工作后不再像在学校里学习那样,有课堂,有作业,有考试,而是一切要自己主动去学去做。只要你想学习,机会还是很多的。实习后才发现,理论跟实际有很大差距,像我们这样没有工作经验的新人,更需要通过多做多问来积累经验。特别是我们的工作并不像正式员工那样有明确的工作范围,只是自由观摩,如果态度不够积极就无所事事，所以平时就更需要主动争取多做事，这样才能多学习、多提高。

点评：盖亚斯说："唯一能持久的竞争优势是胜过竞争对手的学习能力。"作为应届毕业生，走上工作岗位后，要学会学习，还要学会主动学习，这样才能让自己获得可持续发展力，实现职业发展。在工作中，做到不懂就问，虚心请教。相信在学习上更主动，就一定能在工作中更自如地应对各项业务。

4月25日　星期五　阵雨

开拓创新　突破自我

工作之余，迎来了分行为营销人员提供的主题为"柜面主动服务营销"培训机会。一天的培训，一晃而过，但留给我的感触却是颇深的，犹如醍醐灌顶。

在营销过程中，除了需要对产品全面地了解，我认为还需要做到以下四方面：第一，突破旧观念的束缚；第二，对客户群体的分析；第三，敢于主动与客户进行面对面的营销；第四，掌握主动营销的方法。想象一个美好的将来是什么样子的，制订一个切实可行的计划，今天就做些事情使之成真。明确自己的目标，发掘让自己的工作和生活更有意义的方法，我会更快乐，更成功！

点评：时代正在以日新月异的面貌不断前进着，而与时俱进，锐意进取，突破旧观念的束缚，才能达到新纪元的巅峰。无论是在方法上，还是在语言等方面都需要我们开拓创新，突破自身的局限性，并在日后的工作中始终孜孜不倦地追求，坚持不懈地努力，精益求精，酝酿着把最完美的一面呈现在顾客面前。

4月26日　星期六　阵雨

忙碌的一天

又一周的实习即将过去，临近节假日了，营业所里的前辈全部都开始加班，所里的业务也比平时忙了好几倍，同事们都没时间喝口水，甚至有时连吃午饭都要推迟到很晚，手里的活压根就停不下来，但即使是大家很努力地为客户办理业务，总还是会少不了一些客户的抱怨和生气，这个时候我看到的是同事们很耐心、很负责地为客户办理业务，也很好地安抚着客户们的烦躁情绪。之前的实习时间里我都是跟着师傅学习，偶尔上柜办理业务了也是师傅在一边看着、帮着，但是今天不一样了，我要独自一个人上柜了，这意味着所有的一切都将由自己一个人来承担，来负责所做的一切业务，不会再有一个人在你后面看着你一步一步地完成每一笔业务，做错了也不会及时地有人帮你指出来。

通过今天一天的上柜处理业务，完成每一位客户所要办理的业务之后，到下午正式轧账的时候，幸运的是账实是相符的，但所做的业务单据里的差错还是有很多的，虽然前辈们都说还是有机会补救的，只要账是对的就很不错了，但心里面还是觉得很伤心难过。而且从今天一天的业务流程处理来看，发现自己需要改进的地方还有很多很多，不仅在速度上要加快，而且更要在质量上得到保证，减少出差错的概率，使自己在今后可以做得更好。明天又是新的一天，相信一切会变得更好的！加油！

点评：积极的人像太阳，走到哪里哪里亮；消极的人像月亮，初一十五不一样。对于刚踏入职场生活的同学们，融入社会并非易事，在此阶段是一个需要用心学习的过程。思想上积极进取，行动上脚踏实地，便是最好的努力方式。

4月27日　星期日　阵雨

微笑服务　真诚相待

对公业务一个半月的实习已经结束。这个星期开始在现金业务那一块实习，计划将实习一个月。因为有了对公业务实习时的铺垫，对于现金业务实习我应对得更加自如。现金业务相对来说容易一些，但还是不能忘了“胆大心细”，而且需要更加耐心细致。和对公业务一样，除不能遗漏印章等一些情况外，更重要的一点是由于现金业务经手的是现金，因此，我们工作的时候应更加谨慎、认真。与对公业务相比，客户也是不一样的。对公业务的客户都是一些常客，基本上一个星期要来好几次，相对来说甚是熟悉。而储蓄上，客户可能就比较陌生，可能都是一些老人家来存取款，也有个别脾气暴躁的客户，可能有些客户又是蛮不讲理、不易商量的。因此，在储蓄这个岗位上，我们除了业务方面要熟练外，必须提供优质的服务与良好的态度。对于那些老人家要有耐心，尽其所能，例如帮助填写密码更改申请单等。对于那些态度略差的客户，我们要始终微笑，不应该和客户发生争执。现金业务上实习才刚刚开始，还是要一样的胆大、细心、努力，加油！

点评：对待每一位顾客，我们都要有十足的耐心，把他们当成上帝来服务。而微笑，是一种修养，是一种礼物，是最动人的表情。在工作中，我们要有友善的态度，配以微笑的表情，让客户觉得宾至如归。这样更有利于工作的顺利进行，提高效率。我们应该时刻牢记，微笑服务温暖人心。

4月28日　星期一　多云

克服困难　持之以恒

实习时间过得很快，两个月来我学到了很多东西，可以简单总结为几个字，那就是：多看，多问，多观察，多思考。一方面要发扬自主思考问题的能力，在碰到问题的时候，自觉努力去独立解决，这样对问题便能够有一个更深刻的了解，当解决问题后也会获益良多。

正巧碰上杭黄高铁的拆迁，每天出去跑项目，我觉得很充实，每天实实在在的工作，我学习到很多，每天忙碌的工作让我很快融入社会独立起来，瞬间忘记学生的身份。在完成项目的同时，会遇到很多问题，自己要去独立解决，没有固定的正确答案，应充分发挥自己的主观能动性，把问题解决掉。

虽然我已经工作了两个月了，但是工作中还是会时不时地出现错误，幸亏有孟老师和同事们的帮助，使我克服了重重困难，不断提高了自己的水平。刚来到公司的时候心里就做足了准备，再苦再难都要坚持下去。评估工作是一项非常累人的工作，白天要去勘查现场，填写勘查底稿，晚上回来就要处理报告，进行各种计算。虽然我还没有到独立自己一个人去完成的能力，但是我时刻在提高自己。

公司是一个非常好的学习环境，重要的是熟悉公司的生活、公司的员工和领导。公司不大，但氛围很好。大家彼此相处得很好，工作气氛很积极。作为一个快要毕业的学生，经过这次实习，我学到了和房地产估价相关的更多知识，把房地产估价的理论和实际紧密地联系起来，获得得更加宝贵的就是经验与自信。相信有了这次实习的经历，我会在以后的工作和生活中做得更好。

点评：既然选择了自己现在的这份工作就要持之以恒地用心做下去，今天的努力是为了明天更好，美好的一天从今天积极进取的思想和认真努力的行动上体现，希望你再接再厉，接下来保持积极进取的观念态度、思维模式和行为方式。

4 月 29 日　星期二　晴

苦中作乐

不知不觉中又过去了一个月。以前在学校里，暑假也做过兼职，那时候天气很热，但我还是坚持下来了。所以现在的工作对我来说也并没有那么累。经过自己的努力，我终于可以独立地处理一些事情了，也进一步加深了我对工作岗位的理解。日子过得很快，快要五一了，总算可以多休息一两天了。在学校的时候不怎么珍惜假日，现在我真的想在这几天中好好调整，好好休息。

点评：在职场中生存也是一门学问。生存是一种结果，它需要条件，这个条件就是适应环境。自然和社会不会为不适应者浪费资源，不适应环境的竞争者只能被无情淘汰，所以你们需要更加努力，积极向上地去适应职场，适应环境。很多时候你们需要马上完成布置给你们的工作，并将工作落到实处，一个人工作的能力加上工作态度，决定着这个人的报酬与职务。同学们，当你们下定决心永远以积极的心态做事时，你就是在向着自己的远大前程迈出了重要的一步。

4月30日 星期三 晴

知足常乐

今天，我带着两个新人去四季青考察，我让他们去物流那边记录一些联系方式，回去之后通过电话询问一下这些号码主人是否对我们公司的模式感兴趣。作为国内最大的服装批发中心之一，这里或许能找到一些潜在的客户。

而我自己，一个人跑遍了四季青附近所有的旅店，向所有旅店老板介绍了我们公司的大致情况。我说我们公司市场部的业务员正在全国各处跑业务，在各个市寻找我们公司的代理商，许多老板对我们公司模式表示感兴趣，但一时又不想来考察，很大一部分在杭州进货的老板表示下次来杭州四季青进货会顺便来我们公司考察。

一个下午，我跑了好多家旅店，其中有9家直接答应了我的请求……

这事老板还不知道，我正在想明天应该怎样汇报。

点评：社会竞争的法则是优胜劣汰。你之所以没被淘汰，是因为长处支撑着你，或许是聪明使你的认识高于常人，或许是你的方法比一般人的方法更好一些。如果这些你不具备，那你肯定有良好的人际关系，或者你有良好的心理品质。坚强的意志使你在逆境中奋进，使你在劣势中反败为胜。良好的性格使你在竞争中始终保持良好的心态，人格的力量会成为竞争中的原动力。保持自己的长处，发挥自己的优势，才能在竞争中立于不败之地。

2014 年 5 月份，返校前的冲刺

毕业实习给同学们实现由学生到职业人的角色转换提供了一个良好的缓冲平台，为同学们能够尽快了解社会、适应社会、融入社会奠定了基础。通过实习管理实践，我们发现，可以把学生的实习过程大致分成几个时期，即波动期、反复期、反常期、适应期、稳定期。波动期：表现为不太适应实习岗位环境与要求；反复期：表现为离用人单位的要求标准存在一定的差距，心里再次产生波动；反常期：表现为达不到用人单位的要求标准、不遵守用人单位的规章制度、私自离职等；适应期：表现为学生实习表现良好、乐观向上，用人单位反馈良好；稳定期：表现为学生工作表现积极，有模范典型，用人单位反馈非常好。实习过程中，希望我们同学能踏踏实实地走好每一步，实现顺利过渡。

5 月份学校的主要安排：同学们继续按照学校和订单单位要求，在行业指导老师的带领下有条不紊地开展实习。因为接近实习的尾声，学生具体表现为不仅对工作很投入，而且经常会和指导老师讨论一些业务知识，并能主动积极地寻求网络，甚至购买相关书籍补充知识。

5 月份的温馨提示：毕业实习是培养学生实践能力的重要教学环节，通过前面两个月时间的磨合，同学们基本顺利渡过了实习的波动期、反复期，与实习单位的老师、同事的关系基本理顺，已经习惯执行实习单位的规章制度，在与学生和实习单位的交流中，学生的自我感觉和单位的评价良好。但部分同学也暴露出意志不够坚强、工作主动性不强、责任心不足、吃苦精神不够等问题，需要引起重视。

5 月 1 日　星期四　晴

以小见大　细节决定成败

二十天左右的独立上岗，头顶上的摄像头 360 度时刻监控，一点小细节都不能马虎。那天，我第一次穿上防弹衣，戴上防弹帽，提着押款箱，紧跟着同事一起往押款车的方向走。等把钱箱安全送上车时，才意识到最后一道安全门还等着我去关。恍忽之间，“呀，我忘记查询开户日期了……”“一不小心写错地方了！”“忘记让用户签名了。”……“你扣的钱还不如赚的多呢。”太多的不小心，换来今天的种种差错。由于自己的马虎，我也受到了惩罚——扣除相应的工资与积分。在成长的过程中，不怕犯错，就怕不敢承认错误，不及时改正错误。所以今后我会牢记我的错误，引以为鉴，并且认真、仔细做好各项工作。我相信，只要我努力改之，一定不会一直处于“负资产”中，我会离加号越来越近的。

点评：千里之堤溃于蚁穴，往往工作中的一丁点疏忽，就可能导致很大的漏洞，引起不必要的麻烦，其后果也是无法想象的。因此工作中更应以高标准要求自己，不仅要具备爱岗敬业的工作精神，还要有细致严谨的工作作风。有了前车之鉴后更应好好反省自身存在的弊端，才能在之后的工作中吃一堑长一智，不至于重复在同一个地方栽跟头。如此不断完善自己，定能完胜这份工作。

5月2日　星期五　多云

职场三定律

时光荏苒，岁月如梭。离开学校的日子，时间流逝得总是那么快，每每念及此，耳边都会传来一个熟悉的声音：五月到了，六月还会远吗？临近毕业，我想是有必要对自己学生时代的最后一次实习进行自白了。在杭州全景餐饮管理有限公司管理吧台的这些日子，我历经喜怒哀乐，尝遍酸甜苦辣，但却多了几许以往不曾有的感悟和收获，那是在学校、在课堂、在书本上学不到的。初来乍到，领导安排我完成的第一个任务便是洗厕所，那一刻我傻了。但是放在我眼前的只有两个选择：洗或走。虽然内心有千万个不愿意，但我还是欣然接受了，因为我知道这就是职场。当我圆满地完成任务时，领导本来严肃的脸上露出了欣慰的笑容。后来的一次谈话中，我得知了他当初的职场第一课也是如此，简单的一句话，却让我铭记在心。

接下来一段时间的工作中，我深刻地体悟到了什么叫业务知识很重要，这就如同作为一名学生学习知识，如果不熟练掌握，将寸步难移。最后，我想谈谈职场三定律。在任何一家企业，如果你想生存和发展，必须遵循以下规律：要么狠，要么忍，要么滚。新手阶段，尤其是实习生，你必须忍，哪怕心中有再多的怨言和不满，也得往肚子里咽，不然下场就会和我前面所说的一样，为企业或职场所抛弃。当你成为职场精英时，你可以向你的上司、同事发表自己对于工作或某项决议不同的看法，甚至据理力争。不过如何更好地遵从，就在于每个人自己的抉择了。

点评：实习是大学生走向社会的作用非凡的一道槛，其中充满着磨砺与再学习的机会。若要成功地跨过去，需不断地反省并改进一些为人处世的做法，从而不断地从中获得进步的经验，为更好地规划以后的人生打好基础。

5月3日　星期六　多云

尊重自己的本性

实习已经有两个月了，有过开心，也有过伤心。

开心的是我的业绩和表现还是很不错的，得到了领导的肯定。跟一些前辈学习一些知识，有很多都是以前上课老师讲到过的营销知识。很庆幸我是营销专业出来的，以前上课的时候总觉得学的知识很枯燥，很无聊，估计实习的时候也用不到，可是到实习了才知道，理论是实践的基础，只有学好基础才能稳扎稳打，瞬间觉得老师叫我们写的策划、做的调研都是有用的，我的大学没有白读。在校期间我担任班长，这个岗位给我很大的责任，在待人接物上也得到了锻炼，作为营销这个服务行业，最关键的是让顾客开心和满足。实习能学到在学校学不到的社会知识和基础的理论知识，感谢我的大学，感谢我的老师，感谢我现在的领导。

伤心的是我一个人会孤独，会无聊。或许长大了就会孤独，一些事情要自己去面对，我是绍兴人，爸妈都在绍兴，当我生病的时候，我会很无助，会感觉为什么没人关心我，于是就算车程很远，我还是想住学校，因为至少学校还是有熟悉感，如果去外面租房，那我连仅剩的熟悉感都会没有，还是在学校，偶尔辅导员来寝室关心我生活的点点滴滴，我会开心地那个晚上都睡得很安稳，很开心。

实习有辛酸，有快乐，因为现在还有老师、同学、领导的关心，可是等到毕业了，我就真的只剩一个人了，开始伤感了，不过，人总要学着长大，面对一切。

点评：千里之行始于足下。尽管现在的实习还有些不尽如人意的地方，但是只要把它们当成是人生中的一段经历，一次考验，一种磨炼，我想一定可以谱写出属于同学们的那片天空！

5 月 4 日　星期日　小雨

社会是最好的大学

在不知不觉中，短暂的两个月过去了。两个月的时间，说短不短，说长不长，但学到的东西可不少，我很快地适应了公司的环境，融入了团队，完成了领导交办的任务，同时也增强了自己的自信心。

作为办公室文员，我以积极乐观的状态接待每一位同事，为大家提供着方便，也在愉快的环境中完成了工作。当然，同师傅比起来，我在业务上还有很大的提升空间，我会继续努力的。

点评：金无足赤，人无完人。我们要正确地认识自己，当我们在对待别人指出的缺点时，理应持一种有则改之、无则加勉的态度。

5 月 5 日　星期一　多云

持一颗平常心

时间过得很快，从实习开始到现在快三个多月了，从寒冷的冬季走到了暖暖的春季，再过一个月，也就面临着毕业了。在三个多月的实习里，最多的感受是知识从书本上走到了现实中，实践过程中学到的点点滴滴跟书本有了结合。把工作与生活一一处理妥当，已是每天的目标，当天的事当天完成。在销售的职业上，我深知自己还需继续学习，加强演练。如何与人沟通、打交道，怎么跟领导与同事友好相处，工作交接上怎么处理，心态怎么调整等等，看似都是小事，然而细节决定成败，一个人的成功都是从小事开始做起的。

在这三个多月里，我经历了公司的各项培训，更经历了杭州的限牌政策。在3月25日当天，公司所有员工都加班到了后半夜，杭州限牌消息一出后，看到了客户为不能买到车而焦虑的心情，更看到了在有钱的情况却买不到车的忧虑，公司实行加班加点，调集车辆资源，保证有充足的车源满足客户，当然车价是有相对的增长的。然而买车族为了能开票上车牌，贵点也接受了。我只能说政策的实行，对有些人来说是无奈的，对有钱的人来说或对已有车的人来说影响是不大的，希望杭州的限牌政策真正能征求广大群众的意见，真正做到以保护生态环境、建设健康家园为理念，真正做到节能环保吧。

真正工作了，才知道在学校的日子是多么幸福，多么快乐。走上社会后就会发现处处存在着烦恼，工作的压力、生活的压力等都影响着心情，虽然说心态很重要，但是这都是由宏观因素引起的，有许多事情只有经历了才知道。所以在校期间，参加一些实践的活动，无论结果会怎样，只要参与了，就会有不一样的体会，带给自己更多的成长经历。理论学习固然重要，可实践能力最能带给一个人成长与改变。经过这段时间的工作，我认为真正学到的，最重要的是态度，无论在学习还是在工作上，态度决定一切。一个人必须要有目标，遇到事情，应少一些抱怨，多一些实际操作，更不要轻易放弃，自己没做过怎么知道就不行呢，尝试了至少给自己机会，便不会有遗憾。

工作了才明白，自己真正地要独立了，真正地体验生活，认清自己要走的路，一个人正确的人生观、价值观很重要，所以我们每一天都在不断学习，知道懂得越多就要学得越多。感谢学校给了我们一个实践的平台，让我们能更好更快地步入社会、融于社会。让我挥手告别学校安逸的生活，告诉自己前方的路在等我去创造。牢记适者生存，不适者淘汰。只有改变自己，自己去适应社会，不要想着它会适应你，这样只有被淘汰。因此，我以我的座右铭结尾：既然来了，我就笑着迎接。

点评：实习使我们从一个只看到理论知识的学生变成了一个能自己动手的职业人。每一次的进步，每一次的深入都使我们的知识更加完善。尽管我们可能偶尔会想回到学校，但我们应该习惯这样的生活，更重要的是实习让我们深刻体会到自身的不足，让我们明白掌握好牢固的基础知识，扎实地学到解决分析问题的技能，养成有逻辑的推理思维，在工作中是非常重要的。这些转变会让我们对学习有了更明确的认识，对未来有了更积极进取的态度。能够有所收获，都是快乐的。

5 月 6 日　星期二　晴

机会总是留给有准备的人

实习到现在差不多两个多月了，已经开始慢慢习惯这样的日子，包括上下班时间还有工作上的事情。虽然一直说是实习，但是跟真正的工作已经是一样的了。

记得最开始工作的时候，真的是一头雾水。最开始培训的时候要求我们背房地产（包括建筑）的名词解释还有沙盘说辞和户型说辞，确实我们也都背得滚瓜烂熟，而且专案考虑我们还是实习，就让我们先去外面超市驻点，先稍微接触一下客户，在外场差不多呆了也有一个月，然后再让我们回到案场。原来在学校的时候，老师也有说过这些东西，也以为自己是房地产专业的，再加上现在也有培训过，应该会还好的。

虽然我们把说辞还有名词解释这些都背了，然后在外场也有实践过，但是真正到了内场之后，就无法下手，接客户的时候都会很紧张，简单的介绍是会说的，只需将说辞直接套进去，但是一旦客户开始提问，就真的无力招架了，什么样的问题都有，根本就回答不上来，记得最开始接的几个客户，接到一半都要跑到办公室问老业务员应该怎么回答问题，理论和实践真的相差很多的，或者说看别人接客户的时候都很简单，看老业务员现场搞定客户，但是自己的客户连回笼都回不过来。不过到现在也还好了，自己接了一些客户，再加上跟老业务员学，基本的还是可以的，不会像最开始一样遇到问题解决不了。

其实学校跟社会的差距不是一般的大，没有人会体恤我们是实习生，也没有人会特别照顾，要看的就是自己的能力，只有有能力，有实力，才能立足下去。

点评：冰冻三尺非一日之寒，工作经验会在每天的点点滴滴中积累起来。机会总是留给那些有准备的人的，因为你的努力，因为你的时刻准备，机遇才会来到你的身边。

5 月 7 日　星期三　多云

时刻准备　便是机遇

实习也有一个月了，从每天的领用尾箱到上缴尾箱，从一开始摸不到头脑到一步到位，每天进步的点点滴滴，让自己也感到欣慰。今天人力资源部的主任打来电话，询问我的情况。之后网点负责人告诉我，下周一可以采集指纹上岗了。听到了这个消息，我内心非常激动。很感谢我的师傅这一个月来的教导，但我最感谢的还是金院，是学校给了我们这样的机会，可以比别人早几个月就接到上岗的通知，而且由于我们前段时间在临安紧张培训的成果，我免除了上岗前的一系列考核。很庆幸我可以跨越第一步，接下来，没有师傅，没有侥幸，只有自己，只有细心，才能跨越以后的每一步。加油！Fighting!

点评：你很幸运，在别人羡慕的眼光中，你不仅遇到好师傅，而且还得到了一份好工作。在感动的同时，我们要更加懂得感恩和珍惜，珍惜那来之不易的工作机会。请用脚踏实地的工作态度、无私奉献的工作精神来回报母校，回报单位，做一个有利于社会的人。

5月8日 星期四 多云

自信自强 坚持不懈

阴雨绵绵的雨季，是该播种的季节。4天又过去了，又快周末了。今天吃中饭时我在想，是不是自己实习选择的工作太安逸了？有些同学选择做销售来锻炼自己；有些则是学一技之长，以后自己创业。而我相比于他们的工作似乎太过于安逸，可是才刚开始，稳定何时到来，走下去有很多因素阻碍也影响你的选择。心态没放正，做什么都不会很好，要自信。对自己确定的事就可以确定地告诉别人包括客户，不能一直做一个模糊不清的人。给别人更多信任，别人也会更相信你，你也会更自信。几次与客户沟通下来有可能因为是新人，紧张加不确定更加明显了，也从中了解了自己的不足，今后该怎么做。要有足够的底气。总结：这一周的表现总体还好。通过试接听可以真正地学到很多。一次一次的积累，也相信自己能去胜任这份工作了。只能自己做好自己的本分工作，主动适应工作带来的不便和压力，主动适应工作环境。伴随着阴雨天与阳光之日，享受过程带来的美好。加油！奋斗吧……

点评：万事开头难，迈出第一步需要拥有超乎常人的勇气和坚定不移的决心。勇敢地迈出第一步，往往后面的事都会变得顺其自然。告诉自己你可以做到，你就可以做到。

5月9日 星期五 阵雨

把握机遇

从2014年2月26日至2014年5月6日，杭州易居实习期间，我被安排到海宁实习两个月。海宁开元名都作为一期楼盘开盘，为了提高知名度，选择了比较传统的营销方式——派单。前一个半月，在海宁的大街小巷，城市市中心，乃至乡下各个角落，都遍布了我们外拓人员以及小蜜蜂的身影。小蜜蜂来自于嘉兴市某中专的高中生,我们首先对这些年龄较小的小蜜蜂进行了集中的培训,接下来的日子,我们带领着他们,指引他们在各个地方外拓,以提高开元名都存两千抵八万的优惠信息的知名度。4月27日开元名都迎来了开盘。这一天,比我想象的还要辛苦,不过每个人都在自己的岗位上做好自己的工作。开盘当天,预交定金,卖出去的房子,比想象中的稍微差一点。之后,我们也开了会议,讨论了这次的得与失。然后安排了之后的工作内容。4月30日—5月6日,客户陆续来签约。我们也学到了如何做合同,合同期间需要的一些必不可少的手续、收据等等。一套流程下来,我们都学到了很多有用的知识。因为我的专业是房地产,所以对这些都学得很用心。感觉对比书本中枯燥乏味的知识,面对面的传授知识更能记住。金融知识对于房地产这个行业,也是必不可少。在计算价格、税率、银行贷款方面,为了更好地向客户讲解,需要的是一个全能的我,正因为我们是金融学院出来的学生,在这个方面,对于其他专业共同实习的同事来说,整体还是存在很大的优势。正因为有了这样的优势,我相信,我们会更加喜欢这个行业的。

点评:机不可失,时不再来。把握住机会,不能放弃自己学习的点滴机会。在机会还未来临之前,我们应该做好充分的准备,确保机遇来临之时,我们有能力把握住机会。当机会真正来的时候,要用尽你的才能完美把握。

5月10日　星期六　阵雨

勤奋向上

实习时间相对较长,主管说行里的业务基本上也就只有这些,所以安排我们还是在现金柜和对公柜两边轮流学习。现金柜台的业务实际上我们都已经会做了,现在一来是复习上一阶段所学,二来也是在会的基础上锻炼效率和学习规范性的服务及操作。现在每天老师们都是坐在我们后面,我们办业务,他们在我们犯错误时总会给我们指出。最近行里拉了很多土地赔偿的客户,所以业务相对之前要忙一些,客户多的时候,自己办业务多少有些紧张,还好没有出什么差错,对于这一点自己还是很开心的。我请求我的老师在看我办业务的时候不要给我提示,只要看着我不出差错就行了,我想要自己去完成每一个步骤,因为这些业务的流程一定要自己练习到很熟悉了,独立办业务时才不会由于业务不熟练而紧张慌乱,从而导致出现差错。我们行里的现金都是上交到信用社或是从信用社提的,我有幸被老师带着去提了一次款,看到了信用社办理业务的流程,他们所有业务都是两个人共同完成的,大大降低了业务出差错的概率。不过信用社的远程授权方式倒是很特别,而且客户身份核查是当场拍照的形式,听老师说大银行都是这样的授权方式。虽然没有办什么业务,但也算是见识了一下远程授权,也算是有所收获。

点评：师傅给予你许多的机会，你要牢牢把握住机会。不为什么，只为了能够加强自己的专业理论学习和相关业务技术的学习，提高自己的业务技能，为单位服务，为社会服务。

5月11日　星期日　小雨

失败乃成功之母

从2014年2月24号第一天工作到现在已经整整有两个半月了。从刚开始很有激情，迫不及待想学会所有岗位的技能，到每天做差不多的事，到困了睡，睡醒了上班的日子，到不小心犯个小错，到每天都小心翼翼地做每一件事。总体来说还是每天都有收获的，就从最近的工作来说我的感觉就是失败乃成功之母。很多道理都明白，可为了偷懒，为了多休息会儿，在不经意之间就犯了个错，可能在我们刚来的时候，店长还会原谅我们，但后面就要我们自己承担了，只有为自己的错买单才会记得更牢。

离开学校，我学会了烤炉。这是我以前从未想过的，有一次有个来买现烤的顾客问我这些都是你烤的吗，因为我已经烤很多次习惯了，就说是的都是我烤的，然后就看到她在那里很羡慕很佩服地看着我，那时候很有成就感很开心。离开学校，我学会了做水吧员。很多未知的东西都是充满神奇的，就像我以前不会做饮料不会做咖啡一样，觉得那是需要高难度的技术才行的。后来去公司培训——做咖啡，熟悉咖啡机的开机关机流程、清洗咖啡机、制作咖啡等。我记得我学做咖啡的时候老师讲的一句话我印象很深：只有教会了别人如何做咖啡你才是真正的会做咖啡。所以我们在学好做咖啡后还要教别人做咖啡，最后我们还要考核做一杯招牌卡布奇诺。从咖啡的重量、咖啡萃取的时间、咖啡萃取的量、奶泡的细腻程度是否够厚、咖啡的成型图案美观、做完咖啡总共花费的时间、咖啡的温度等方面来考核一杯咖啡。离开学校，我学会了收银。其实我以前很奇怪为什么收银是最后学的，明明是最简单的啊。现在学好了才发现，收银时要快速知道产品的价格、名称以及在键盘上所处的位置。还是会有出错的，像我第一天学收银，明明每一笔都是小心翼翼的，但最后不知道为什么现金还是出了差错。说实话我到现在都还是不明白，有一次超夸张整整少了近50块钱，最后要自己补钱，这让我真的是寸步不离收银台，就怕再出一点错。离开学校，我学会了导购。以前不明白为什么导购还要学那么久，只要记住价格名称口味就好了啊。现在才发现每个岗位其实都不简单，上货要先进先出，有些顾客买产品会随意拿、打乱摆放顺序，要随时处理。导购的六部曲：欢迎顾客、介绍产品、建议性销售、引导排队买单、欢送顾客、整理货架。

在店里每一天都过得很充实，每天有做不完的事。早班的话，每天6点就起来了，下班以后还会在我们的微信群里发分享，包括今日总结和明日计划。小伙伴们也可以在群里沟通交流、培养感情。

点评：即使太阳也会有黑点，那么，人也免不了有瑕疵。懂得努力改造自己趋于完美，便是成功。学会瞭望，给自己一份坚定；学会回眸，拂去浮躁。

5月12日 星期一 多云

勤奋务实 拥抱明天

经过三个星期行业课的熏陶以及之前一个月实习的积累，这一次在温岭联合村镇银行松门支行的实习没有像第一阶段时那么迷惘，那么手足无措。由于这次实习被分配到松门支行，与第一阶段的箬横支行相比，业务更多、更繁忙，因此在第一天适应了环境后便很快进入了状态，之后的每一天都能学到新的业务知识，对以前掌握的知识也有了更细致的补充。不同的环境就会有不同的规则，这个规则是我们必须要遵守的，不能特立独行，独自创新。在第一阶段实习时遇到一些比较麻烦、步骤比较多的业务时，总是想着这么烦琐的业务，现在学不会没关系，以后再说。于是抱着这种随遇而安的心态，在箬横支行实习的这一个月时间里，掌握的业务知识比较有限，比如存取款、填开户资料等。而这次在松门支行学习一两个星期后就得上柜操作，所以我们得端正学习态度，每笔业务都得学，都得懂。办理本票就是一个很烦琐的业务，但是认真学习了也觉得没那么难，那么麻烦，学习态度端正了，没有什么是学不会的，银行业务也有难有易，我们不求在一两个星期内全部熟练掌握，只希望每天都能进步一点点，明天比今天做得更好。

点评：我们刚刚踏上社会工作会有许多不懂，有许多地方需要学习。把每一次办理业务都当成课堂，它会教会你不懂的技能，不了解的知识。总之，只要我们抱着一种努力进取、勤奋向上的心态去学习，必定会收获属于自己的那片蓝天。

5月13日 星期二 阵雨

学无止境

早上7点半准时上班，下午5点准时下班，成了我每天的追求。可想而知，学校的日子真的比在上班的日子舒服多了，以前读书的时候，总盼望着能早点进入社会，就可以做些自己随心所欲的事情，谁知理想很丰满，现实很骨感，这些天的工作又使我对我的实习岗位有了新的认识。

在大堂工作，必须要有很高的工作热情，熟练掌握各种业务，如网银激活、网上转账等，并且需要极具亲和力和沟通能力，最关键的是要懂得客户的诉求，懂得内外协调。在服务的同时，我还需要介绍招商银行近期的主打活动或其他一些优惠活动等。当然在大堂里也碰到过一些无理的客人，比如前几天，就有一个阿婆来银行取理财产品的本金和利息，在柜员那里把本金取了以后，就走了，过了半小时后回来银行闹，说银行把她的利息拿走了，其实利息是在她的卡里，可是因为年纪大了，死活不相信，在银行大厅闹了起来。大堂经理为了避免影响其他客人办理业务，将阿婆带到办公室里，给她倒茶，抚慰她的情绪后和她解释，并协助阿婆把卡里的钱取出来后，还反复帮她数了一遍交给阿婆，阿婆这才相信，最后，经理还送了阿婆三盒纸巾，给阿婆道歉：“是我们没有做好提示，给您添麻烦了，真的很不好意思。”我当时觉得身为大堂经理，每天要面对这些突如其来的事情，并要将各项事情解决得当，让客户舒心地离开，实属不易。我想处理这些问题，或许需要很长时间的沟通积累后才能应付自如吧，显然，我还没有这样的本事。看似简单的接待，却是一门学问呀，每个岗位，要想把它做好，都要下功夫！趁着实习的日子，我会好好和大堂经理学习怎样处理各种突发事件的，加油！

点评：人非生而知之者，孰能无惑？当你初入行业时，总有一些不懂的知识，不会的技能。所以，我们把每一项工作当成锻炼的机会，通过多学、多看、多练、多思来提高自己的各项业务技能和工作水平。

5月14日　星期三　阴

踏实做事　诚实做人

这周基本没上班，下周又要回到学校上课了。感觉日子过得好匆忙，两边赶，实习没几天又来学校，感觉就跟度假一样，好幸福啊。实习压力好大，时时生活在监控下，钱必须清点仔细再仔细。这次回学校，举办了新老员工交流会，学长学姐们告诉我们，要脚踏实地做事，诚信做人，做事的时候切忌不思考就问人，这样会显得很没有深度。但不是说不问，也要多问，主动学习、主动思考，不清楚的业务一定要问清楚再做。做柜员的时候柜面营销要做好，钱正确，票管牢，无差错，就很好了。在这基础上，做好文明礼仪，再把速度提升。平时不会的记下来，然后多问。当然，技能要练起来，只有基础打好，业务速度才会提升。下周又要回去实习了，希望下次实习的时候，我能更好地完成工作，能有更多的上柜机会。

点评：以“心”为本，尽职尽责。作为一个银行员业，我们应该有责任心，责任心是指对事情能够主动负责。一个人有责任心，在做任何事情时他都会更加专心，在处理每一个细节上都会更加细心，在对待客户时会更加热心。

5月15日　星期四　多云

勤能补拙　年轻没有失败

这一个星期请假练技能，每天在妈妈的督促下，勤奋练习技能。不说练得有多好，但是点钞和单字是都可以稳达标的了，只剩下传票可能有危险（传票系统不一样，打的形式也不一样）。今天参加社里的第一次技能考试。第一项是考点钞，由于紧张加钞不熟悉的原因，点钞的错误率很高，打破了我的底线，“光荣”地挂了。单字九十几个字过了，传票打了 154 个正确，还差一大截。社里再给我次机会，让我 15 号再考一次，说是这次不过就没办法了，很有可能就要被退了，就不用再上班了。晚饭后，我阿姨打电话给我姐，说是办公室的人给她打电话，说我技能太差了。打完电话后，家里就成了我的批斗场了。现在想想，自己的水平真的不够好，才会因为紧张、钞不熟悉而发挥不好。之前在练习的时候，我就打算即使过了这次考试，我也要继续练点钞，现在是更加坚定我的信念了。

明天去社里拿今天考试的钞，我要努力熟悉新钞，争取在考试的时候达标。明天，加油！

点评：严格的技能考核标准才能使你抓紧时间，刻苦学习，扎实训练，尽快将自己培养成一名优秀的职业人。用积极的心态，学会做事，并在做事的过程中不断完善做人。在做好业务的同时，学会推销自己是你在日后需要加强的地方。没有人生下来就比别人弱，早起的鸟儿有虫吃。相信在订单班这个新的起点上，你会以实际行动来证明你也很给力！

5 月 16 日　星期五　阵雨

向同一个方向前进

对于刚刚到职场的我来说，一切都是陌生的。没有人会要求我学习，没有人会手把手安排工作的内容，一切都要自己主动，这样才能在自己的岗位上学习到东西，才能更好地融合到工作中。实习这段时间，我有以下感触：第一，做了选择就要坚持，因为我们要为自己负责；第二，要有吃苦耐劳的精神，作为刚刚走出校门的实习毕业生来说，一切都要从头开始；第三，要不断学习，因为在社会上和在学校课堂上根本不是一回事，我真真切切地感受到了，要搞好人际关系，这样工作的才开心，工作效率才会提高……

当自己忙碌在工作岗位时，会回想自己的大学生活，在那期间我严格要求自己，思想上，积极追求上进，不断提高自己的政治素养，学习上，勤奋刻苦，脚踏实地。在三年的学习生活中我获得一、二、三等奖学金各一次，并且获得校外金曙光奖学金；此外，在我的大学过程中还获得“优秀共青团员”“三好学生”“优秀学生会干事”等称号；平时，我还积极参加各项公益活动和志愿者活动多次，经过这样的社会活动，我在实际操作和与人交流中更进一步，同时也丰富了我的大学生活。在学校的这些经历，以及学校给我提供的机会，让我变得更加优秀，也更加成熟。

经过近三年的历练，我逐渐成长为一名自信、坚强、踏实、认真的大学毕业生。

这半年的实习期也将是我大学生活中最浓墨重彩的一笔，这一切都要感谢母校对我的培养。

点评：实习中，我们应该懂得脚踏实地，留下一串串坚实的脚印。当遇到不懂的问题，应该做好记录和总结，懂得向别人学习。三人行，必有我师。只要我们懂得进取，看到自己的不足，认认真真地学习，兢兢业业地工作，踏踏实实地做人，就一定能够成为栋梁之材，为这个社会贡献你的一份力量！

5月17日　星期六　中雨

小岗位　大学问　且行且珍惜

这个星期从星期三开始就调去会计岗实习了，会计跟储蓄还是不太一样的，业务比较复杂，也比较多，做一笔业务都要很久，要保持头脑清醒，思考好下一步应该做什么。仅仅两天我就学到了很多新的东西，知道了很多业务的步骤。会计是一个非常需要耐心和细心的岗位，只有足够细心和耐心才能做好业务。下个星期就是辖区的技能比赛，主管对这个比赛也非常重视，我们空下来经常练习技能，作为新人，只有一技之长才能让自己有更多的优势，并且要一直保持这个优势，技能不能松懈。在实习期间，我也学到了很多做人的道理，无论何时，我们都要保持良好的精神面貌，因为我们要面对的不只是客户，更多的是他们对我们的信任，他们把那么大一笔资金交到我们手上，我们肯定要以百分之百的精力把它办好，认真做好每一笔业务是我们的职责，也是我们的使命。

点评：实习中，始终坚持做一个有“心”人，虚心学习业务、用心锻炼技能、耐心办理业务、热心对待客户。银行的工作是很忙碌的，不断有打印机的声音，点钞的声音，敲图章的声音，每天重复同样的工作。我们应该向优秀的老员工们看齐，熟练地办理客户提出的业务，专业的回答，灵活的指法，快速的办理，还有良好的心态都是我们需要学习的目标。

5月18日　星期日　阴

夯实基础　规范服务

我感觉很开心的一件事，就是这个星期我又调回到储蓄岗位了。之前在另一个网点学习了刚好一个月左右储蓄业务，当时做业务也已经比较熟练，得心应手了。后来调到营业岗位做了一个半月，再回到储蓄的时候，感觉业务很熟悉，也很陌生。今天是我回到这个岗位的第四天，我觉得自己又渐渐地找回了感觉。虽然记忆有些模糊了，但只要稍微点一下，就能马上想起来应该怎么办业务。还好我有一本“宝典“，记录着之前的学习笔记，一些细节一些重点。中途有一天，分局的领导来网点检查内控，抽查一些事项，比如随机抽取一笔业务看看监控有没有违规操作，柜员有没有按规定办理业务，账实是否相符。我突然觉得自己很幸运，因为最初教我做储蓄的师傅很棒，教我做业务的时候都很仔细，很规范，不会违规办业务，所以不怕来检查。回到了我喜欢的储蓄岗位工作，我一定会好好珍惜这个来之不易的机会，认真做事。

点评：作为一个银行职员，我们首先要有扎实的理论基础，以自己最佳的专业水平去处理银行的每一笔业务。在为顾客服务时，要想在客人之前，尊重顾客的独特性，绝不轻易说不，微笑亲切地服务，以顾客满意为中心，服务行业的宗旨就是客户满意第一。专心、细心、耐心，始终是做好一切工作的基础。在此基础上，尽可能提高自己的操作能力，这样，才能更好地服务于广大客户。

5月19日　星期一　阵雨

见贤思齐

转眼间，实习已经过去两个多月了，感觉时间过得真的很快。记得刚刚进到门店实习的那个时候，有点不习惯，进入一个陌生的环境，不能很快地融入其中，总觉得自己有些孤立。但是经过一段时间的实习，自己很快就适应了，每天都是开开心心的，虽然有点累，但觉得很充实。

我现在是在可莎蜜儿滨盛店实习，我刚开始学的第一个岗位是烤炉，因为当时对产品都不了解，就先被分配到烤炉间工作，刚刚开始感觉好难。当看到师傅做得那么熟练，看着感觉很简单似的，但是自己去做了，感觉就不一样了，感觉一个个的面包在师傅的手上是如此的乖巧，到自己手上就变得那么调皮了。不过师傅人真的很不错，不管教我什么都很有耐心。通过几天的学习，我现在已经可以自己一个人完成烤炉了。

第二个岗位是导购，导购听着感觉很简单，其实也并不是这样，导购里面也是有好多学问的，要学的东西也有很多。一个门店业绩的好坏，与导购员的关系是很大的，所以在外场导购的时候压力也是很大的，每天都有销售目标。刚刚开始，我主要是了解导购岗位的工作职责、岗位的重要性，了解如何上货、如何进行品质检查、如何协助顾客打包现烤产品，了解门店现在进行的活动，了解基本的服务用语，熟悉导购所需用具的具体放置位置，如清洁用具、打包袋等。接下去的几天中，我学习了导购岗位的清洁标准和要求，记忆产品的名称、价格、口味以及保质期，并主动观察老员工是如何为顾客介绍产品、推荐产品；最后我也了解了基本的顾客投诉流程及处理方法。

第三个岗位是水吧，一开始，师傅就和我说，其实水吧是最简单的，只要多做就熟练了，但是刚刚开始自己还是做得很慢，特别是制作咖啡，有时候自己虽然记住了配方，但是每当顾客点一杯饮料的时候，不能立马去做，总要想一下才可以动手，所以还是不熟练，但是做多了，感觉就不一样了，特别是一些顾客常点的饮品。

我学的最后一个岗位是收银，感觉四个岗位学习下来，我最不淡定的就是收银了，其他三个岗位差不多学了两天我就比较熟练了，收银是收到第三天我还是有点慌乱。因为和钱打交道，对于新手的我来说总是怕出错，所以总是小心翼翼的，但是师傅让我在速度上也要有提升，慢慢地我也淡定了，速度也比之前快了，经过一段时间的收银，感觉自己越来越淡定了，一点都不会慌乱。

在实习期间，我们也有去公司培训，自己收获也挺多的。人为什么要工作？要如何工作？工作可以让你成为自己想成为的那个人。其实一个人的梦想和目标很重要，我们应该明晰自己的梦想和目标，让自己有明确的方向，让自己有前进的力量。通过学长们的分享，我懂得了一个人就应该要学会“出席”，也就是要多参加公司的各项活动。还有，不管做什么都应该积极主动。

总之，感觉自己在实习的过程中还是很不错的，同时也要感谢学校能够组建玫隆订单班，让我们可以拥有这样的工作机会，因为学校给我们提供了这样的平台，才可以让现在的自己过得很充实，每天上班都很快乐，一起工作的小伙伴们都很和谐，很友好。

点评：孔子曰：“见贤思齐焉，见不贤而内自省也。”这说的就是一种正确的态度——看到他人的长处就要向其学习，力争达到与其一样优秀的高度；看到他人的短处，就应该时刻反省自己，看看自己是不是也有同样的毛病，有则改之，无则加勉。

5月20日　星期二　多云

笑对人生

在储蓄柜台的一个星期里，看得最多的就是钱，让人感觉处在钱的海洋中一样，但这也使我感到自己的责任有多大，因为直接接触的是钱。储蓄业务中的业务比会计业务中的业务要少得多，但储蓄中需要的是我们又要有效率，又要认真仔细。现在跟着储蓄的师傅，每天看着无数的客户进进出出，有时想想原来这就是我以后的工作啊，其实也挺奇妙的。下星期我们要进行辖区行的技能比赛了，虽然我的技能不是最拔尖的，但我会尽我最大的努力去比赛，尽我最大的努力去取得好的成绩。下星期也要认真地看上岗资质的内容，努力去取得上岗资质。实习了快半个月了，渐渐习惯了早起挤公交，看着师傅操作一天的生活了，每天都是差不多的生活，说实在的是有一些乏味，但这也就是我接下去的生活，我只能努力地去习惯、去做好。

点评：特别喜欢你有一颗向师傅们看齐的心，希望你继续保持。你们都很幸运，身处于如此美好的环境中，有同事对你的帮助，我想对生命最好的回报莫过于珍惜，对爱最好的回报莫过于传递，对机遇最好的回报莫过于把握。加油！

5 月 21 日　星期三　多云

彩虹人生

时间的脚步就是如此之快，我们一直都是在跟时间赛跑，但是却始终无法停止追赶的步伐，转眼间时间已经进入了五月。仔细回顾过去的一段日子，突然才发现不知不觉中我已经在单位里实习了有将近四个月的时间了，我的实习生活已接近尾声了。在这过去的将近四个月的时间里，我体会到了之前体会不到的东西，学到了之前在学校的课堂上学不到的东西。

在过去的这段日子里，我学会了坚持。按时到单位上班并不难，但每天按时到岗却并不容易，而我却每天都能做到这一点，从来没有过一次迟到，也没有一次请假，这是一种坚持的表现。

在过去的这段日子里，我学会了珍惜。进入单位实习以来，我通过这份工作结识到了许多新的朋友，认识了很多来自其他学校的同学，我觉得在这茫茫人海中能够相识就是一种缘分，所以我更加珍惜这份难得的缘分和难得的友情。

在过去的这段日子里，我体会到了生活的滋味。我觉得生活有时候就像是一道菜，它是可以有味道的，只是这味道是由你自己来调的，不同的人可以调出不同的味道，这完全在于自己怎么想，怎么看，怎么做。我觉得，自己的生活是充满着酸甜苦辣咸五种不同味道的，在这五种味道之中，甜的比例占得最大，几乎盖过了其余的四种，我这么说的原因就是对这份工作的喜爱。

总的来说，我喜欢这份平凡的工作，因为这份平凡的工作带给了我很多的收获和快乐，正因为如此，我会继续坚持下去，做好自己应该做的工作。

点评：大海如果没有巨浪的奔腾，就不会有雄浑；沙漠如果没有狂沙飞舞，就不会有壮观；人生如果没有风雨的阻隔，就不会有“彩虹”。我们要每时每刻记住，冰心说过：“不是每一道江流都能入海，不流动的便成了死湖；不是每一粒种子都能成树，不生长的便成了空壳！生命中不是永远快乐，也不是永远痛苦，快乐和痛苦是相生相成的。”

5 月 22 日　星期四　阵雨

吸取教训　永不言弃

这一周对我来说也算是很重要的一周了，因为这一周我的身份有了实质变化——我与行里签协议了。虽然这也并不能代表什么，甚至说那三个新来的实习生在进行之前就已经签过协议了，而上一届的前辈们甚至根本就没来过行里，而是直接在家里就收到邮寄来的协议，签了再寄回去。和他们一比好像我们现在才签协议是有些心酸，但是我相信对于我们订单班的学生来说，这已经是很好的消息了，毕竟这也算是向我们的正式入行迈出了很大的一步了。回想起刚进订单班的时候，因为专业等各种原因，我们比那些金融、会计专业的学生要付出更多的努力，课程也多了很多，技能更是需要花更多的心血去练习。而且更重要的是，那个时候因为技能并不好，学校的老师们就总说，如果我们的技能不能达标，就会被行里淘汰掉，再加上这两年来银领学院的学生淘汰率有点高，搞得我一边学习还一边有着超大的压力。后来，进了行里实习，很多的事情我都帮不上什么忙，只能在一边做一些很杂的小事，比如跑跑腿、递递传票、复印什么的，偶尔会帮忙做一些查库的事情，但也犯了一点小错，再加上来的时候说是 3 月 2 号有一个考核，考核将决定我们的去留，我之前两次的技能考核成绩都不太理想，所以心里一直是提心吊胆的。直到在现金区的这个很平常的周二，主管接到楼上张总的电话让我们上楼去签协议，心里真的是超高兴啊，感觉心终于可以定下来了。回家后告诉父母时他们都很为我高兴，我也得到了行里认识的人的祝贺，觉得这么久的付出终于还是有收获的。这个星期自从签了协议后，心情都一直很好的，在周五的技能考试上，我虽然没有打出我最好的成绩，但也是有中上水平的，也终于三项都达标了。好心情真是挡也挡不住啊。

点评：大家渐渐适应了业务流程，掌握了业务知识，虽然偶尔还会犯一些错误，但只要学会从错误中总结，并且吸取教训，相信未来的你们会更加优秀。

5 月 23 日　星期五　多云

让学习成为一种生活方式

4 月 28 日、29 日在市局完成了两天的储汇业务培训的课程，老师为我们讲解了书本上的基础知识和相关的技能考核要求。虽然在学校里已经把储汇中级考出来了，但是时间过去了，发现实习过程中忙着工作，渐渐忽视了技能的相关练习，虽然比其他新进员工还是有很大的优势，但是内心却感觉到了压力的存在。因为如果自己不把技能坚持和进步下去，其他人都在努力去做好，那到时候优势就更加不明显了，所以这次培训过程让我心里深刻体会到的是，不进则退。

无论在什么岗位上工作，首先要做好的就是不断提高和发展自己的技能水平和能力，不断地去学习和吸收新的事物。很庆幸我有一位很好的领导，他总是细心地指出我存在的不足和缺陷，在鼓励和支持的同时给予我最大的信任和理解。对我的不足报以的是宽容和理解。因为实习过程中各种事情的发生，没有调节好自己的情绪，我发现自己开始并不能很好去适应和改变。就像是一直在坚持那个最初的自己一样，不愿意去改变。但是问题却又是存在的，当我选择不改变的时候，也就意味着我一直停留在原来的地方。我没有自己发展的空间，没有自己进步的地方，现在回想起来自己的想法真的好幼稚。

如果希望自己可以做得更好、更加出色，我必须要去改变，必须要去接受和融入现在的环境中去。抱怨解决不了问题，当有人愿意做你的灯塔，愿意给你指路时，为何不听从他人善意的劝告呢？故步自封困住的是自己，想要前进，也只有自己改变自己的心态，去打破现状。沉溺于过去都是不切实际的幼稚想法。就像每个人都有自己成长的轨迹和过程一样，没有人可以去帮你成长和勇敢。此刻，这些曾经说过的话有了最深刻的体验。

点评：对于银领学院的学生来说，相比于身边的本科生，职业技能是我们的职业竞争优势之一，而持续学习、终生学习的态度与能力是我们的弱点。走上工作岗位后，我们要进一步发扬、彰显优势，同时也要清醒地认识到自己的弱点，培养持续学习的意识，让学习成为一种生活方式，充分利用业余时间赶紧补补课、充充电，这样才能不断增强职场竞争力，实现职业发展。

5 月 24 日　星期六　多云

让持续改进成为一种态度

现在已经实习三个多月了，回想起第一天的上班情景，怀着忐忑不安的心走入了西子奥的斯有限公司的大门，我的工作，将从这里开始。

自从上班后，早起晚归、朝九晚五的上班族生活我终于体会到了。我在公司里做的是数据管理专员，对于这个工作，其实并不难，只要你有一双敏锐的眼睛便能辨析。但真正要做到保证录入的东西都准确无误也是需要一段时间的磨炼，并没有想象中的那么轻松。

办公软件是必备的。在学校里，我只学了最基础的，然而在办公的时候，效率并不高。因此，学习并掌握这些办公软件成了我的必修课。在这里，实习生很多，而我并不具任何优势，我希望在我实习期结束前，可以学会一些东西。无论是为人处世还是工作能力，我希望能在这个大公司里真正学习到一些实用的东西，为今后的工作打下基础。

每日重复单调烦琐的工作，时间久了容易厌倦，但任何一份简单的工作都不容小觑。每个成功人士都是在重复工作中不断思考，提高效率，最终才得以成功的。我也希望成为其中一员，不必是最成功的，只做自己心中的第一！

最后，要感谢培育我的母校——浙江金融职业学院。正因为有积极向上的学习氛围，才有了今天奋发向上的我。“披沙拣金，融会贯通”是我们的校训，而我现在才开始渐渐明白其中的含义：将学习到的各种知识，用自己的理解表达出来，你才是真正地掌握了这些，蜕变为让人瞩目的金子。

点评：在实习、工作的过程中，要有意识、主动地加强业务学习和能力培养，在思考中进步，在实践中成长，而不是被动地完成领导、师傅交办的任务，这样才会让自己成长得更快、发展得更好。

5月25日　星期日　小雨

让能力培养成为一种工作模式

在对公区学习了一个半月，在现金区学习了一个半月，这种只是在师傅身边学习、记录业务流程的实习阶段，终于在这个星期暂告一段落了。因为我开始进行大堂的相关业务学习了。在我们营业部，实习生们能实际操作的业务只有大堂的业务了，而且我现在跟的师傅和我说，其实学大堂是很能锻炼人的，因为它不仅要求我们学习相关的业务知识、操作技能，更重要的是在大堂这个位置干的话，我们基本上就是第一个和客户接触的人了，也就是说我们是银行第一线中的第一线工作人员。我做大堂这几天的感受就是累但真的是很充实，这种充实不是指身体上的充实，而是一种精神上的。在学做大堂的这么短短几天时间里，我觉得我学到了许多的业务理论知识以及一些实践操作流程，更是通过亲身经历做到了理论知识与实践操作的良好结合。而且由于各家银行的不同，我们行对于自助叫号机的操作要求和实际用途的要求更高。我们很多业务都是需要进行叫号机叫号，事先有过预处理才能进行业务的办理或者是提高业务办理的效率。另外，我还学习了一些关于网银、电脑本票预约、电子汇票的资金流转的操作方法。虽然不是所有的都有过实践的经验了，但是理论知识我已经学习了，而且就理论上而言，我完全有可操作性了。当然除去这些操作方法、流程方法的学习外，我认为更重要的是学习了如何和客户进行更好的沟通，怎样从一些小细节上判断这个客户要办理这个业务的真正原因，以后眼力变好了，就一定可以及时发现客户的差别，然后就能有目的地对待客户。当然，还有一些说话的技巧，向客户介绍产品的技巧，回答客户问题等方面的技巧，这些技巧的学习，我认为才是最为实用的。因为，无论你要在营业部做什么工作，你都是必须要和客户打交道，而你也会遇到各种各样的客户。因此，如何更好地与客户沟通就显得至关重要了。所以，虽然这两天做大堂有些累，但是真的是让我学习了很多，锻炼了很多，精神方面是得到了满足的。

点评：工作是一步步积累经验、学习知识、培养能力的过程，只有熟练地掌握产品知识、工作流程，具备沟通交流、组织协调的能力，才能更好地来为客户服务。

5 月 26 日　星期一　阴

让反省成为一种习惯

那天，我将师傅们平时千叮咛万嘱咐的细心认真抛在了脑后，自认为对业务已经熟悉而没有仔细核对金额，将客户所买的 10 万理财写成了 1 万元，害师傅徐亿姐被客户骂了半天。后又将一款渤盈产品写成了渤盛，幸亏及时发现。……近段时间由于我的粗心大意，在实习岗位上失误不断，不但耽误客户而且连累我师傅，更重要的是我没有意识到自己的错误影响的不仅仅是个人，更可能是整个渤海银行的声誉。这两天我认真反思，对自己的行为感到无比的惭愧和自责，并总结了以下几点原因，供各位实习生引以为戒：一、记得刚开始实习的时候我还是非常认真和谨慎的，对自己要求也比较严格。由于工作比较熟悉了，尤其是在领导和各位师傅对我的关怀和帮助使我感到温暖的同时，也开始放松了对自己的要求，认为自己已经得心应手了，渐渐地对自己的要求放低了，最后导致这次事件的发生。我认为这绝非偶然，而是思想懈怠的必然。因此，在这里我要再一次对师傅徐亿姐表达深深的歉意！二、导致此次失误的另一个原因是急于求成，自认为自己很多操作已经逐渐熟悉，总是希望能够像师傅他们一样，手脚麻利快速地完成任务。但是殊不知，麻利的背后是他们经验的日积月累，而自己连基本流程还不怎么清楚。经过这件事，我充分认识到自己在工作上的不足之处并明确了自己以后的努力方向，在今后的工作中更要踏踏实实做好自己应该做的，不求快但求准，稳扎稳打，一步一个脚印。我知道有些检讨不一定是发自内心，可能只是为了应付领导，因为检讨书毕竟只是一张纸，改正不是靠这一张纸随便说说，而是要靠自己的实际行动去改变它，只有真正地认识到自己的错误，才能对得起自己所犯下的错误，对得起自己和师傅，所以我希望大家在以后的工作中能够监督我和提醒我，我将把这次的失误当作警钟，时刻告诫自己，让自己做一个有心人！

点评：古语有云："人非生而知之。"每一个人的学业和行为是一个长期积累的过程。平时就要培养反省的习惯，及时发现自己的不足加以改进，发现自己的优势加以发展，而不是非要等到犯了错误后再来检讨。如果说出现差错，也要学会以正确的、积极的态度去应对，防止同类错误再次发生，并举一反三，把持续改进工作、不断完善自我培养成自己的态度。

5 月 27 日　星期二　多云

脚踏实地

又是新的一周，现在算下来我已经在邮政储蓄实习了快三个月了，我从一个什么都不懂、害怕进入职场的大学生，转变成一个已经适应了职场生活，懂得怎么和同事、和来网点办理业务的客户交流，渐渐地收起了自己的棱角，懂得将心比心，学会从别人的角度去多考虑，在繁忙的工作里，去找寻一些快乐，发现自己的不足。虽然觉得自己已经适应了职场的生活，也多多少少地了解了许多关于邮政储蓄各个方面的专业知识，但是总认为自己的能力还是不够强，和同事、客户之间的交流感觉还是不够多，有时候遇到些困难还是害怕，想要去逃避，还不够主动积极地去面对一些事情，但是我相信在未来的职场里，我会付出更多的努力去学习，去改变自己的不足，多给自己加油打气，让自己更有勇气去面对未来那未知的挑战。

点评：对于新加入邮政队伍的我们来讲，一切都是新的开始，也面临着新的挑战。在工作方面，我们要不断地学习，悉心听取前辈们的教导和指示，顺利完成领导安排给我们的工作。在人际关系方面，一定要注意沟通方法，协调好相互间的工作关系，不断调整自己的心态，提高心理素质，并牢记“做事高三级，做人低三分”的道理。

5月28日　星期三　晴

尽心尽职

刚来实习的时候我一直是跟着一位学姐在学习物业相关知识，她也很用心地在教我。不过这个星期她被调去总部了，满满的都是不舍，以前大家总说工作以后会很复杂，但是好在我所工作的地方，他们对我都十分照顾，并没有刻意为难我，所以现在来说，在这边工作我还是觉得挺开心的。

但是由于学姐调走，所以我在这一周内的工作任务就加重了，再加上到了月底，我们每个月底都会对档案进行归档整理，也会做好这个月的培训计划和新闻稿，对于这些新业务流程，我还不是特别懂，但好在有主管细心教导，所以一切都还算顺利。算上月底的归档业务，对于物业行业小区内的管理业务，我基本上都已经接触过了，虽然并不娴熟，但是我正在慢慢进步着，相信总有一天，我也可以很熟练地处理这些问题。

当然这一周内，也发生了些不愉快的事，就是有业主投诉我们的工作，但是事实上很冤枉。作为客服，对于有些问题我们也只能做到了解、上报，并没有直接处理的权利，但可能由于领导没有及时解决好问题，业主十分不满意，对我们乱发脾气。虽然早在做物业之前，我就有了心理准备，肯定会遇到让自己百口莫辩的时候，但是真的发生了，心里还是觉得很难过，只是好在我还算乐天派，事后就觉得还好。现在想来，要想长久在物业发展，那还得调整好自己的心态，要凡事看开点，开开心心的总归是好的，为自己加油吧！

点评：在实习中，我们要做到在学习中进步，在进步中不断学习。在未来的工作中，我们要努力努力再努力，业务上勤奋勤奋再勤奋，使自己不断进步，用心一定能赢得精彩的未来！

5 月 29 日　星期四　多云

先礼后行

前天照常跟在师傅后面看她办理业务，下午的时候一位客户来柜台说师傅少给了她 5 块钱，师傅立刻查库发现系统里的数量跟钱箱里的钱一致就跟客户讲她给过她 5 块钱了，客户硬是说没有，最后调监控才证明了师傅的清白。监控系统，是我们临柜人员的护身符，所以银行里的所有设备都有它存在的必要，需要我们定期对它们维护检查，确保设备的正常运作。

昨天，一个贵州老乡来办银行卡，柜员小徐按部就班地给她办理，师傅那天正好不用坐柜台，随手拿起申请书帮小徐检查起来，突然她发现申请书上的性别写成了男，而客户本人是个女性，师傅立刻跟小徐讲了，不然就是个差错，要扣钱呢，扣钱倒还是小事，关键日后会给客户带来一些不必要的麻烦，而且这也反映了柜员的综合素质与工作态度。

今天，一位老太太来银行存钱，柜员小唐发现里面有一张是 100 元假币，需要当场没收，在跟老太太的沟通过程中，老太太硬是要小唐把假钞还给她，小唐反复跟她解释假钞需要上缴人民银行，会给她一张假币收缴凭证，这时师傅出马了，再次验证钞票的真伪，在确认为假币后，只见她立刻从抽屉里翻出两张反假货币上岗证书陈列在柜台，进入假币的收缴系统，由柜员小唐在假币正反面盖上刻有假币两字的印章，最后把假币收缴凭证给了老太太。

点评：每天给自己安排一些课余时间来学习和了解银行的产品、业务操作技能，专注于银行的相关业务，才能让自己成为一个专业的银行从业者。

5 月 30 日　星期五　多云

青春无悔

2014 年 2 月至 5 月三个月期间，我在杭州大奔投资咨询有限公司理财顾问岗位实习。这是第一次正式与社会接轨并踏上工作岗位，开始与以往完全不一样的生活。每天在规定的时间上下班，上班期间要认真准时地完成自己的工作任务，不能草率和敷衍了事。我们的肩上开始扛着民事责任，凡事得谨慎小心。

从大学校园到社会的大环境的转变，身边接触的人也完全换了角色，老师变成老板，同学变成同事，相处之道完全不同。在这巨大的转变中，我们可能彷徨、迷茫，无法马上适应新的环境。我们与形形色色的人打交道。由于存在着利益关系，又工作繁忙，很多时候同事不会像同学一样对你嘘寒问暖。因此在离毕业走人仅剩的几个月，我们更加珍惜与同学之间的相处，且行且珍惜！我们也许看不惯企业之间残酷的竞争，无法忍受同事之间漠不关心的眼神和言语。很多时候觉得自己没有受到领导重用，所干的只是一些无关紧要的杂活，自己的提议或工作不能得到老板的肯定。做不出成绩时，会有来自各方面的压力，老板的眼色、同事的嘲讽。而在学校，有同学、老师的关心和支持，每日只是上上课，很轻松。两个月的实习时间虽然不长，但是我从中学到了很多知识，关于做人，做事，做学问。

每日重复单调烦琐的工作，时间久了容易厌倦。但是工作简单也不能马虎，你一个小小的错误可能会给客户带来巨大的麻烦或损失，还是得认真完成。如果哪个客户有意向的还得到处奔波去商谈。而事实上所有的业务并不是一次交易就能成功的，我们必须具备坚忍不拔的个性，遭遇挫折时绝不能就此放弃，犯错遭受领导责骂时不能赌气就辞职。一直以来，我们都是依靠父母的收入，而有些人则是大手大脚地花钱。也许工作以后，我们才能体会父母挣钱的来之不易，而且要开始有意识地培养自己的理财能力，我们刚毕业，工资普遍不高，除掉房租餐费和日常的开支，我们常常所剩无几，一不留神可能就入不敷出成为月光族，但此时我们再也不好意思伸手向父母要，因此很多时候我们要合理支配手中的这笔少得可怜的钱。

我们在书本上学过很多套经典管理理论，似乎通俗易懂，但从未付诸实施过，也许等到真正管理一个项目时，才会体会到难度有多大；我们在老师那里或书本上看到过很多精彩的谈判案例，似乎轻而易举，也许亲临其境或亲自上阵才能意识到自己能力的欠缺和知识的匮乏。实习这三个多月期间，我拓宽了视野，增长了见识，体验到社会竞争的残酷，而更多的是希望自己在工作中积累各方面的经验，为将来自己走创业之路做准备。

在这段时间里，我经历了很多，有很多感想，最深刻的感想就是生活不易。每天辛苦地工作，还要为衣食住行所困扰。终于明白了父母这些年来养育自己的辛苦。我们还年轻，吃苦是应该的，在工作的困难和生活的磨炼中，我要逐步成长，努力让自己进步、成功，为了自己美好的将来和回报父母，要像鹰一样从不断磕碰的雏鹰变成展翅翱翔的雄鹰！

点评：青春，就是用来追忆的，当你怀揣着它时，它一文不值，只有将它耗尽后，一切才有了意义。人要向前看，向前跑，回望时，才能致敬我们的青春。不是吗？走到了大三的路口，让我们放下自己的惰性与抱怨，去挑战、去奋斗，要对得起自己曾经的努力，更要对得起正怀抱青春的自己！

5 月 31 日　星期六　阵雨

大堂经理的智慧

实习期间我在民生银行下沙支行工作，前三个月我的工作主要是大堂经理一职，工作的主要内容是指导客户填单子，例如开卡单、无卡存款单、汇款单、网银单和货币兑换单、转账单等，指导客户使用手机银行，怎么样做资金归集和转账，无卡取款，等等，还需要营销理财产品，让客户填风险评估，怎么选择适合自己的理财产品，还会去学校和人力资源部门开工资卡，会去社区做宣传和举办活动。最近主要负责的是社区便民服务店的工作，主要是去社区宣传和办卡以及做理财产品的宣传，做方案设计，拜访社区主任和物业主任及和社区周边的商户谈特惠商户活动，通过我们银行的微信官网和宣传折页帮商家宣传店。主要的工作内容还是围绕社区居民的一些金融服务项目展开。一个礼拜还会有三四天的视频培训，有保险基金和银行理财产品，银行卡功能以及一百个小知识问答等，每天都可以学到很多知识，感觉自己过得很充实。

从实习中我也学到了很多，银行是一个服务行业，只有自己真心为客户着想，他们才会信任你，所以事事为客户着想也就是为自己着想；同事之间也是一样，你对同事好，同事也会对你好，作为新人的我也要多做点，多帮助他们，从中自己的业务也慢慢熟悉起来，也赢得了同事们的好感，可谓是一举两得。每天都要从错误中吸取教训；每天也要制订目标，要好好规划自己，只有这样，每天才不会碌碌无为；每天也要反思，一天都做了什么，学到了什么，哪些需要改善，怎样才能更好地完成自己的工作等。

点评：先就业再择业，好好学习业务知识，制订一个适合自己的职业规划，对于你来讲是现在最主要的任务，然后是不断充实自己。

2014年6月份，与母校说再见

凤凰花开，骊歌初唱，又是一个告别的季节。结束了半年的实习日子，毕业班的学生回到母校，参加为期一周的毕业教育和论文答辩活动，一周后，毕业生们就将彻底离开母校，踏上社会，开启人生的另一个征程。站在离别的当口，毕业生们的心情错综复杂，也许有人会感叹时间过得太快，大一入校时的情景尚历历在目，转眼却要各奔东西，也许有人会感慨一路走来的大学岁月，想学的知识还没学够，如今却要结束学生的生涯，奔赴各自的工作岗位。毕业季的校园充满了淡淡的不舍和忧伤，但“天下没有不散的宴席”，愿所有的毕业生前程似锦，今天你们以母校为傲，明天母校将会以你们为豪。珍重！

6月份学校的主要安排：大三学生结束实习返校参加毕业总补考、毕业论文答辩；毕业教育与毕业鉴定；毕业教育系列活动；毕业生党员教育系列活动；各类经验交流互动活动；毕业班校友联络员聘任仪式；诚信教育及毕业生贷款确认；各种离校手续办理；欢送毕业生晚会及毕业典礼、表彰颁奖大会；银领学院毕业典礼。

6月份的温馨提示：毕业生从返校到离校只有一周的时间，在这一周里，学校安排很满，有许多事情要做。特别提醒毕业生要按照学校的毕业安排，准时完成相关毕业生事务及离校手续的办理。本周的各类毕业聚餐很多，毕业生千万注意不要酗酒，不能借酒滋事，不能夜不归宿，不能在社区乱扔垃圾，乱抛书本纸屑，不能破坏公物，做到文明离校，给学弟学妹们树好榜样。

6月1日　星期日　阴

毕业的感觉

六一儿童节，一个很尴尬的节日，因为我想过这个节日，却过不了。记得小学的时候每逢六一学校就会有很多活动，玩游戏、唱歌比赛、爬山……还有好多好多好玩的事情。一转眼大学都要毕业了，七天后吧，回学校答辩，参加毕业生晚会，告别学生身份，正式踏进社会上岗赚钱，然后若干年以后结婚生小孩……似乎有些远了，但其实也近在眼前。

今天天气不怎么好，我总觉得像儿童节这样的日子总应该配上晴朗的天气，周末宅在家里，上网睡觉聊微信看视频。再没有寝室里双休斗地主、唱唱歌的热闹。想念学校里的很多，袁老师、吴老师、王老师、团委的每个人，不知道他们是胖了还是瘦了，帅了还是美了，我还是原来的样子，没有瘦下去！没回学校之前总觉得自己还是个学生，心里的感觉是我还有学校可以回。大概正式毕业拿到毕业证之后，再回到学校肯定是无限伤感吧，再没有那么一群人陪你疯，记得你的生日，担心你的坏心情，一直打电话以为出了什么事情，其实只是手机没电了而已，再不会有“盼，我们要出去买饭你要吃什么给你带”“盼，你的书架好乱啊，我给你整理一下”“盼，起床了，快上课啦，要迟到了”“盼，你少吃点又要胖啦，看看你衣柜上的励志语录！”……不会有挤死也要买的烧饼诱惑，新安江的奶酸菜鱼，文华食堂的红烧肉、腊笋、肉丝面，高沙的肉蟹煲……吃货的追求永远那么简单。

在金融，得到的似乎比当初想象的要多。这个不是太大以至让我有种不是大学的错觉的学校，它的角角落落如今也成了我留恋的地方。从大门到中信广场，途经 10 号楼、9 号楼、8 号楼、7 号楼、6 号楼，然后是中信广场，往前是图书馆，往左是体育馆操场，往右是浙商发展中心，再往前是桃李苑……大一大二就穿梭在这几幢楼之间，现在要毕业了，突然有种失落情绪，再多当几年学生多好。

打算着回去就吃好的，在意识里，烧饼、馄饨、酱香饼、炸酱面就是大餐了；打算着回去就要在学校的每一处都拍一张照，穿学士服、穿民国学生服，在操场摆各种姿势；跟室友聚个餐，跟同班同学留个影；给老师买个礼物，鞠个躬，谢谢他们的教导跟照顾，微笑着跟“浙江金融职业学院”这几个大字说再见……

可能是要回学校了，略略兴奋，也略略伤感，不管怎么样，路还是要走下去的，学生时代的美好只能放在回忆里珍藏，或许，偶然有一天翻开相册，“哦，这是我的母校，以前叫浙江金融职业学院，现在叫浙江金融大学，在这里上学挺幸福的”……

点评：六一儿童节，曾经陪伴我们多年的节日，随着我们年龄的增长，它逐渐由一种期待变成了一种概念，也许从今年开始，当我们正式告别校园，走上工作岗位的时候，我们可以彻底和儿童节说再见了。再过十几天，我们就要离开大学的校园，参加工作了，我们的心态、年龄都会成熟起来，责任也会更大，但是，我们的心态可以永远年轻。

6 月 2 日　星期一　晴

喜欢是放肆，但爱是克制

时光如指尖抚过的轻风，转眼间就到了六月二号，不知不觉的离开金院已经有一百四十二天，而距离回归金院的日子只剩下了短短的六天。顿时有了一种“近乡情更怯，不敢见来人”的忐忑，不知道现在的自己是否已经可以对着校门屹立着的大鼎喊出“今日我以母校为荣，他日母校以我为荣”的口号。想着在单位里实习，面对着技能的压力，脑海中浮现出的是金院老师孜孜不倦教诲的影像，在一步又一步对自己的紧逼下，今天在自己对自己的技能小测中又有了一次飞跃性的进步。

今天在网点又点了许多的破币，数得手都麻了，看着来来往往从未间断过的客户，我又埋头于电脑前进行着业务的操作，一天下来，很累，但是充斥着幸福感，就好似吴老师曾经说过的“幸福不是你得到的多，而是计较的少”。晴朗的天气迎合着愉悦的心情，不知回校的那天是否也是这样的晴天。前方，因为金院的大门而铺上了一道彩虹，而我正不断地向前奔去。回忆着以往的校园时光，让我们在笑过、放肆后细细回味，其实这就像是我们今后人生的缩小版，有苦有笑，有甜有泪。

金院，我即将归来，是以一个崭新的我却又是你所熟悉的我，降落在你如母亲般的怀抱中。等待着，倒计时六天……

点评：一个学期的实习生活即将结束，归校的日子越来越近，此刻的毕业生都有一个共同的矛盾心态，既想快点实习结束返回母校但又害怕这么快就回到母校，因为返校就意味着大学这一篇章就要翻过去了，我们的身份也要发生改变了。既然离校是在所难免的，我们不妨换个角度看待这个问题，毕业意味着我们长大了，我们可以用自己的双手去开拓属于自己的天空了，尽管会有伤感，但终究还是一件值得庆祝的事情。

6月3日　星期二　晴

这个六月，青春不散场

又是一年六月，又是一个毕业期。常以为，毕业是遥遥无期的。在转瞬间，我也将迎来毕业，离返校的日子也越来越近，我开始倍加地想念起曾经一起上课的同学，一起在团委成长的小伙伴们。分开的这些日子，不知道他们过得怎么样，工作还顺心不顺心，在校的学弟学妹们是不是也和当初的我们一样穿梭在教学楼之前，我敬爱的老师们最近是不是还是一样地繁忙着……这一刻我在杭州想念你们，我的小伙伴们，你们在哪儿？

当我还是一名在校生的时候，我憧憬外面的世界，并想着去外面闯荡，但现在当我已经开始为上班忙碌的时候，我却又想回到学校去，因为经历过才发现原来在校的生活是这么的美妙。身边有许多同学、老师、朋友，一起上课，一起做事，一起生活，一起做青春里疯狂的事、难忘的事。而工作了，开始变得有些孤单，没有了那时的精力与激情。我曾希望自己可以在毕业后有一个属于我的乌托邦，毕业了还能在一个城市工作，还能在一起生活，但是现实中，其实很难实现，毕业了我们每个人都有自己的生活轨道，即使在一个城市，也在为各自的事业奔波忙碌着，能在一起聚聚那已经是一种难得了。随着返校日子的逼近，我的心情也开始复杂，我想见我的伙伴们、老师们，但那说明离我们真正分开的日子也越来越近了，而我多么希望我们没有别离，因为我感觉我们还有好多事情还没有做，还有好多人没有认识……我想也许我们不必说再见，因为我们后会有期！

点评：当我们在校的时候，我们总想着早点离开，尽快走上工作岗位。当我们真的走上社会的时候，又十分留恋校园，不想离去。这是每个人都会遇到的矛盾心理。也许就像人们常说的，只有快失去了才知道珍贵。不过，毕业就在那里，我们谁也无法逃避。但我们相信，在校学习的日子可以有终点，但师生情、同窗情是没有终点的，因为这次再见是为了再一次的相见。

6月4日　星期三　多云

感悟毕业季

再过两三天就要回校办理各类毕业手续了，当想到我们再次离开学校，手里捧着一本毕业证书、一张毕业照的场景时，毕业的万般思绪一次次在蝉鸣的盛夏里阵阵切肤。

三年前，因那一纸录取通知书奔赴陌生的城市，开始追寻自己未来的样子。那时我们在迎新中感受到金院大家庭的温暖，在军训的磨炼中成长了坚毅，在运动场上怒放青春的热血，也在考证大潮中奋笔不知日夜……

毕业了，最爱母校。曾听过这样一句话："什么是母校？就是那个你一天骂八遍却不允许别人骂的地方。"细细想来，竟是很有道理。作为首批国家示范性高等职业院校，技能、考证、就业等竞争常常让我们愤慨，但真的要离开的时候，心中的不舍汹涌而来，食堂里长长的队伍，图书馆里占座的不易——往事都变得分外可爱。

毕业了，为了心中的梦。毕业意味着什么？意味着读书的时代就要远去了，接下来的人生，该是把我们多年所学运用到工作中的时候了。万事开头难，抛却从前不说，到了社会大家又在同一个起跑线了，我们要抱着谦逊与热情的态度去融入社会，也要通过不断提升综合素质从而在职业生涯中有所成就。

下一个九月，金院没有我们的影子，但我们一定会记得在金院的三年，毕业返校的几天，我一定要到学院的角角落落仔细走一遍，让金院的样子深深印在心底。

点评：上个学期末，当我们结束大三的课程考试后，我们就离开学校踏上了实习的岗位，这次我们结束实习即将回校，一周后，我们得再次离开母校，和上次不同的是，这回是彻底离开了。此时，所有的毕业生都会感慨万千。毕业了，我们也就真正长大了，也许今年的九月，我们没有开学，但我们却会开启职场的大门，所以我们必须努力工作，才会无悔于金院的三年。

6月5日　星期四　晴

念　头

又下班回家了，看到朋友圈的朋友们已经在晒着回校的幸福，好想快点回去和他们待在一起，一起享受在学校最后的日子。但是因为自己是客户经理，还是不能丢下手里的工作。

还有几天要回校了，让我不禁回忆起在金融的点滴，想念在金院那群一起成长，一起玩耍的手足……学校每个角落插播着不同的片段。经过了几个月的实习工作，让自己有了从学生到职场人的过渡，也有了许多社会人的想法，仿佛自己慢慢融入了社会，有了对职场人压力、竞争、人事关系各方面的初体验。

心已经飞去了学校，想着和同学要如何相聚，谈谈这几个月的生活，好朋友的实习是不是都顺利，是不是也有我一样的烦恼，聊聊各自的心事。见一见三年来对我一直关心、栽培的老师，实习中有许多时候挺迷茫的，想念学校老师语重心长的指导，熟悉的唠叨。看看我们的学弟学妹，有没有需要我们的地方，给他们一些建议。

回校的念头，阵阵涟漪，辗转反侧……

那么，现在努力工作吧，回母校要交份自己满意的答卷，便是我现在的心愿。

点评：看到同学们陆续返校，自己并没有抛开手头的工作，跟风回来，就证明已经成熟了，长大了。想回来的时候给母校交一份满意的答卷，则进一步表明社会的历练造就了自己感恩的心，值得赞一个。学校也为同学们的成长由衷感到高兴。

6月6日　星期五　晴

散是满天星，聚是一把火

时间过得真快，转眼间几个月的实习生活即将结束，然后过着倒计时的日子。像孩提时一样用小手细数着距离回校的那一天。我的心情是非常复杂的，既激动又忐忑。

那么期待回校不是因为对现状的不满，只是踏入社会才深刻领悟到学生时代的美好，突然好想再去上一节课，那个时候的我们总是在嘲讽谁谁谁又在课堂睡着了，谁谁谁又在偷偷玩手机，那个时候的我们还不懂得珍惜二字。如果再给我们一节课的时间，我们会不会目不转睛地听完整场，我们会不会觉得老师原来也那么可爱。有首歌是这样唱的：表示从一楼到四楼的距离原来只有三年。我想说，寝室到教室的距离原来只有三年。都说当一个人开始回忆的时候说明他已经老了，可是单曲循环着《北京东路的日子》，我已经哭成了个泪人，马上就要回学校了，我一定要用尽全力去记住每一个人的脸，每一个记忆，每一条街，每一家好吃的小吃店。

一起生活了三年的地方，说离别别说永远，永远不会说再见。我的心情又是那么的忐忑，“天下无不散的宴席”安慰得了别人却始终说服不了自己。心里还留着这样一个念想，是不是如果不见面，就不会伤离别，或者让时间定格吧，让大家都怀着期待的心情，想象重逢的画面，至少那画面是美好的。毕业了各奔东西，相见亦难，大家都会为了自己的未来而努力，即使有相聚的心，也难免力不从心了。

但是人就是一个矛盾体的组合，无论怎样，我想说，今日我以母校为荣，明日母校将以我为荣，我是金融培养出来的学子，所以我应该昂首阔步，相信自己。好好地相见，好好地离别。散是满天星，聚是一把火。

点评："散是满天星，聚是一把火"。快毕业了，我们总觉得还有很多事情没有做，还有很多遗憾无法弥补。如果给大家一次重新读大学的机会，相信好多人会用另外一种方式去度过大学的三年。可是时间一直在前进，无法倒回，我们可以做的只能是相信自己，昂首向前，在工作岗位上不断去完善自己、成就自己。只要心中有梦，我们的未来一定不是梦。

6月7日　星期六　晴

金融甚好，从容而行

明天一早就要回学校，处理各种毕业事宜，参加各种聚会，心里竟有些抗拒。也许是因为这次是最后一次返校，再也没有开学，也许是因为之后再也见不到昔日的恩师益友，也许是因为自己还没有做好心理准备成为一个社会人。然而心里又很想要回到那个叫作金融的地方，想到就会有一种心跳加速的感觉，宛如就要遇见心仪已久的恋人般。这种既紧张又期待，既担心又兴奋的小情愫，无法用言语诉说，我想回学校前的这一夜注定是不眠之夜。

青春是一卷书，谱写着难忘的经历，大学毕业了，它代表着我马上要真正走上职场，去接受工作的洗礼，开始人生新的篇章。曾经的我们生活在城堡中，有着美丽的外壳，受到多重保护，如今，当卸下层层保护伞，我们开始真正体会生活的酸甜苦辣，学着独立处理问题，慢慢地成长。在学校的日子里，有着太多美丽的故事，有着太多难忘的瞬间，都仿佛定格在脑海里，镌刻成最美丽的回忆。那些友谊，那些泪水，那些汗水，那些拥抱，那些祝福，以及最最美妙的微笑。

青春美丽的一页在翻开，青春灵动的一面因携手而倍显灿烂，行走在岁月的年轮里，经历被加上了书签，记在脑海深处，多年后的某一天回想起在金融的岁月，我会甜蜜地一笑，感叹那在金融飞扬的青春！

晚安，我亲爱的金融，晚安，我亲爱的朋友。晚安，一切美好的人和物，明天杭州见！

点评：大学只是人生长途中的一个中转站，你可以留恋，但无法永远停留。我们在这个中转站要做的事情就是充足电，更好地远行。任何人都要学会长大、学会独立，大学的经历就是你成长成才的助推器，往前看，有大好的风景在等待着你。

6月8日 星期日 阴

不得不说的再见

每一年的今天，都是一个紧张而又让人兴奋的日子。“十年磨剑，只为今朝露锋芒”。

我想，此时此刻广大的高考学子正在考场里奋笔疾书，尽情挥洒这多年来拼搏的成果，回想起自己当年，原来已经是三年前的事了。

果然，时间太快，快到让我还来不及好好去享受现在，去记住现在，只能感叹一声时间都去哪儿了。当高考生放下笔，挥手告别自己洒尽汗水的母校时，我也离毕业更近了一步。

每次在实习的时候，我总在想，我们大三的小伙伴们就像封神榜里的各路神仙，散落各处，各自过着生活，进行着自己的毕业实习，只等着学校的一声号令，便会抛下手中的“一切”，汇聚到学校。但是，我又很矛盾，一方面很想快点回到学校，见见自己许久没见的小伙伴们，讲述下自己的实习经历，或述苦，或共乐，这都是我们讲不完的话题。另一方面，又很害怕这一天的到来，因为这一天的到来，意味着我们离毕业更近了一步，毕业之后我们不再是一个学生。在实习期间，每当我对工作感到迷茫时，我总会想到学校，想到学校的老师，想着快了快了，再过几天就能回学校了，我就有了坚持下去的动力，因为至少我还是个学生，还有学校是我的港湾，我累了迷茫了，有同学们一起聊天，互相安慰，有老师的谆谆教诲，耐心开导。但当我拿到毕业证书，成为毕业生的那一刻，我们就要各自开始自己职业生涯的新篇章了，走在校园，也会少了一份归属感。我想，我会舍不得，当初学长学姐毕业那时候，我清楚自己有多么不舍得他们，每一次相聚都是欢乐开场，泪水结束。突然，我又想让这一天晚点到来，让我再多享受几天金院学子的生活。

人就是一个矛盾体，既期待又害怕，我想，当我真正以一个准毕业生回到学校的时候，学校的每一个人、每件事又都会是不一样的风景，这每一时、每一刻都将是我最珍贵的回忆。

点评：今天是毕业生正式返校的日子，学校的一草一木也许还是那样熟悉，但和半年前相比，今天我们再看校园的花草树木的时候，截然是不同的两种心情。“舍不得”“不想走”是众多毕业生的心声，可是再见不得不说，心中纵有万般不舍，终究还是要离开，好好珍惜最后几天的大学生活，我们不要停留在多愁善感的离别氛围里，我们需要坚强，因为等着我们做的事情还有很多很多。

6 月 9 日 星期一 晴

别金院

今天是回校的第一天，也就是意味着还有四天时间就要离开这个熟悉的地方——浙金院。清晨的第一缕阳光又如约照进了我们 301 寝室。宿舍的几个战友在昨天深夜里的卧谈会上说好了今天要在毕业前再去逛一逛生活了三年的大学。

看着它熟悉的样子，想起三年前它如何迎来我们这些刚跨出绿色军营的退伍生（浙江金融职业学院按照《浙江省中长期人才发展规划纲要（2010—2020 年）》首批试点单考单招高考招收军转退役军人）。一晃走了三年，似乎又走回到了起点。突然觉得，三年来用心结交的同窗、战友，是多么特别的缘分；三年来被老师、领导谆谆教导，是多么幸运的事情。

"最后这一刻才感觉时光匆匆，也是这一刻心情却如此沉重。本来说好用笑容为我送行，却怎么说有的眼睛泪蒙蒙。终于这一天我也踏上了归程，告别曾经熟悉的小路和身影。"一路军歌嘹亮的我们又唱起了军中民谣。再看一看吧……激情四射的华夏体育场，又飞来了国足未来的后备"希望"；插着爱护小花小草牌子的草坪，记不清什么时候已经被抄近道上课的同学们踩出了一条小道，如今也铺上了小石子变成了石子路；浦发图书楼的门依旧敞开，看着考证时鏖战过的那个自习室，如今又挤满了备战期末考试的学弟学妹们，一直对那段埋头复习的日子心存感激，因为它让我收获了很多……走到系部教学楼和校门口看到摆放着的"那些年我们一起走过的大学"和"2014.09.01 我们没有开学"的毕业主题海报千人签名墙，一个个熟悉的签名，一幕幕鲜活的场景，一张张灿烂的笑脸，串连成一部即将谢幕的电影，播放着我们三年的快乐和悲伤，记录着我们热血的青春和记忆，也见证了我们纯洁的爱情和友谊！

下午的毕业生班会比我想象中更伤感，都是班主任的泪水惹的祸，让曾经的军营男子汉们又忆起退伍的那天，拥抱着泣不成声……想起当年拿着录取通知书，满脸笑容走进大学课堂，似乎真的到了该说再见的时候了，却是泪流满面——我不敢看这一幕，也不敢再去想这一幕，因为这一幕，大后天就会属于大三毕业生的我们……

点评：三年前的九月，我们首批退伍士兵学生来到了校园，他们把在部队训练起来的优良作风带到了校园，影响了身边一群人，对于他们而言，大学的校园生活远比其他同学来得不易。毕业时候的心情和三年前退伍时的心情是一样的，此刻，我们更应把军人的作风拿出来，勇敢一点、坚强一点，我们要笑着离开。

6月10日　星期二　晴

最美永远是昨天

清晨第一缕阳光照进来的时候，我已经睡意全无了。站在这个我曾经生活了三年的地方，看着大一大二学弟学妹抱着书本去上课，突然有点莫名的伤感。三年前刚入学的美好时光仿佛就在昨天，可是今天我们站在这里却是为了迎接毕业。此刻的伤感，割舍不掉的不只是大学三年的美好时光，更多的是同学之间的友情，这次一别不知何时才能再见。

而此时的我只能将悲伤化为食欲，和班级的人好好饱餐一顿了。看着这一张张熟悉的脸庞，顿时感觉无比亲切，我们互相诉说着彼此最近的情况，同时也不忘互相“挖苦”一下对方。对呀，这才是大学生活，充满激情、充满活力、充满感恩。在这里我可以毫无压力地和她们争吵，和她们嬉戏，和她们抬杠，已经多久没有这种感觉了，可能是一个月以前或是两个月以前，也可能是更久吧。

酒足饭饱之后，我们携手走在这个我们曾经发誓要减肥的地方，晚上跑步的人仍然很多，但却少了很多熟悉的身影。躺在操场的草坪上，望着天空，我再一次流泪了。现在的我多么期盼时间走得慢一点，让我再次重温一下我美好的大学时光，让我有足够的时间去和同窗好友一一道别。可是时间不等人，该离别的还是要离别，而我们唯一能做的就是珍藏这份美好，等到有一天我们越来越大，还可以拿出来细细品味一番。

点评：大学的生活值得留恋，是因为在这个象牙塔里，我们可以无拘无束地在此放飞自己的青春，大学的生活值得回味，是因为三年的时光里，我们在此留下了太多太多青春的记忆。离别的时候，我们要珍藏这份值得留恋的青春记忆，多年以后，你会发现，它会是你工作生活的一味调节剂。

6月11日　星期三　晴

最美的回忆

金葵花艺术中心G1314幸福金院开往美好未来的毕业生晚会——“我的大学·我的青春”结束了。晚会开始前，我还在微信朋友圈发表了一条说说：“收到一张高大上的火车票，终于可以上车，轮到我们毕业了！虽然对母校充满留恋，却还是对未来满怀期待。毕业，一如不可阻挡的洪流，倾泻而来，我们没有选择的余地，只能在大潮中漂流着。”这么快就这样结束了，三年间的片段又在重组、浮现。

三年前，大一。那时我在团委，给大三毕业晚会做各种准备是宣传部干事的职责，我有幸第一次亲历了毕业生晚会。同样是在金葵花，同样是属于一群人的离情。记得的片段不多了，但还记得整体的氛围，一个词：伤感。无论是节目本身，还是中间穿插的老师和同学的寄语，总是没有离开一个话题：离别。还记得那次晚会上，看到了很多泪眼的场面。有的人表演完节目，舍不得离开舞台，紧握话筒，断断续续地说着感恩的话，或是离别的真挚。说着说着，台上的人流泪了，沉默的台下也有人流泪了。

三年后，大三。现在同样是在金葵花，同样是属于一群人的表演，再也没有机会重复。或许，就是一辈子。这是我们永远的毕业晚会，这是我们 2014 届大三学生永远的毕业演绎。晚会结束，我将几张照片传到朋友圈，来赞的人很多，留言的尽管很少，但每个人都道出了心底的话，这是我们最后的晚会，为之感动，为之忧伤。

聚是一团火，散是满天星。三年，我们从天南海北来到杭城，在浙金院留下了我们青春的过程。多年之后，回想起这些，都将是人生最美的回忆。

点评：当欢送毕业生晚会幕布拉开的那一刻，毕业生们已经意识到毕业真的来临了，离别的情怀就充斥着台上台下，与平时的晚会不同，现场的呲泣声替代了掌声，眼泪替代了笑容。既然离别无法避免，那就让我们相约：等过十年我们再相会。

6 月 12 日　星期四　多云

再过十年，我们来相会

毕业论文答辩，拍毕业照，参加各类聚会，返校的每一天都有着紧凑的安排，我们为了毕业的各项事忙碌着，而每场聚会后，都会不舍得分开。

今天是我们班级的毕业聚会，自从订单班分出后已有一年没有全班 53 个同学一起活动了。我还是和往常一样预定餐厅，点餐，安排一点小活动，只是这一次我竟有些激动与难舍，总在不经意间有些许难过，因为过了这一天，我们都将各自奔赴工作，下一次相聚更待数年……

聚会期间我们一起玩游戏，一起做游戏惩罚，大家玩得很开心，我们一起举杯，彼此祝愿，仿佛有着说不完的话，千言万语化成杯中酒，饮尽。我们一路高歌回校，在灯光下，背影被拉得很长，被夜色笼罩着。虽然大家没有在面上说什么，但心里都知道这一刻我们还在一起，只是随着黎明的到来，我们就将分离，谁都不愿去打破这样的画面。

三十功名尘与土，八千里路云和月。我想和同学们说，不管你曾经的成绩如何好与坏，不管你曾经是否与我有过争执，恒久的同窗之情永不变！我不会忘记那操场，不会忘记那教室，更不会忘记我们一起的美好时光。天下没有不散的宴席，但愿我的同窗们明天会更好！再过十年，我们来相会吧！

点评：毕业季节，会有各种各样的聚餐，“聚”是主要目的，同窗三年，一旦离校，大家都担心无法经常相聚，所以趁着离校前的几天，有机会就聚到一起，互相聊聊过去，谈谈将来，且总有说不完的话。其实，就像聚会后，大家照样还是要散去一样，世间无不散的宴席，只要彼此有心，往后还能经常相见，因为同学情是世间最真挚和美好的情谊。

6月13日　星期五　多云

今天，我们真的毕业了

我怀着万分激动的心情参加了2014年6月13日在学院金葵花艺术中心举行的浙江金融职业学院2014届毕业生典礼，看着超过1000人参与的盛大的毕业典礼。回想三年来在大学的学习生活，真是叫人难以忘怀。

想着典礼台上坐着的培养出来的金融精英，又将从台下一大批浙金院毕业学生中诞生。今天毕业的我们正在各自的岗位上发挥着越来越重要的作用，为我们所在的银行和企业做出积极的贡献，也因此逐渐实现自己的人生价值。

在这次毕业典礼上，使我感触最深的就是盛健院长那段话："学会与他人友善相处，学会对自己和家长承担责任，学会学习知识技能的本领。在未来的人生道路上，看护好自己的理想与激情，坚持对诚信和友善的坚守，真诚付出，热情投入，追寻幸福生命的真谛。"

听着院长的讲话，看到他眼里殷切的希望，话语里最真诚的祝福，待到院歌轻缓响起，心里有一种讲不出来的感觉，只觉五味杂陈。过了今日真须诉别离，可能未来再也没有机会看这方越来越美的土地，可能再也没有大学的青春万岁，再也没有参加不完的活动，再也没有这么盛放的青春记忆。从陌生到相逢到相识到相知，一千多个日子的陪伴，发生了太多太多的故事，有太多太多的人从过客到常驻，有很多很多事从无知到熟悉，有很多很多的道理从理论到实践，有太多太多的感谢来不及细说，有很多对不起还藏在心底。

在这最重要的时刻，纵然不舍，也只能用"人生没有不散的筵席，相聚终须散"来宽慰自己，跟每一个想要好好说再见的人认真告别，人生其实就是减法，见一面就少一面，也没有超能力看到未来世界，也不知道下次相见的时间地点，在路上偶遇会不会相互寒暄一句好久不见，会不会看得不够真切而擦肩而过。

三年，憧憬过，后悔过，疯过，闹过，自由过，累过，不过一切都还不错，有可以一起奋斗的好朋友，有一次次的良性竞争，有一直在坚持的梦想，有背后默默支持的亲人和爱人，有打击，有失败，有成功，也有骄傲，有跌倒再战的勇气，有强有力的心脏，也有感恩，有责任，有担当。

不管未来怎么样，我都会向前看，往前走，毕竟所有的器官几乎都在人的正面，我们也不该把一辈子当一天永远重复。

再见，太美丽的土地。再见，被雕刻的时光。再见，我走过三年的路径。再见，熠熠生辉的青春。再见，难言的哽咽。

我们作为浙金院的毕业生，要继续发扬浙江金融职业学院“披沙拣金，融会贯通”的校训精神，让浙江金融职业学院“金融黄埔”的名字更加响亮。

点评：不管你心里愿不愿意，该离开的时候还是得离开。今天是学校毕业典礼、发毕业证的日子，毕业生们就算彻底毕业了。部分同学带着学院领导和老师的祝福中午开始陆陆续续拖着行李、含着眼泪离开了学习生活过三年的校园，同学之间相互送别的身影一直在校区、宿舍、车站之间晃动。让我们给彼此一个拥抱和微笑，愿每一位毕业生前程似锦、美梦成真。

后　　记

本书是2014年度教育部人文社会科学研究专项任务项目(高校思想政治工作)"高职院校学生专业实践能力培养中的思想政治教育路径研究"(14JDSZ2046)、浙江金融职业学院2014年"金院文库学术专著资助项目"的阶段性研究成果。由张鹏超(浙江金融职业学院学工部长)提出整体构思、写作大纲、主要观点和具体写作思路,由吴德银(浙江金融职业学院学生处)、毛淑芳(浙江金融职业学院心理健康咨询中心)、闫春飞(浙江金融职业学院银领学院)主要协助完成。全书最后由张鹏超修改定稿。本书全体作者通过与学生面对面访谈、电话沟通、书面征集、网络交流等方式收集各篇故事素材,并分别负责进行了文稿汇总和修改完善。

本书是对浙江金融职业学院学生"千日成长工程"育人成果做的部分总结。本书的撰写和出版得到了学院的大力支持,得到了周建松教授、盛健教授、姜进教授、方华研究员和盖晓芬教授的关心,得到了吴慧凤、谢峰、熊秀兰、钱利安、陈正江、裘晓飞、邵月花、王瑾、洪伟、莫淦清、王祝华等各位同仁的帮助,在此一并表示衷心的感谢。

由于水平有限,错误难免,敬请指正。

作　者

2014年10月